立己达人

数学名师名班主任工作室建设的实践与思考

陈先睿 徐涛 著

西南大学出版社
国家一级出版社 全国百佳图书出版单位

图书在版编目(CIP)数据

立己达人：数学名师名班主任工作室建设的实践与思考 / 陈先睿, 徐涛著. -- 重庆 : 西南大学出版社, 2025.4. -- ISBN 978-7-5697-2836-1

Ⅰ. G633.602; G635.16

中国国家版本馆CIP数据核字第2025DX8633号

立己达人——数学名师名班主任工作室建设的实践与思考
LIJI-DAREN——SHUXUE MINGSHI MING BANZHUREN GONGZUOSHI JIANSHE DE SHIJIAN YU SIKAO

陈先睿　徐涛　著

责任编辑：朱春玲
责任校对：蒋云琪
特约校对：刘亦然
装帧设计：
排　　版：张　祥
出版发行：西南大学出版社
　　　　　地址:重庆市北碚区天生路2号
　　　　　邮编:400715
　　　　　市场营销部电话:023-68868624
印　　刷：重庆市合川区书香印务有限公司
成品尺寸：185 mm × 260 mm
印　　张：19.25
字　　数：382千字
版　　次：2025年4月　第1版
印　　次：2025年4月　第1次印刷
书　　号：ISBN 978-7-5697-2836-1
定　　价：68.00元

序 言
XU YAN

读完《立己达人——数学名师名班主任工作室建设的实践与思考》,我十分欣慰和感动,因为此书不仅是我的两位老友多年教育实践的总结,更是他们对教育事业的热爱和追求的体现。

这本书的主题是关于"三名"工作室的建设,即数学名师工作室和名班主任工作室的建设。在新时代背景下,学校的教育思想与教育理念正在发生深刻的变化,而"三名"工作室作为学校教育改革的重要力量,正承担着推动教育创新、提高教育质量的重任。

第一篇阐述了对"三名"工作室的认识,包括新时代背景下学校的教育思想与教育理念,工作室的教育主张、实施原则,以及主持人的责任与担当等。希望通过这些内容,让读者对"三名"工作室有一个全面而深入的了解。

第二篇和第三篇,分别介绍了贵阳市徐涛名教师(数学)工作室和陈先睿名班主任(数学)工作室的建设情况。通过建设规划、活动展现、主题研讨与课题研究以及学员成果等内容,展示了"三名"工作室在教育实践中所取得的显著成果和宝贵经验。这些内容不仅可以为其他学校和地区提供借鉴和参考,也可以激发更多教育工作者的热情和创造力。

需要强调的是,"立己达人"不仅仅是一种教育理念,更是一种人生态度。作为教育工作者,我们不仅要关注学生的学业成绩,更要关注他们的全面发展和个性成长。还要通过自己的努力和实践,不断提升自己的教育教学能力和综合素质,为学生的成长和发展提供更好的指导和帮助。同时,也需要关注社会的需求和变化,积极探索教育改革的新路径和新方法,为推动教育事业的进步和发展贡献自己的力量。

在未来的日子里,我们将继续致力于教育事业的研究和实践,不断探索新的教育理念和方法,为培养更多具有创新精神和实践能力的人才贡献自己的智慧和力量。我相信,只要我们齐心协力、勤勉躬耕,就一定能够实现教育事业高质量发展的美好愿景。

感谢徐涛老师、陈先睿老师的信任,感谢各位读者的阅读和支持!祝愿大家在教育的道路上越走越远、越来越好!

卢焱尧
(贵州省省级数学名师)

前言

本书介绍的两个工作室,是依据贵阳市教育局文件筑教发〔2019〕148号和筑教办发〔2020〕33号批准设立的贵阳市第三批"三名"工作室(即:名校长、名班主任、名教师工作室)中的其中两个。作为工作室主持人,经过几年的建设和实践,徐涛和陈先睿两位老师,分别形成了一些对"名教师工作室[①]"和"名班主任工作室"的总体认识。为促进工作室各项工作顺利开展,需要重点关注以下十条。

第一,明确使命目标。主持人要有较高的教育素养和专业技能,明白工作室的使命是培养出色的教育工作者,通过引领、指导、帮助和影响教师或班主任,提升他们的教育水平和能力,从而更好地服务于学生和教育事业。

第二,注重专业发展。主持人要具备深厚的专业知识和精湛的技能,通过自身教育教学的影响和共享优秀的教学、研究及管理资源,来推动学生和教师的发展,引领学员教师或班主任不断提升自己的教育和管理能力,以适应教育改革和发展的需要。

第三,强化团队建设。主持人要深刻明白团队的力量是巨大的,要善于发挥团队优势,努力打造一个积极、开放、协作的工作环境,鼓励团队成员相互学习、分享经验和创新实践,以实现共同发展和提升。

第四,核心领导力。主持人要有较强的领导力,能够引领团队向前发展,指导工作室运作,协助学员教师或班主任制定明确且切实可行的计划和目标。此外,主持人还需要指导团队成员的专业发展,并协调整合各方面的资源,以实现工作室的使命。

第五,较大影响力。主持人不仅要让工作室在内部学校间通过各类活动产生影响,还需要将其影响力扩展到更广泛的范围内,如通过联合活动或组织更多其他工作室实现抱团发展,到更高层次平台开展研修。通过公开

---

① 名教师工作室又称名师工作室。

课、讲座、研讨、校际交流等方式，将工作室的理念、方法和成果分享给更多的教师和学生，从而在更大的范围内产生影响。

第六，耐心持续改进。主持人须明白教育是一个永无止境的过程，要能带领团队不断地反思和改进工作室的工作，根据教育改革和发展的新趋势、新理念进行调整和创新。

第七，区域合作与共享。主持人要能够洞察其他优秀工作室独特的优势和资源，积极鼓励、策划、组织跨工作室的交流与合作，共享资源和经验，开展协同研究，利用自己的专业知识和技能为一方教育作出贡献，以提高整个区域的教育教学质量。

第八，突出德育核心。名教师或名班主任工作室，都需要将德育置于核心地位，强调对学生世界观、人生观、价值观的正确引导，注重对学生心理发展和精神成长的关注，以及培养学生良好的道德品质和社会责任感。

第九，倡导创新科技与教育融合。随着信息化发展，特别是线上教学的实施，科技创新与教育融合的重要性和必要性愈发凸显。工作室鼓励团队成员积极使用新技术、新工具、新方法来优化教学和管理工作，以提升教学质量和效率。

第十，评价反思与终身学习。工作室要重视评价和反思环节，定期对工作室的活动和工作以及工作室学员的研修情况进行评估和总结。鼓励团队成员对工作进行深刻反思，从评价中发现问题并探寻改进的空间。同时，要引导所有学员坚信终身学习的价值，鼓励团队成员持续学习新的知识和技能，关注教育改革和发展的前沿动态，从而不断提升自己的专业水平与素养。

总之，要全面而深刻地理解名教师工作室和名班主任工作室（名师名班主任工作室）的运作，需从多个维度入手，包括但不限于工作室的目标、任务、实施策略、团队建设等方面。唯有如此，才能更好地发挥主持人的关键角色作用，促进工作室的健康、可持续发展。

目录
MU LU

第一篇 对名师名班主任工作室的认识 　001
第1章 新时代背景下的学校教育思想与教育理念 　003
　1.1 学校教育思想与教育理念对工作室的影响 　003
　1.2 名师名班主任工作室对学校教育思想与教育理念的影响 　004
第2章 工作室的教育主张 　005
　2.1 几种典型的教育主张 　005
　2.2 两个工作室的教育主张 　006
第3章 工作室的实施原则 　008
　3.1 工作室实施"五原则" 　008
　3.2 工作室实施"六个有" 　008
第4章 工作室主持人的责任与担当 　010
　4.1 工作室主持人的"五项责任" 　010
　4.2 工作室"五好"核心工作 　011
第5章 工作室学员的需求与困惑 　012
　5.1 工作室学员的困惑 　012
　5.2 工作室学员的需求 　012

第二篇 贵阳市徐涛名教师(数学)工作室建设情况 　015
第1章 工作室建设规划 　017
　1.1 工作室建设思路 　017
　1.2 工作室三年规划 　019
　1.3 工作室制度建设 　024
　1.4 工作室文化建设 　024

第2章 工作室活动展现 — 025
- 2.1 教学观摩研讨 — 025
- 2.2 教学示范研究 — 027
- 2.3 主题读书交流 — 031
- 2.4 辐射引领交流 — 034

第3章 工作室主题研讨与课题研究 — 039
- 3.1 新旧课标、教材对比研究 — 039
- 3.2 "三教"思想引领课堂教学研究 — 042
- 3.3 核心问题的数学概念课研究 — 044

第4章 工作室学员成果 — 048
- 4.1 学员专业发展成长展示 — 048
- 4.2 学员教学设计成果展示 — 049
- 4.3 学员教学科研成果展示 — 075

第三篇 贵阳市陈先睿名班主任（数学）工作室建设情况 — 119

第1章 工作室建设规划 — 121
- 1.1 工作室建设思路 — 121
- 1.2 工作室工作方案 — 122
- 1.3 工作室制度建设 — 129
- 1.4 工作室文化建设 — 131

第2章 工作室活动展现 — 141
- 2.1 启动会 — 141
- 2.2 推进会 — 146
- 2.3 教师技能培训 — 151
- 2.4 主题研讨活动 — 154
- 2.5 专家讲座学习研讨 — 158

第3章 工作室主题思想研讨与课题研究 — 163
- 3.1 学科体现意识形态相关研究 — 163
- 3.2 学科体现意识形态具体抓手 — 166
- 3.3 学科体现意识形态具体课堂做法——数学教学设计目标性的认识 — 191

第4章　工作室学员成果 　　　　　　　　　　　　　　　205

4.1 学科体现意识形态教学——"课程思政"引领课堂教学研究　　205

4.2 学科体现意识形态教学PPT和导学案展示　　205

4.3 学科体现意识形态教学设计展示　　213

4.4 "德育活动"促进学生行为改进研究　　253

参考文献　　295
后记　　297

第一篇

对名师名班主任工作室的认识

第1章　新时代背景下的学校教育思想与教育理念

1.1 学校教育思想与教育理念对工作室的影响

学校教育思想与教育理念对名师名班主任工作室的影响是多方面的。

首先,是对工作室的主体教育思想和理念的引导。学校教育思想与教育理念会影响名师名班主任工作室的目标设定、发展方向和活动内容。学校强调的素质教育和创新教育的思想与理念,必然促使名师名班主任工作室更加注重培养学生的综合素质,鼓励教师创新教学方法。

其次,是对工作室的各类教育资源的支持。学校在教育思想与教育理念中注重对名师名班主任工作室的资源支持,对工作室的健康有序发展有着深远影响。一是如果学校重视名师名班主任工作室的建设,将会为其提供更充足的经费和设备支持,促进工作室的专业发展和成果推广;二是可以带动更高层次(省级、国家级)的优质教育资源向工作室基地学校和成员学校的师生倾斜,从而为师生创造更广阔的发展空间,进一步推动工作室的蓬勃发展。

再者,是对工作室的优化评价体系的建设和丰富。学校教育思想与教育理念对名师名班主任工作室的评价体系也有一定影响。如果学校侧重于学生成绩的提升,名师名班主任工作室可能会被赋予提高学生成绩的任务;如果学校更关注学生的全面发展,名师名班主任工作室则可能更多地承担起培养学生的能力和品德的责任。特别是在"双新"改革背景下,先进的学校教育思想和理念更加有助于工作室基地校和成员学校积极探索建立和健全多元学生评价体系,促进学生个性发展。

最后,是对工作室组织的支持与研修活动的协同。先进的学校教育思想与理念极大地鼓励着工作室之间的合作与交流,特别是与其他工作室和科研团队的合作,能有效促进经验与资源共享。

可见,学校教育思想与教育理念对名师名班主任工作室影响深远。通过对名师名班主任工作室的目标、资源、评价和组织支持的影响,学校能够为教师提供更优质的专业发展平台,进而有效提升教育质量和教师专业素养。

1.2 名师名班主任工作室对学校教育思想与教育理念的影响

名师名班主任工作室在学校教育思想与教育理念的形成与发展中扮演着关键角色。这些工作室通常由经验丰富、业绩卓越的教师领衔,他们在教育实践和理论研究方面具有深厚的造诣。通过以下几个方面,名师名班主任工作室对学校教育思想与教育理念产生深远影响。

(1)推动教育创新:名师名班主任工作室通常由具有丰富教学经验和先进教育理念的优秀教师组成,他们通过共同研究、探讨和实践,不断探索新的教学方法和策略,致力于推动学校教育思想和教育理念的创新。主要表现为:①教育理念的传播与更新。名师名班主任工作室通过研讨会、工作坊、公开讲座等形式,向其他教师传授先进的教育理念,促进教育思想的更新换代。②教学方法的创新与实践。工作室成员经常尝试和推广新的教学方法,如项目式学习、翻转课堂、高效课堂、大单元教学等,这些实践有助于提高学生的主动学习能力和批判性思维。

(2)促进教师成长:名师名班主任工作室为教师提供了一个学习、交流和成长的平台。通过参与工作室的活动,教师可以学习到先进的教育理念和教学方法,以此提升自己的专业素养和教学能力,从而更好地服务学生的成长和发展。主要表现为:①对教师专业发展的促进。名师名班主任工作室通过提供专业培训、教学观摩、案例分析等方式,帮助教师提升教学技能和专业素养。②教育研究的深化。工作室成员通常参与或主持教育科研项目,通过实证研究探索教育规律,为学校教育实践提供科学依据。

(3)提高学生综合素质:名师名班主任工作室的教育理念注重学生的全面发展,关注学生的综合素质培养。通过创新教学方法和策略,工作室能够激发学生的学习兴趣和潜能,提高学生的综合素质和能力水平,为学生的未来发展打下坚实的基础。

(4)优化校园文化的塑造:名师名班主任通过自身的言行举止和教育实践,影响并塑造学校的教育氛围和校园文化,使之更加注重学生全面发展和个性化教育。

总之,名师名班主任工作室对学校教育思想与教育理念的影响是积极而深远的。通过推动教育创新、促进教师成长、提高学生综合素质和优化校园文化塑造等方面的努力,工作室为学校的发展和学生的成长贡献了重要的力量。名师名班主任工作室通过多方面的努力,不仅提升了教师队伍的整体水平,还为学校教育思想与教育理念的创新和发展提供了强有力的支持。

第2章　工作室的教育主张

所谓教育主张,是指中小学、幼儿园教师及校(园)长在长期的教育教学实践过程中,通过深刻认知、理解和回答理想教育的存在样态及实施要素形成的教育见解与体悟。教师的教育主张主要包括教学主张和育人主张。从主张的源起上来说,校(园)长教育主张的形成与其办学经验及教育教学实践密切相关,一线教师教育主张的提出则更倾向于学科教学及教育生活体悟。

名师名班主任工作室的教育主张,是工作室团队教师通过多年的教育实践,形成的共同的教学和育人见解和体悟。以培养学生的全面发展为目标,旨在通过个性化的教育方法,提升学生的学习效果和综合素质。

2.1 几种典型的教育主张

经过多年教育教学的实践和研究,我们把典型的教育主张归纳为以下几种。

(1)倡导个性化教育:认识到每个学生都有独特的学习风格、兴趣爱好和潜能。因此,应针对每个学生的特点进行个性化的教学和辅导。

(2)力求教学创新:持续跟进教育领域的最新研究进展,创造多样化的教学环境,激发学生学习的兴趣和潜能。

(3)知识与能力并重:除了传授知识,更注重培养学生的能力和素质,包括逻辑思维、创新能力、沟通能力、团队合作等。

(4)强化融合教育:注重学科之间的互动和融合,帮助学生建立知识体系的概念和锻炼知识应用的能力。

(5)关注学生的心理健康:重视学生的情感需求,关心学生的心理健康,提供专业的心理辅导和关爱。

(6)建立良好的师生关系:营造和谐的教育环境,建立师生之间互信、尊重和关爱的关系,激励学生积极面对挑战,追求个人成长。

(7)侧重家校合作:与家长建立紧密的合作关系,共同关心学生的发展,分享学生的学习情况和成果,并提供家校互动的平台。

基于以上的教育主张,名师名班主任工作室成员和学员们,通过一线丰富的教育教学实践,积极致力于激发学生的学习兴趣和潜能,帮助他们实现全面发展,培养其成为具有创造力、批判思维和团队合作能力的优秀个体。

2.2 两个工作室的教育主张

2.2.1 贵阳市徐涛名教师(数学)工作室的教育主张

工作室主持人徐涛老师认为,对数学教师这一身份的认识,应当包含三个层面:首先,数学教师应该是数学世界的爱好者,要对数学保持热情;其次,数学教师应该是终身学习的实践者,要在教学实践中不断学习和优化;最后,数学教师还应该是课堂教学的研究者,要在实践的过程中不断反思来促进自身的专业发展。数学教育的乐趣,在于能够带给学生思维的挑战;数学教育的魅力,在于它思维的创造性。只有学会了思考,会运用逻辑关系对事物作出独立的判断,在数学的学习过程中不断领悟数学的本质,学生才能够在数学的学习中感到思维的乐趣。我们也将因此真正享受职业带来的幸福感和成就感。

作为数学教师,我们对于数学教育教学的追求非常简单,就是要上好每一节课,让自己的学生喜欢学习数学。多年的教学实践让我们深刻认识到,要上好每一节课是需要下很大功夫的。只有把数学教学放到一个学术的高度来看待,我们教给学生的内容才能够更接近其本质,学生才能从数学教育中受益。张问陶的《论诗十二绝句》中有曰"好诗不过近人情",其实,好课也不过近人情。课堂的近人情就是以学生为本去组织课堂教学。课堂上,教师心中要始终装着学生,否则再巧妙的教学方法、教学技巧,失去了这个根本就会变得毫无意义。什么才是真正的以学生为本呢?北京大学张顺燕教授曾指出,教学有三境界,即"授人以业""授人以法""授人以道"。这三个境界,从学生学习的角度来看,"授人以业"要求学生"学会","授人以法"要求学生"会学","授人以道"则要求学生"学融"。要跃升教学境界,提升学生的数学学习力是关键。因此,徐涛名教师(数学)工作室的教育理念是提升学生学习能力,构建高中数学"生本课堂"。具体来讲,就是教师要以学生为本去组织课堂教学,激发学生的学习兴趣,立足于学生学法,指导学生学习,逐步提升学生的学习能力,构建师生和生生间平等交流、和谐发展、共同成长的学习共同体,让学生在数学学习中拾级而上,"学会"→"会学"→"学融",让数学课堂真正成为有生命活力、有思维碰撞、有数学魅力的课堂。

2.2.2 贵阳市陈先睿名班主任(数学)工作室的教育主张

工作室主持人陈先睿老师强调,本工作室以"会得真理,以开真智"为核心理念,注重培养学生的真实认知和开启真正的智慧。具体包含以下三个维度。第一,积极倡导工作室核心理念。会得真理,名班主任工作室致力于提供优质的教学与学习体验,旨在帮助学生真正理解、掌握和运用知识。通过深入教学和个别辅导,让学生能够透彻理解学科知识的本质和内涵,真正领悟其中的真理和价值。以开真智,名班主任工作室鼓励学生开发和发展自己的智力潜能。通过灵活多样的教学和学习方法,激发学生的思维,培养学生的创造力、批判性思维、问题解决能力和创新意识。名班主任工作室希望学生不仅仅是被动地接受知识,更要学会主动思考、自主学习和探索。第二,深入推动"三全育人"。名班主任工作室注重培养学生的全面素质,还重视师生之间的互动和良好的沟通关系架构。致力于建立平等、尊重和信任的师生关系,给予学生充分的关心和支持,帮助学生克服学习和生活中的困难,共同成长。在传授学术知识的同时,也注重学生人格的塑造和品德的培养。通过引导各工作室学员在教育教学中开展丰富的课外活动、社会实践和特色项目,引导学生树立正确的价值观,培养学生的社会责任感、团队合作精神和领导力。第三,持续探索,激发学习兴趣。名班主任工作室坚信学习兴趣是最好的老师,在教育教学实践中,努力为学生创造积极、开放和富有挑战的学习环境,激发学生对知识的好奇心和热爱,培养学生主动学习和持续进步的能力。

总之,名班主任工作室的教育主张,旨在帮助学生获得真正的知识和智慧,培养学生的综合素质和能力,为其未来的成长和发展奠定坚实的基础。

第3章　工作室的实施原则

名师名班主任工作室的实施原则是指在其运行过程中所遵循的基本准则和指导思想。这些原则确保了工作室的有效运作，促进了工作室教师的专业成长，提高了教学质量，并为学生提供了更优质的教育服务。

3.1 工作室实施"五原则"

为了对名师名班主任工作室的运行提供有效指导，促进教师的专业成长和教学质量的提升，为学生的数学学习创造更好的条件，工作室建设实施应遵循以下原则。

（1）教师专业发展原则：强调教师专业素养的不断提升，通过参与工作室的活动，如教学研讨、课题研究、观摩交流等，促进教师的专业成长。

（2）教学质量提升原则：注重教学质量的提升，通过优化教学方法、创新教学手段、完善评价体系等方式，提高数学教学效果，培养学生的数学思维和解决问题的能力。

（3）学生中心原则：以学生为中心，关注学生的需求和发展，根据学生的实际情况调整教学策略，激发他们的学习兴趣和动力，促进其全面发展。

（4）团队合作原则：强调团队合作的重要性，鼓励教师之间的交流和协作，共同解决教学中遇到的问题，分享教学经验和成果，形成积极向上的教学氛围。

（5）实践创新原则：注重实践创新，鼓励教师进行教学实验和改革，探索适合学生发展的教学方法和手段，提高教学的针对性和实效性。

3.2 工作室实施"六个有"

经过三年的工作室建设与实践，我校（贵阳市第二中学，也简称贵阳二中）名教师工作室和名班主任工作室的具体实施，包括以下"六个有"。

（1）有明确的目标和任务：确定工作室的目标和任务，明确工作室的职能和责任，为教师提供明确的工作方向。

(2)有专业发展机制:为教师提供专业发展的机会和平台,通过定期的培训、交流、研讨等方式,提升教师的教学能力和专业水平。

(3)有良好的工作氛围:营造积极向上、和谐友善的工作氛围,为教师提供良好的工作条件和支持,激发教师的工作热情和创造力。同时,工作中不断加强团队协作与交流,促进工作室内外教师之间的交流与互动,开展团队合作和项目合作,共同提升整个团队的工作效能。

(4)有学员教师评价与考核机制:建立科学合理的教师评价与考核机制,根据教师的工作表现和成果进行评价,激励和奖励教师的优秀表现和突出成果。

(5)有鼓励教研与创新实践的平台:鼓励教师进行教学研究和教育创新实践,支持教师开展教育科研项目,推动教学方法和教育理念的创新。同时,对工作室内部学员,积极做好管理与支持工作。建立健全管理体系,为工作室提供必要的管理支持和资源保障,确保工作室的正常运行和发展。

(6)有定期总结和评估:定期总结工作室的工作成果和经验教训,评估工作室的运行效果,为下一阶段工作的调整和改进提供依据。

第4章　工作室主持人的责任与担当

经过多年实践与探索,我校名教师工作室和名班主任工作室的主持人均承担了师德师风建设、教学领导、专业发展、师资培养、团队建设等多方面的责任,为工作室内外几十个学校的教师队伍的专业提升和学校教育事业的发展作出了贡献。

4.1 工作室主持人的"五项责任"

(1)师德师风建设责任:主持人必须树立良好的师德师风榜样,引领教师遵守职业道德规范,关注学生的身心健康和全面发展,加强与家长的沟通合作,树立良好的教师形象。

(2)教学领导责任:作为名教师工作室和名班主任工作室的主持人,还担负着教学领导的责任。根据学员教师自身情况制订教学计划,指导教师教学,监督和评估学员教师的教学质量,确保教学目标的实现,推动学员教师所在学校教育教学工作质量的提升。

(3)专业发展责任:主持人自身在教育教学领域保持较高的专业素养,并持续带领团队开展教育教学研究,通过组织学员教师积极参加主题教师培训、举办教学研讨会等方式提高团队学员教师的专业水平,并引领带动其他教师,促进教师的专业发展。

(4)师资培养责任:作为名教师工作室和名班主任工作室的主持人,需要清晰地了解整个团队中教师的现状和需求。从校级层面出发,逐步扩展到县市级再到省级范围,专注于从教坛新秀的发掘到骨干教师的培养,再到名师名班主任的选拔和塑造,为教育领域不断输送优质的师资力量。我们不仅将学员教师作成重要的人才储备或后备资源,更通过全面的指导和支持,帮助他们在职业生涯的不同阶段,能应对其发展道路上的各项教育教学工作与挑战,发展学员教师的教育教学能力和专业素养。

(5)团队建设责任:主持人需要展现出良好的团队合作能力,能够组织教师开展合作研究和教学交流,促进团队的凝聚力和协作精神,搭建团队成员交流合作的平台,推动团队的共同进步。

4.2 工作室"五好"核心工作

具体而言,工作室建设,应做到如下"五好"核心工作。

(1)搞好工作室研修活动。坚持以教育教学为中心,开展学术研究,引领学校的建设,每年举办或承担1—2次主题研究活动,以研讨会、指导会、报告会、公开教学、送培送教等多种形式,充分发挥示范、辐射、引领作用。

(2)搞好工作室团队建设。引领进入工作室的青年教师提高师德修养、教育思想、带班理念、教育教学质量、科研水平和管理水平,每个工作周期内尽力培养出一定数量的优秀骨干教师,或者使得工作室学员实现专业提升。

(3)搞好工作室专项课题研究。以主持人的教育核心理念为基础,以参加工作室的学员及所在学校的教师的共同志向、共同研究方向、共同研究愿望为依托,确定并开展教育教学及班级管理等专项课题研究。

(4)搞好网络资源库建设。开辟名师名班主任工作室研修网络平台,结合参培学员的实际工作经验和教学管理、学科特点以及本工作室的目标,建立教育教学资源库,实现网络辐射源和资源生成站,有效服务各学员校。

(5)搞好资料整理和成果输出。工作室开展的各项教育教学、教科研、总结等活动,以论文、课题报告、专著等形式呈现和输出。

第5章 工作室学员的需求与困惑

我校名教师工作室和名班主任工作室的学员,平均年龄为33岁,职称基本为初级或中级,正处于从成长型教师向成熟型教师转化的关键转型期。大家面临着专业成长需求和教育教学重担压身的现状,亟须突破当前的职业瓶颈,解决工作与学习之间的两难局面。具体而言,他们的需求和困惑主要表现在以下几个方面。

5.1 工作室学员的困惑

(1)如何有效地将新教育理念应用到实际教学中。许多学员教师在接受新的教育理念后,仍然难以将其应用到自己的教学中,他们需要更多的实践和指导来掌握这些理念。

(2)如何处理与家长、学生之间的关系。在班级管理中,如何处理与家长、学生之间的关系是许多学员教师的困惑。他们需要学习如何有效地与家长、学生沟通,以满足他们的期望。

(3)如何提高学生的学习动力。许多学员教师发现,即使他们使用了各种教学方法和技巧,有些学生仍然缺乏学习动力。他们需要了解如何更好地激发学生的学习兴趣。

(4)如何平衡教学和管理任务。许多班主任学员教师在处理教学和管理任务时,感到压力较大。他们需要学习如何更好地组织和管理自己的时间,以便同时完成教学和管理任务。

(5)如何应对职业倦怠。在教育工作中,职业倦怠是教师们普遍面临的一个挑战。学员需要掌握有效的应对策略,以促进个人的可持续发展,保持对教育工作的热情和投入。

5.2 工作室学员的需求

5.2.1 学术需求

此类需求主要集中于学员教师的教学过程中,当学生对课程内容产生疑问时,可能需要额外的支持来解答和讲解学生的疑问。这时,学员教师可能会需要额外的教材、参考资料或者实践指导,以帮助他们更好地理解和掌握知识,切实解决学生面临的问题。同时,学员教师不仅需要学习和提升自身的教育理念,还需要不断优化教学方法。他们通常希望通过参与培训、研讨会和观摩其他优秀教师的教学实践,能够有效增进其对先进教育理念的理解,并不断提升自身的教学技巧与方法。

5.2.2 技能需求

此类需求主要是关于指导学生学习的方法和技巧。有些学生可能会对学习方法和技巧感到困惑,比如:如何高效地记忆和复习知识,如何进行有效的时间管理等。学员教师需要为学生提供指导和建议来改善他们的学习策略。同时,学员教师还有增强教学技能的需求。学员们希望通过名师的指导和自己的实践,增强教学技能,包括备课、授课、评估学生进步等,以达到在教学实践中游刃有余的目的。另外,学员教师还应掌握班级管理技巧。工作室的学员教师希望在一线教育教学活动中学习如何有效地管理班级,包括解决学生问题、与学生和家长沟通、组织班级活动等。

5.2.3 职业规划和指导需求

此类需求主要在于学生可能对自己未来的职业方向感到困惑,需要学员老师提供指导和建议,帮助他们了解不同职业的要求和发展前景,并辅助其制定出切实可行的职业规划,进而获得更多职业发展的机会。同时,学员教师也渴望得到更多的教师专业发展机会,如参加教育研讨会、发表教育论文、参与教育教学研究项目等。

5.2.4 思想和心理指导需求

此类需求主要在于减轻学生学习压力和心理困扰。在学习过程中,学生可能会面临学习压力和心理困扰,比如考试焦虑、自信心不足等。这就需要学员老师提供心理支持和建议,以帮助他们调整心态和应对压力。同时,面对学生消极学习和倦怠思想的问题,也需要学员教师帮助学生提升学习动力并培养兴趣。学员教师通过有效鼓励和专业引导,培养学生的学习兴趣,激发他们的学习动力。

5.2.5 专家榜样引领需求

在教师职业领域中,此类需求主要在于学员教师需要有经验的专家或领导者能够以自己的经验、知识和技能来激励和指导他们专业成长,帮助其更好地完成工作任务或实现个人成长。此需求通常出现在学员教师需要提高教育教学工作效率、推动创新、促进自身及所在学校发展等情况下。实践中,专家榜样或工作室主持人引领可采取多种形式,学员教师可通过与同行建立联系,实现共同成长、互相学习、分享经验和资源。如:言传身教,专家或主持人通过自己的实际行动和经验,传授给学员教师相关的知识和技能,帮助他们更好地完成工作任务;指导培训,专家或主持人可以针对特定的工作任务或技能进行指导培训,帮助学员教师提高自己的能力水平;激励鼓舞,专家或主持人可以通过自己的成功经验和励志故事,激励学员教师追求更好的成就和成长;合作交流,专家或主持人可以与其他领域的专家或学者进行合作交流,分享经验和知识,促进双方共同成长。

第二篇

贵阳市徐涛名教师（数学）工作室建设情况

第1章 工作室建设规划

1.1 工作室建设思路

1.1.1 构建专家引领、交流学习的学习共同体

教师作为教育的主导者,是提高教育质量的重要因素。要实现教育的高质量的发展,关键在于有一批教育情怀深厚、专业基础扎实、勇于创新教学、善于综合育人和具有终身学习发展能力的高素质专业化创新型中小学教师。这是国家对现今教师队伍建设与发展的要求。作为数学教师,我们既要准确把握课程目标、课程内容、学业质量的要求,合理设计教学目标并通过相应的教学实施,又要在学生掌握知识技能的同时,促进其数学核心素养的提升。此外,在教学过程中,还要和学生一起学习,一起研究,一起成长。这对教师提出了更高的要求,而名教师工作室恰好搭建了这样一个平台。借助这个平台,一批具有相同学习愿望、渴望通过交流学习提升自身教育教学水平的教师就可以组成一个学习共同体,在专家的引领下明确方向,在同伴的互助下共同学习、成长。

要构建学习共同体,就需要将工作室打造成为教师们乐于交流、善于学习、相互促进、互帮互助的学习平台。首先,要营造人人学习、主动学习的氛围,工作室主持人要坚持阅读,同时对工作室学员提出了阅读要求。要让学习内容和学员的教学实际相结合,选择课程标准、新旧教材的对比分析、教师教学技能的提升等老师们共同关心的内容,开展学习交流。

此外,工作室的学习交流活动,让老师们认识到更多的成长来自平时的自主阅读和个人研修,要树立终身学习的意识;让老师们体会到教学的过程就是不断学习、不断实践、不断改进的过程。只有这样,教师的专业化发展才具有可持续性,教师才能不断地进步。要构建学习共同体,还需要将学习活动制度化。在每年的计划中都要安排一系列学习活动,例如:阅读、读书分享活动、教师教学技能学习活动等。要让老师们能从学习交流中有所思、有所得,只有这样才能打造一个好的学习共同体。

1.1.2 构建立足课堂、实践探索的研修共同体

教育是一项有计划、有目的、以育人为主的社会实践活动。教师在教学中的教学设计、教学行为、与学生的沟通交流方式都会直接影响教学的实际效果。在教学实践的过程中,我们发现有时候只需要对教学行为作出少许的改动和调整,通过教学活动的细微改变,就能激发学生的学习兴趣,提高学生的学习技能。对于忙碌的一线教师而言,这种细微而渐进式的改变,会对教学行为的改进起到很大的作用,也具有较好的操作性。但如何调整,怎样调整才更有效,就需要教师在教学实践中不断尝试和优化。

《普通高中数学课程标准(2017年版2020年修订)》中提到,数学在形成人的理性思维、科学精神和促进个人智力发展的过程中发挥着不可替代的作用。数学素养是现代社会每一个人应该具备的基本素养。数学教育承载着落实立德树人根本任务、发展素质教育的功能。作为一名数学教师,我们应该思考:什么样的课才是一节好课?要教给学生什么样的数学?学生学习数学的意义是什么?目前,高中数学教育中存在重知识结论讲授,轻知识形成过程;重教师课堂讲解,轻学法指导培养;重题型反复训练,轻思维分析过程等现象。数学教育中,往往是教师教得辛苦,学生学得痛苦;作业考试很多,学生疲于应付。作为一名高中数学教师,要如何在日常教学中,激发学生对抽象又复杂的数学内容的兴趣,并引导他们主动学习数学呢?这就需要有一群具有共同教育理念、共同教育情怀的数学教师一起立足课堂,边教边研,相互促进,共同发展。而名教师工作室恰好搭建了这样一个平台,可以让我们更客观地审视日常课堂教学,发现教学中存在的问题,找到需要改进的地方。在这种实践反思、再实践再反思的过程中,我们不断优化的教学方法,提升数学课堂教学技能和数学教学研究能力。

工作室的建设离不开课堂研究,因此,工作室的工作重点就是给不同学校的教师搭建一个跳出日常教学环境的教学平台。在这个实践过程中,教师能接触到更多的教学方式和课堂观摩机会,通过先观摩体验,再思考感悟,进而不断尝试和探索。教师在这种系列化的实践活动中学习交流,开阔了教学视野,提升了教学技能,更新了教学理念;再将自己的学习体验和感悟在自己的课堂教学中进行实践,在实践中不断反思,通过反思提出改进意见和建议,不断提升自己的专业素养。工作室在建设过程中,通过研讨课、观摩课、各级公开课和优质课选拔评比活动,给教师们搭建实践研修的平台;同时还针对教师在教学实践中存在的问题和不足,提出改进意见和建议,提供专家团队的帮助,努力构建依托课堂实践探索的研修共同体。

1.1.3 构建反思改进、和谐发展的成长共同体

教师的成长意味着教师个人在专业生活中的成长,包括信心的增强、技能的提高、对所任教学科知识的不断更新、拓展和深化,以及对教学理念的熟练把握与运用。但教学活动是一种实践活动,教师不仅要参与实践,更重要的是,要有意识地对自己的实践活动进行观察、审视、反思。

联合国教科文组织指出,没有教师的协助及其积极参与,或违背教师意愿的教育改革,从来没有成功过。要真正使教师化被动为主动,促使教师自觉、自主地规划自己的职业生涯,不断在参与、反思中获得对实践的反思能力,进而使自己获得专业发展,那么,打造一个共同反思改进、不断发展的成长共同体就非常重要。工作室的建设可以针对教学实践中课前课后提问的方式、时机的研究,课堂教学中教学活动设计的研究,教师指导形式和反馈方法的研究,课堂管理中评价多元化的研究等,让教师们通过这种和自身教学实践紧密联系的研究项目,有效提升自己的教学技能和专业水平。因此,在工作室的建设中,要营造善于反思、敢于改进、勇于创新的研究氛围,让工作室的全体成员在反思中改进、改进中创新、创新中成长,构建和谐发展的成长共同体。

1.2 工作室三年规划

1.2.1 总体目标

遵循《贵阳市名师工作室建设管理实施意见》,以领衔人、顾问、指导专家为核心团队,以研究的基地、成长的平台、辐射的中心、师生的益友为宗旨,构建一个学习型、合作型、科研型、实践型、成长型、辐射型、创新型的工作室。以三年为一个周期,开展线上和线下的数学教学教研活动,探索优秀教师的成长规律,有效推动名师工作室学员的专业成长;同时,依托网络充分发挥工作室在全省骨干教师培养、教学改革研究方面的示范引领和辐射带动作用。

1.2.2 实施思路

以研究为主线,以研修培训为途径,共享名师工作室资源,以教师专业化发展和课题研究为抓手,凸显名师工作室的示范、带动、辐射作用。

(1)建团队,实现资源辐射。组建贵阳市第二中学"三教"引领高中数学常态课研究团队,加强研修,形成合力。同时将工作室学员和贵阳市第二中学数学组骨干教师整合,着力打造一支肯学、实干、有钻研精神的研究团队,提升教师的研修能力。同时以工作室为平台,借助外力,加强与发达地区的交流与学习。

(2)建模式,提升教学能力。依托贵州师范大学吕传汉教授专家团队,在高中数学常态课中,通过"三教"的引领,研究不同课型的教学模式,找到不同课型"三教"理念的切入点;同时,借助工作室平台,实现资源共享和名师辐射效应,带动学员所在学校的数学课堂教学中"三教"理念的深度融合;最终目标是提升学员的教学能力,增强学生的自主学习能力,构建有生命力的数学课堂,开展富有成效的教学实践和探索。

(3)建网络,实现资源共享。通过网络,学员可以进行线上线下学习、交流、研讨。工作室借助"基于新课标的新教材分析和解读"的线上系列主题研讨活动,以教材研究为抓手,通过研讨锻炼教师的教材阅读能力、教材分析能力,进一步提高教师的教学设计能力和教学水平,同时进行相关资料的收集整理,最后形成关于新教材分析和解读的成果。在此研究的基础上,开展新教材的教学实践,并推出一系列关于新教材教学设计的微讲座,通过实践、研究、再实践的循环模式,将研究成果与教学实践紧密结合。

1.2.3 阶段目标

第一阶段:基础准备和常规建设阶段(2020年5月—2020年8月)

(1)建设规章制度。建立健全各项规章制度,制订工作室工作方案,建立成员档案,明确分工,各负其责,做好各项工作的部署,完成学员的个人发展规划制订工作。

(2)确立研究主题。确定以"'三教'引领高中数学常态课不同课型的教学模式研究""基于新课标的新教材分析和解读""基于新课程提升学生学习力的课堂教学实践研究""基于核心素养培育的教学设计"为研究主题,以工作室研究团队为引领,帮助成员校及教师明确研究方向,为课题项目立项等工作做准备;构建校本研修创新模式和良性运行机制,转变教师教育教学观念,提高教育教学能力,提升教育教学理念,促进教师专业化发展以及教师专业素养的提升。

(3)搭建研修平台。完善名师工作室网络研修建设,包括工作室网页、学员博客、QQ群和微信群等多网络互动研讨平台建设,实现有主题、有深度、线上与线下共进的研修模式及互动交流。

第二阶段：实践研究和总结阶段(2020年9月—2021年5月)

(1)开展工作室研讨活动。开展与各成员学校相适应的、各具特色的、理论与实践相结合的研究实践活动。把理论学习、新教材分析解读、教学设计改进、教学实践相结合，组织工作室成员、学员进行专题研讨和系列主题活动，着力打造一支肯学、实干、有钻研精神的数学教育研究团队。

(2)创建工作室研究模式。

①理论学习。围绕工作室确立的研究主题，每位成员每学期必须深入研读2本以上数学教育教学专业书籍。通过理论知识的学习，提升工作室学员的专业素质，增强工作室学员的专业意识。

②专家引领。工作室聘请贵州师范大学原副校长、贵州省普通高中课程改革专家组组长吕传汉教授为顾问，聘请贵阳市第九中学原副校长、正高级特级教师卢焱尧与贵阳市教科所[①]正高级数学教研员邱云峰老师为指导专家。他们通过理论和实践指导，帮助学员开拓思路、提高认识。同时，工作室还不定期邀请专家开展专题讲座，旨在拓宽学员的视野。

③学习培训。通过专家论坛、学习研修、线上结对等学习方式提升学员的专业素养，形成特色；并且通过论坛沙龙、案例分析会、主题论坛等形式，组织工作室成员开展各项学习培训活动。

④课题研究。工作室将课题研究作为培养名教师的重要手段之一，结合研究主题确定研究课题。教师通过课题研究不仅能进一步提高自己的科研水平和理论素养，还能在数学教育教学领域为所在学校打造出独特的教学特色。此外，学员们可将自己在教育教学中积累下来的宝贵经验转化为教育理念，从而影响并辐射到更多的层面。通过及时归纳和总结，确保课题结题工作的顺利验收。

第三阶段：总结评价阶段(2021年6月—2022年5月)

工作室由市教育局统一管理。根据《贵阳市"三名"工作室管理办法(修订)》(筑教发〔2017〕4号)对工作室管理与考核的要求，制定针对学员研究成果、主持人、工作室建设(包括指导工作成效)的自我评估机制。

①学员评价。做好工作室结业的各项工作，进行工作室优秀学员和个人成果奖的评比活动。比照分析个人三年的发展规划，进行个人发展性评估。

②主持人评价。通过听取汇报、查阅资料、调查访谈、成果检验、主持人所在学校特

---

① 贵阳市教科所即贵阳市教育科学研究所。

色创建展示活动等评估方式,为工作室主持人建立成长档案,并对其管理能力进行考核。接受市教育局对工作室的成效及自身专业化发展状况的检查、评估,确定验收、审核和认定结果。

③对工作室建设评价。在进行每一阶段的活动和建设时,主动邀请相关领导及专家对工作室进行诊断和评估,积极整改和完善工作室建设;不定期地开展名师工作室之间的互评活动,以促进工作室开放、健康、创新的发展,开展工作室学员间的互评、考核活动。工作室学员考核分为优秀、合格和不合格三个等级。主持人根据工作室各学员的现实表现和工作业绩提出等次建议,对不胜任和不合格的学员适时进行调整和撤换,对评价考核优秀的学员建议教育局对其重点培养。

1.2.4 工作措施

1.2.4.1 研修内容

工作室的主持人、指导专家和学员都是各项研究内容的参与者、实践者,是一种协调合作、共同探究的平等关系。因此,工作室提出了主持人与学员形成合作研修共同体的研修合作新型模式,以此实现在研修过程中双方智慧与经验的分享,促进全体成员共同成长。学员与导师共同研究每一项活动,共同上好凝结集体智慧的每一节课。要上好一节体现前期培训成果、体现教学行为转变的高质量汇报课,学员要策划、组织一次专题研讨活动。在研修期间,每位成员需要确定一个具体问题,在课堂上开展实证研究,并据此撰写一篇课例报告。为进一步规范本工作室的研修行为,保障研修质量,我们特别制定了研修学员与导师之间的合作研修计划,旨在明确双方的责任与义务,促进有效沟通与合作。

(1)有针对性地指导学员及其他教师掌握先进理念、铸就师德修养,助力教师专业化发展。

(2)解决数学课堂教学问题与困惑。通过与其他学员及教师的经验交流与心得分享,帮助解决实际教学中的困惑,开阔视野,了解新课程改革的动向。

(3)形成具有推广性、可操作性的、有助于学员及其他教师专业成长的科学方案。

1.2.4.2 研修方式

本工作室的研修,在跟岗研修的基础上,采取互动交流研修和个人主体研修两种方式。互动交流研修是指学员之间通过QQ、微信、钉钉等线上交流平台,就本工作室制定的研修课题及任务,以及大家感兴趣的话题,或者自身在学习、实践中遇到的难题进行交流研讨,相互启发,达到资源共享、智慧分享的目的。个人主体研修主要包括三大任务:学习、提炼、实证。学习是指在前期集中学习的基础上,进一步开展实践学习;提炼是指在复习消化、拓展阅读的基础上,去粗取精,找出对自身教育教学有价值的东西,形成自己的认知理论;实证则是指对学到的东西进行实践运用,将间接经验转化为直接经验,将知识转化成能力,实现学习成果的有机转化。

(1)跟岗研修。组织学员进行为期一个月的跟岗研修。通过课堂观摩、主题培训、专家讲座、跨校交流等形式提升学员的教育教学能力。

(2)自主研修。带领学员分阶段阅读有关高中数学教育教学等方面的理论专著,特别是基于核心素养培育、"三教"理念融入课堂、学习力、新课标和新教材、数学课堂教学等方面的专业书籍。在此过程中,鼓励学员积极撰写读书笔记并通过网络平台进行经验分享、交流。

(3)课题研究。在一个周期(三年)内,本工作室至少申报一项市级课题,工作室成员须承担并高质量完成课题相关方面的研究任务。

(4)示范课或公开课。组织学员参加省市优质课或展示课,写出心得体会,有切实的收获。

(5)论坛交流。本工作室每学期组织一次成员读书心得交流活动,相互学习,取长补短。

1.2.5 研修成果

(1)通过名师工作室的建立,构建研究团队。在我校成为"三教"引领高中数学"一题一课、变式教学"实验学校的背景下,本工作室依托贵州师范大学吕传汉教授专家团队,进一步探索"三教"引领高中数学常态课不同课型的教学模式,此举旨在进一步提升教师的专业素养,同时提高学生的学习力和数学素养。

(2)通过名师工作室,以点带面,发挥辐射引领作用,促进教师的专业发展。三年内,工作室培养出省市级骨干教师、教坛新秀数名。

(3)以课题研究为开展工作的抓手,通过名师工作室学员和贵阳市第二中学数学教研组的共同努力,在一个周期内,本工作室至少申报了两项市级课题,并高质量完成了课题相关方面的研究任务。

(4)把课题研究的成果物化作为工作室的重要工作,在课题研究过程中及时收集相关的论文、教学设计、案例、课例,在一个周期内,出版相关的案例集或教学设计集一本。

1.3 工作室制度建设

根据《贵阳市第三批"三名"工作室建设工作方案》的文件精神,工作室积极开展制度建设,制定了包括三年发展规划、工作制度、主持人管理制度、学员管理制度、档案管理制度、考核制度以及经费使用管理办法等一系列规章制度,为工作室的规范建设和管理提供了制度保障。

1.4 工作室文化建设

工作室以立己达人为宗旨,以提升学生学习力,构建高中数学"生本课堂"为教育理念。具体来讲,就是教师要以学生为本,去组织课堂教学,激发学生学习兴趣,立足于学生学法指导,逐步提升学生的学习力,构建师生和生生平等交流、和谐发展、共同成长的学习共同体,让数学课堂真正成为有生命活力、有思维碰撞、有数学魅力的课堂。要达到这样的目标,就需要有一群拥有共同教育理念与情怀的数学教师携手合作,在课堂上实践与研究并重,互相激励,共同成长。

第2章　工作室活动展现

2.1 教学观摩研讨

2.1.1 比赛选拔、观摩研讨

2020年9月7日至8日，贵阳市徐涛名师工作室①依托贵阳市第二中学数学组开展了贵阳市第七届高中优质课比赛贵阳市第二中学选拔赛。本次选拔赛既是贵阳市第二中学数学组教师教学水平的一次展示，同时也是贵阳市徐涛名师工作室开展的一次课堂教学观摩和研讨活动。

本次课堂教学观摩和研讨活动的评委有贵阳市人民政府责任督学、贵阳市"三名工程"特聘顾问、贵阳市第二中学原校长、数学特级教师于和平，贵州师范大学数学科学学院姜文老师，贵阳市第二中学教学处副主任陈先睿老师。一天半的活动中，贵阳市第二中学的九位老师就"充分条件和必要条件"这一课题开展了同课异构活动。

课堂展示过程中，九位老师展示了不同的风采。有的老师结合生活实例引入课题，贴近学生实际，语言风趣幽默；有的老师教学严谨，板书规范，借助活动充分调动学生的积极性；有的老师教学目标清晰，通过有层次的问题串激发了学生的思维；等等。

课后，于和平老师和姜文老师还对参赛教师的教学进行了点对点的指导，既肯定了参赛教师的优点，也指出了他们在教学中存在的问题和不足。两位专家在交流中，立足于教师的成长，鼓励参赛教师发扬优点、改进不足，优化课堂提高教学水平。

课堂观摩活动结束后，于和平老师结合听课的体会和感受，给工作室学员和贵阳市第二中学数学组的教师作了精彩的专题讲座《数学课堂教学设计》。首先，于老师谈到，教学设计要立足于教材，要确定教学目标和教学重难点。在进行教学设计时，要注重学生的学习体验，通过对学生预习及阅读的指导，提高学生的自主学习能力，架设学生现有水平和潜在水平的桥梁。同时，教师要精心设问，通过问题引领激发学生的思维，设计恰

---

① 贵阳市徐涛名师工作室，即贵阳市徐涛名教师(数学)工作室。

当的教学活动让学生表达、交流,在交流表达中引导学生深度学习。于老师循循善诱、娓娓道来,讲座精彩而实用。聆听完于老师的讲座,老师们都觉得收获满满。

接下来,姜文老师给大家作了题为《如何上好数学概念课》的讲座。姜文老师在讲座中谈到,数学概念课的教学首先要从数学的角度去思考为什么要学习这个内容,如何把握数学概念的本质。好的数学概念课有一个重要标准,就是概念清晰、本质清楚,特别是要避免概念复杂化,而其中的关键就是教师对概念本质的理解。

姜文老师还谈到,要上好概念课,拟定教学目标时既要关注知识目标,又要关注学生核心素养的培育。在概念课教学中,要重视问题的设计,好的问题应该具有指向性、探索性、创造性。在教学中设计问题,提问学生,目标不仅仅是学生能够给出正确的答案,更重要的是关注学生答案产生的过程,即学生要有好的学习体验。最后,姜文老师还结合听课感受分享到,好的概念课必须有好的课堂总结,要预留足够的时间总结反思,哪怕少讲一些题目;同时要基于学生的体验来总结,先听听学生的感受,从学生的易错点进行归纳,从方法提炼和思维感悟等方面进行总结,旨在提高学生学习的有效性。

最后,工作室主持人徐涛老师结合观摩课堂的体会,从课程标准和教材使用两个方面,谈了对"简单的逻辑用语"这一章的教学思考和建议。在交流中,徐涛老师特别提到,应该关注新旧课标在表述和教学要求上的区别,要在研究课标的基础上,结合不同版本教材,取长补短,兼容并蓄;抓住问题的核心和本质,精心设计问题,让学生深入理解、深层次地参与课堂活动,通过思维训练提高学生的学习能力和学习效率。

通过这次教学观摩研讨活动,教师们深切体会到,只有立足课堂教学,展开研究并不断反思,才能真正提升教学质量;只有长期坚持并不断拓展,才能真正提升专业素养。

2.1.2 教学打磨、学习交流

贵阳市徐涛名师工作室以贵阳市第二中学数学组李青老师参加贵阳市优质课打磨为活动切入点,开展了一次教学观摩及专题研讨活动。

参加本次优质课打磨活动的老师,有工作室部分教师、贵阳市第二中学数学组部分教师,还有贵阳市教科所数学教研员邱云峰老师。活动开始,李青老师针对优质课参赛课题"指数与指数幂的运算"第一课时展开教学。李青老师在课堂展示过程中,教学目标清晰,结合生活实例引入课题,通过有层次的问题串激发了学生的思维。在教学过程中,李青老师教学严谨,板书规范,同时借助探究活动充分调动了学生的积极性。

课后,工作室的其他教师针对李青老师的教学进行了评价,既肯定了李老师的优点,也指出了教学中存在的问题和不足,还提出了一些好的建议和改进措施。

最后,邱云峰老师结合听课的体会和感受对李青老师的课进行了点评和指导。邱老师首先谈到,课堂教学要立足于教材、要确定教学目标和教学重难点,精心设计教学活动。在课堂教学中,设计教学活动要关注学生的学习体验,通过有层次、有台阶、有教师指导参与的活动,架设学生现有水平和潜在水平的桥梁。在教学中,教师要精心设问,通过问题和问题串激发学生的思维,借助恰当的教学活动让学生表达、交流,在交流表达中引导学生深度学习。在教学设计环节要抓住问题的核心和本质,精心设计问题,让学生深入理解,深层次地参与课堂活动。不仅要关注学生的知识学习,更应该关注学生的能力提升点和思维训练点。教学中,教师通过好的教学活动,既要激发学生的学习兴趣,更要激活学生的数学思维,通过活动让学生在生生互动和师生互动中不断提高自己的思维能力和数学素养。

2.2 教学示范研究

2.2.1 联合教研、同课异构

贵阳市徐涛名师工作室联合贵阳市葛磊名师工作室,开展了一次同课异构研讨活动。本次活动是工作室成立以来的第二次联合研讨培训活动。通过两个工作室的交流互动,学员们得以开拓视野,并在同课异构中取长补短、相互借鉴,提升自己的教学设计能力和研究能力。

本次同课异构研讨活动分别由葛磊名师工作室的孙老师和徐涛名师工作室的于学敏老师分别执教"任意角的三角函数"第一课时,两个工作室全体教师和贵阳市第二中学数学组部分教师参与。首先是两位老师上课,孙老师在课堂展示过程中,教学目标清晰,结合生活实例引入课题,通过有层次的问题串激发学生的思维。于老师则在教学过程中引入自然话题,设置问题贴近数学的实际,教学严谨,板书规范,同时借助探究活动充分调动学生的积极性,教学效果很好。

课后,参与活动的教师们分别针对两位老师的教学进行了评价,既肯定了两位老师的优点,也指出了教学中存在的问题和不足,还提出了一些好的建议和改进措施。

最后,葛磊老师和徐涛老师结合听课的体会和感受,对两位老师的课堂进行了点评和指导。葛磊老师首先谈到,课堂教学应以教材和学生实际情况为基础,明确教学目标和重难点,精心策划教学活动。徐涛老师谈到,这节课充分考虑了学生已有的锐角三角函数基础,但恰恰是学生已有的经验,对于任意角的三角函数的推广反而有一定的干扰。教学的关键是要通过学习活动,让学生体会到初中的锐角三角函数本质上是三角比,不是严格的函数关系。因此,我们应当重点关注学生的学习体验,通过精心策划分层次、逐步深入且富含教师指导的活动,有效构建学生现有能力与潜在发展空间之间的桥梁。教学过程中,教师需要巧妙构思提问方式,运用连贯的问题链来激发学生的思维活力,同时,通过选择恰当的教学活动形式,鼓励和支持学生的表达与沟通,从而在师生互动中引导学生达成深层次的学习目标。

通过此次活动,工作室的老师们深刻感受到,精心设计的教学活动不仅能有效激发学生的学习兴趣,还能促进其数学思维的发展。通过这些活动,学生们在与同伴及老师的互动中,能够持续提升自身的思维能力和数学素养。

2.2.2 市级教研、交流研讨

2021年4月20下午,贵阳市徐涛名师工作室依托贵阳市的教研活动,开展了一次课堂教学观摩和交流活动。

本次活动是贵阳市高一市级教研活动,工作室卢锡娟老师和北京师范大学附属中学的杨万里老师进行同课异构,执教课题是"直线的倾斜角和斜率"。本节课是解析几何的起始课,近代数学的第一个里程碑是解析几何的诞生,课程标准提出:通过本单元的学习,可以帮助学生在平面直角坐标系中,认识直线、圆、椭圆、抛物线、双曲线的几何特征,建立它们的标准方程;运用代数方法进一步认识圆锥曲线的性质以及它们的位置关系;运用平面解析几何方法解决简单的数学问题和实际问题,感悟平面解析几何中蕴含的数学思想。"直线的倾斜角和斜率"这一节内容是,在直角坐标系中认识确定一条直线的要素,特别是两个关键要素:位置、方向。

卢锡娟老师的课,问题设置合理,通过一系列学生活动,让学生在活动中思考、表达、交流,教学效果很好。在教学中,卢老师充分利用坐标轴的基准作用,先从几何角度上利用x轴的正向和直线向上的方向之间所成的角——倾斜角刻画直线的方向,再引导学生发现平面几何的"两点确定一条直线"和"一个点和一个方向"确定一条直线是有内在联系的。如何在平面直角坐标系中利用代数化的方法得到斜率公式是这节课的关键,也是这节课的重点和难点。卢老师充分利用教材中的探究问题,引导学生有逻辑地思考,合理地提出问题。卢老师从特殊到一般、从具体到抽象,教学思路清晰,符合学生的认识规律,教学效果很好。然而,在和学生的交流和互动上还有需要改进的地方,特别是要给学生留足时间思考,在学生探索斜率公式的过程中要敢于放手。

杨万里老师的课则从实际出发,设置合理的问题情境,激发学生的思维,促进学生的表达,教学既有广度,又有深度。杨老师在教学中,先结合实例让学生感受角对直线方向的影响;再借助学生熟悉的坡度,很自然地让学生发现倾斜角的正切值对直线的方向的影响;然后和学生一起探究如何利用两点的坐标表示倾斜角的正切值;最后才给出斜率的定义。教学思路自然,逻辑关系清晰。同时,杨老师语言风趣幽默,和学生的交流自然流畅,驾驭课堂的能力很强,这种教学方式值得工作室的老师学习。

课堂观摩后,贵阳市数学学科带头人培养对象、贵阳市第一中学的李寒老师进行了专题评课。随后,工作室的徐涛老师和北京师范大学附属中学的凌禹校长也分别发表了评课意见。最后,贵阳市教科所的数学教研员邱云峰老师对课程进行了深入点评,并给出了教学建议。

对于这次活动,老师们纷纷表示受益匪浅,同时也对应该如何提升自己的教学水平有了更清晰的认识。最后,工作室学员还和各点评老师进行了简短的交流研讨。通过进一步的交流,工作室的老师们对于这节课的核心——"方向的代数化"有了更深的认识。老师们体会到,要上好一节课,关键是要设计符合学生学情的问题,同时还要设计富有成效的学习活动。通过这些活动,激发学生的兴趣,引导他们主动思考,提出问题,在探究的过程中自然而然地得出结论。

2.2.3 主题教研、展示风采

2022年5月22日,"围绕优化常态教研,推进'三新'改革"——2022年贵阳市新课程新教材新高考改革主题研讨活动在贵阳市第二中学如期举行。5月22日下午,在南楼电教室进行数学学科的课堂教学展示,三位来自不同学校的数学老师为我们呈现了三堂风格迥异、精彩纷呈的同课异构课程。本此教学内容为"总体集中趋势的估计"。

第一位任课教师是遵义市第四中学的陈雪芹老师。陈老师带着学生一起从飞花令入手,顺利引出本节课的学习内容之一——众数,让学生感受数学文化的魅力,拉近了和学生的距离。紧接着,陈老师以某公司员工收入的问题切入,让学生比较中位数和平均数。顺势抛出思考题:如何根据频率分布直方图求平均数、中位数、众数,并在小组探究时引导学生分享自己的结果,使得他们学会思考和表达。最后,陈老师提出一个编号问题,引导学生课后接着进行探究,让学生带着问题出课堂。

第二位任课教师是贵阳市第二中学的李青老师。李老师用一个生活中的故事引入,激发学生的学习兴趣,让学生带着问题进课堂。在课堂中,李老师设计合适的问题链,教学设计层次递进,深入浅出的教学旨在培养学生逻辑推理和数据处理的能力。在探究本节课难点——利用频率分布直方图估计平均数、中位数和众数时,李老师先带着学生阅读和分析条件,攻破了学生的思维难点——没有原始数据怎样估计平均数。学生在李老师的设问下,能很好地参与探究和讨论,有三位同学代表组内其他同学分享了他们的计算方法和结果。学生在本堂课不仅学会了思考,还掌握了有效的表达技巧。最后,李老师在课堂小结中强调,我们学会数据分析,要用数据说话,但不能被数据误导。他还鼓励学生们将今天的学习内容和方法运用到日常生活中,使学习成果得以延伸与实践。

第三位任课教师是贵州省实验中学的黄丹丹老师。黄老师以贵州省大数据和统计学的相关内容为切入点,引出本节课的主题。黄老师设计了招聘会的模拟情景,请不同组的学生担任面试官和招聘者,感受平均数、中位数和众数的特征。活动设计有趣,贴合实际,极大地激发了学生们的参与热情。课堂中,黄老师引导学生思考后总结归纳出在概率分布直方图中估计平均数、中位数和众数的方法。学生代表在黑板上为大家板演解答过程,锻炼学生的猜想探究能力和概括理解能力。最后,黄老师基于数学学科核心素养,让学生提炼本节课的知识重点和思想方法,提升学生的感悟力。

三节展示课后,来自贵阳市第六中学的章敏华老师进行了评课,并结合微讲座分享了他的设计思路。章老师首先肯定了三位老师及其背后的教研团队在备课过程中积极投入、共同打磨的努力,同时赞扬了三位授课教师的勇气、灵气、生气和霸气。通过三位老师的同课异构,各位听课教师得以深入学习"三新"背景下如何进行单元整体设计以及如何备好一节课。

紧接着,章老师以《教之道在于"度"》为题给大家带来了一场受益匪浅的微讲座。章老师从以下几个方面为大家解读了教之道在于"度":首先,设置教学目标要适度;其次,教学设计要有梯度,设计这节课的例子时,多设计非常识性的情景和例子,让学生能利用本节课的学习内容来分析数据真实性背后的意义;同时,教学内容要注意密度,问题和例子的设计要留足时间给学生思考;此外,教学过程要有效度,在学生回答不出来时,教师应通过自己的板演来引导学生,不一定全让学生自己去总结;再者,教学节奏要把握好速度,避免前松后紧;最后,教师自身要有亮度,每位教师都有自身的教学风格,放大自己的亮点,扬长避短。讲座最后,章老师提出了三个问题与大家一起探讨。第一,导学案的泛滥会不会成灾？我们在设计导学案时，是否仅仅将教学流程展示出来就算一份导学案？第二，情境的设置可不可以更顺？本节课的案例是全市100户水表数据，是否能引导学生思考：谁在记录这些数据？谁来使用这些数据进行分析？我们分析这些数据的目的是什么？第三，思维的翅膀能不能扇动？在评价学生时，我们是否能增加表扬和肯定，激发学生的学习积极性？章老师的讲座贴合教学实际，以小见大，为教师今后落实"三新"改革提供了方向。

在章老师鞭辟入里的微讲座后，贵阳市第二中学徐涛老师对本次活动进行了总结。徐老师指出，通过这次活动，特别是听了章老师的评课和微讲座后，相信所有参与的教师都受益匪浅。只要循着章老师打开的教学课堂思维育人的门径，我们坚信今后在数学教学中必会探寻到恰当的教育教学之路，进一步提升自己的教育教学水平。

2.3 主题读书交流

2.3.1 研读课标、分享交流

2021年1月，工作室所有成员及贵阳市第二中学数学组部分教师在贵阳市第二中学南二楼进行了工作室读书交流活动。

这次交流活动的主题是新旧课标的差异对比研究。主讲老师为工作室主持人徐涛老师，在交流活动中工作室十多位老师参加了讨论。

这次研讨交流，徐老师首先和大家分享了对《普通高中数学课程标准(2017年版2020年修订)》(以下简称《标准》)的一些理解，同时结合工作室必读书《高中新旧课程标准教学要求比较 数学》谈到研读课程标准的重要性和研读方法。

首先，《标准》强调数学的育人价值。一堂优秀的数学课，不仅要能促进学生掌握相关的数学知识，更重要的是在学习的过程中要鼓励学生创新思考，加强学生的数学实践，培养学生的理性精神。徐老师认为，就数学课而言，教师不能只是关注知识本身，而是教会学生学知识，关注核心素养和学生成长。同时，新旧课标在某一些表述上有改变，《标准》指明了课堂教学设计与实施的方向，对教师课堂教学专业素养提出了更高的要求。

在交流研讨阶段，大家对如何用好课标进行教学设计展开了热烈的讨论。李青老师指出，教学设计应当回归本源，求真、求善、求美，而课程标准就是一把标尺。熊春华老师认为，平时我们对教材的分析做得不是很到位，这个方面应该向贵州师范大学项昭老师学习。卢锡娟老师谈到,《标准》中对课堂教学设计与实施的评价包括如下几个方面:教学内容解析,教学目标设置,学生学情分析,教学策略分析,教学过程。于学敏老师谈到,教学内容解析要做到正确阐述教学内容的内涵,以及由内容所反映的数学思想方法,并阐明其核心,明确教学重点。王忠娅老师认为要正确区分教学内容的知识类型,如事实性知识、概念性知识、程序性知识、元认知知识等。陈宇老师提出要正确阐述当前教学内容的上位知识、下位知识,明确知识的来龙去脉。彭毅老师觉得应该从知识发生发展过程的角度,分析内容所蕴含的思维教学资源和价值观教育资源。崔莹老师认为好的教学设计是有数学味的,能让学生充分地学。周旋老师指出,以统计教学为例,统计教学的核心就是要让学生形成统计观念,而统计观念的形成必须让学生亲身经历统计的全过程,没有统计的实践,统计的教学是有缺陷的。

最后,徐涛老师就教学目标的设置与陈述跟大家进行了交流。《标准》要求教学目标的设置与陈述要做到:(1)正确体现"课程目标—单元目标—课堂教学目标"的层次性,在课标的总体目标和内容与要求的指导下,设置并陈述课堂教学目标;(2)目标指向学生的学习结果;(3)目标要与教学内容紧密结合,避免抽象、空洞;(4)要用清晰的语言表述,学生在学习后会进行哪些判断,会做哪些事,掌握哪些技能,或会分析、解决什么问题等。周旋老师指出,教师有时对目标的指向性不明确,自己都不知道每一节课的具体思维训练目标是什么,这样就不可能让学生有清晰的目标。因此,徐老师认为教师应当加强自身素养,着重研读课标、教材、教师用书,做到心中有底。

在读书研讨交流中,老师们纷纷反思了自己在日常教学中和教学设计中的一些困惑和遇到的困难,也分享了一些经验和做法。通过交流,老师们达成了共识:应该基于课程标准进行教材分析和教学目标拟定,立足核心素养培育进行教学设计,要从关注教师的教转向关注学生的学,在学习活动和评价上下功夫。

2.3.2 技能提升、主题研讨

2021年8月,工作室全体成员在贵阳市第二中学南二楼录播教室,进行了工作室第一次关于新课标理念下数学教师课堂教学技能的主题读书活动。本次活动要求课题组每位成员提前两周进行自主阅读,并记录读书过程中的思考和困惑。活动由工作室李青老师主持,分为两个部分。第一部分,工作室主持人徐涛老师进行读书心得分享。第二部分,工作室成员分别就阅读的《新课标理念下的数学课堂教学技能》和《优质提问教学法:让每个学生都参与学习》谈自己的体会、思考和困惑。随后,工作室主持人徐涛老师进行简要总结和读书活动的建议。

活动首先由徐涛老师进行阅读分享。徐老师谈到,课堂教学行为应该是课堂上能被观察到的行为,是教师在教学中的所有表现,包括教学语言、教学形体动作等,是教师教学的综合表现。同时,教学行为和教学技能有着密切的联系,教学技能往往可以通过行为来定义,通过教学行为来表现。徐老师还提到,要适应新课程的变化,教师教学行为的变化应该有下列四个明显的特征:(1)课堂教学行为的关注点,应该由客观性知识转向主观性知识;(2)课堂教学行为的取向,由单向性转为多向性;(3)课堂教学的主体,由教师转向学生;(4)课堂教学的方式,由静态知识传授转向动态的教学活动。教学行为和教师的素养两者互为表里,是内隐和外化的关系,要改进教学行为,必须提升教师的个人修养和教学素养,这对教师的专业化发展提出了更高的要求。

接下来,工作室部分学员就阅读的内容谈自己的体会、思考和困惑。陈虹老师提出,要适应新课改的要求,教学行为应考虑面向全体学生,要根据学生学习方式的变化而变化,还要考虑交互性和启发性。卢锡娟老师认为,课堂提问是教学中最重要的技能,如何让提问这一技能更适应新课程改革,需要对提问进行改造并赋予新意。同时提问和倾听相互关联,如何厘清两者的关系值得进一步研究。要提高教师的提问能力,要将传统的课堂提问提升为优质提问,通过改进提问的模式,可使课堂学习成为真正面向学生的学习。彭毅老师提到,为了强化课堂师生交流,必须提高课堂观察技能,其中课堂观察技能实施的客体是学生的学习行为,也是师生互动交流的基础,同时,课堂观察也为后续的指导反馈和评价打下了基础。熊春华老师提到,课堂指导行为,需要对学生的学习情况有较好的了解才能发挥作用,这需要教师有较强的应变能力;在进行指导时,形式要多样,也需要阅读、笔记、练习等具体抓手。王忠娅老师指出课堂管理和课堂指导有着密切联系,要通过课堂的整体设计来提升课堂管理的效果。崔莹老师谈到,为适应新课程对学生全面发展的要求,需要教师在过程性评价、反馈性评价、情意性评价上展开研究,使评价方式多元化,同时通过评价促进教师改进教学,通过评价促进学生改变学习的方式。

最后,工作室主持人徐涛老师针对读书交流活动进行了总结。徐涛老师谈到,要通过读书,对教学行为中的提问、倾听、观察、指导、反馈等进行研究,特别是每一种教学行为的要素是什么,应该从哪些方面进行改进,如何在日常教学实践中开展研究,提出自己的建议和思考。徐涛老师总结到,教师要通过读书,特别是阅读经典的教育理论和课程标准,并进行研讨,提高自己的理论水平,为后续教学研究打下坚实的基础。

2.4 辐射引领交流

2.4.1 支教扶贫、质量提升

2021年3月,工作室主持人徐涛老师、贵阳市第二中学黄毅老师、北京师范大学附属中学凌禹副校长和李平老师在威宁县民族中学组织开展了威宁县高中数学质量提升第五次活动,本次活动是工作室进行的支教扶贫工作的一部分,包含随堂听课、二轮复习备考交流、评课议课、学术讲座等环节。

3月13日上午,在威宁县民族中学博闻楼五楼党员活动室,威宁县民族中学张忠豪老师、贵阳市第二中学黄毅老师、北京师范大学附属中学李平老师分别进行了高三数学二轮复习专题复习教学示范课。

张忠豪老师授课内容为椭圆的离心率。张老师从对圆锥曲线定义和性质的复习入手,利用导学案回顾了求离心率的基本方法,再通过几道典型的高考题,重点讲解了双曲线的离心率计算和求范围问题。在教学过程中,张老师让学生先动手做,然后请学生上台展示自己的解题过程,最后再进行总结和评价。同时,他还利用一题多解和一题多变的方式,拓展学生的思维,让学生对双曲线离心率的求值和范围问题有了更深入的理解和认识,教学效果很好。

黄毅老师授课内容为极坐标方程及应用。黄老师从心形线入手,激发学生学习的兴趣,再通过复习极坐标和直角坐标、极坐标方程和直角坐标方程的互化,巩固学生的基础知识。在教学过程中,黄老师借助几何画板,动态展示了极坐标方程表示的曲线形状,教学效果不错。在讲解例题之前,黄老师让学生先分析题目,鼓励他们进一步说出自己的解题思路,并邀请学生上台展示自己的解题过程。这种教学方式极大地提高了学生的参与度,教学效果很好。

李平老师授课内容为三角函数值域与最值。李老师利用学案让学生先做三个基础练习,再让学生口头表达解题思路及过程。三个基础练习,其难度由浅入深,为后续的专题复习做准备。教学中,李老师立足于基本问题,通过变式让学生不断回顾和复习三角函数的几种类型,教学容量大,思维含量高。李老师在教学中尤为注重培养学生的审题能力,通过指导学生逐步改变题目中的数学表达形式,让学生在转化和翻译的过程中逐步认清问题的本质。此外,李老师还特别重视数形结合思想的渗透,要求学生动手作图、用图思考。这种方法不仅提升了学生的绘图技能,也增强了他们利用图形解决问题的能力,从而取得了显著的教学成果。

在评课和议课环节,先由三位上课教师进行说课,每位老师都简单介绍了设计专题复习的基本思路,也谈到了对专题复习的一些体会。随后,徐涛老师和凌禹老师针对老师们的说课分别进行了点评和建议。两位老师谈到,三节课都是以专题复习的形式展开,选题都立足于高考主干知识与核心考点,复习内容小而精。在教学中,三位教师都考虑到了学生的基础,以知识回顾、基础训练等方式,降低复习的起点,逐步深入,调动了学生复习的积极性。在三节课的教学中,教师都预留了充分的时间让学生思考、表达、动手练习,通过师生互动交流,有效揭示了学生的知识短板和思维障碍,让学生在改进和反思中逐步提高和进步。三节课都采用了一题多解和一题多变的教学方法来提高复习效率,然而,在题目的选择、变式的设计、巩固练习的设置方面,三位老师的教学仍有进一步精简和优化的空间。

3月13日下午,由贵阳市第二中学徐涛老师作学术讲座《高考数学微专题的设计与实践》。徐老师从二轮复习的反思中谈到了二轮复习应该怎样教才高效?要利用有限的时间解决基本题,要调动学生积极参与,要利用已有资源,并能够将其精心整合,改变回顾考点、讲解例题、强化训练的题型教学,提高学生的复习能力与效率。同时,徐老师还谈到了微专题设计的基本原则:降低起点,回归主干,分层设计;难度适中,关注联系,适度综合;回归教材,研究高考;注重通法;学生参与,独立思考,交流体验。在讲座中,徐老师结合指数、对数比较大小的相关案例,介绍了微专题实践中的操作步骤,引发了大家的思考。徐老师的讲座立足于教学实践,既有对教师选题的思考,还有对学生活动的设计,有较强的操作性,教师们都感到收获满满。

2.4.2 教学示范、研讨交流

为贯彻落实全省教育高质量发展工作会议精神,推进贵阳市新教材新课程新高考(以下称为"三新"改革),探索落实新修订普通高中课程方案和新课程标准的实践路径,促进贵阳市普通高中教育质量高质量发展,为了进一步提升工作室成员学员的理论水平及实践能力,工作室在2021年9月26日下午开展了"三新改革"主题研讨活动。

9月26日下午,工作室成员听取了李青老师的示范课——"函数的奇偶性"。李老师立足于课程标准和新教材、新高考进行教学设计,利用大单元教学的设计思路来进行教学。李老师立足于学生的学,通过教学活动引导学生学会学习。在具体的教学过程中,李青老师运用问题串,引导学生类比函数单调性的研究方法,从对几何图形整体认识逐步过渡到利用点的坐标去刻画函数的对称图象,从具体函数到一般函数的逐步抽象,引出偶函数的概念。整个过程十分自然,学生对这一知识点的学习既深入又充分。

在说课环节,李老师谈到,在进行教学设计时,既要关注学生的素养,又要让学生学有所获。他主张在教学中教给学生学习的方法,培养学生的学习能力;在教学中通过类比研究单调性的方法,从特殊到一般,从具体到抽象,不断增强学生对函数研究方法的体验。这一教学理念受到了在场听课教师及专家的高度评价与一致认可。

在评课环节,徐涛老师谈到要立足于学生的学进行教学设计,要通过设置有层次、有逻辑的问题串激发学生的思维;设计学习活动要让更多的学生参与到学习中,通过活动增加学生的学习体验。在函数性质的教学中,徐老师强调要将研究的思路和方法教给学生,既培养学生的类比思维,又为后续学习函数的周期性打下坚实的基础。贵阳市教科所数学教研员邱云峰老师从新教材的角度评价李青老师的这节课是成功的。这节课不仅体现了单元整体教学的特点,还在数学思维能力和数学素养的培育方面进行了精心设计。值得一提的是,通过引导学生回顾单调性的研究思路和步骤,激发他们运用类比进行探索研究,能有效提升知识迁移的能力。此外,问题串的设置,充分考虑了高一学生的学情,在培养学生的数学抽象和逻辑推理能力的发展上,给予了学生充足的时间去探究和讨论,从而确保了良好的教学成效。如果将课后探究性作业改为写数学小论文,那么更能促进学生对知识的进一步拓展和深化,这样的转变可能更有利于培养学生的学习能力。

通过这次活动,工作室的老师们都感觉到要适应"三新"改革,自己须加强学习,认真学习课程标准,研究新教材和老教材的区别以及高考评价体系,结合新高考试题,体会高考改革的方向。教师只有改变观念、主动学习、立足课堂开展研究,才能在教学中成长。

2.4.3 同课异构、交流学习

2021年11月9日,贵阳市徐涛名师工作室依托贵阳市章敏华贵安高中数学学科带头人工作站[①],成功举办了一场课堂观摩研讨活动。在本次活动中,来自贵阳市徐涛名师工作室的李青老师和贵阳市南明区甲秀高级中学的张老师进行了同课异构的教学展示,当天下午,参会者还聆听了工作站专家的专题讲座,收获颇丰。

上午的同课异构活动,首先是贵阳市南明区甲秀高级中学的张老师授课"弧度制"。张老师教学严谨,先引导学生复习角度制,再通过圆中弧长与半径的关系,引导学生发现还可以利用弧长与半径的比值来度量角,最后从角度与弧度的转化关系让学生逐步认识

---

① 章敏华工作站即贵阳市章敏华贵安高中数学学科带头人工作站。

弧度制,并利用弧度制推导了扇形的弧长和面积公式。张老师特别重视基本公式的应用,在课堂上给学生提供了很多练习的机会,有口头训练,也有书面训练,整堂课的教学内容很扎实。接着,工作室学员李青老师也授课"弧度制",从为什么学习弧度制来设计这节课,通过实例让学生发现角度制的不足。在教学过程中,李老师精心设计了度量角的活动,旨在让学生在度量中体会既可以利用角度量角,还可以利用弧长度量角的方法。这种设计既关注了学生的认知基础,又符合新课程的要求。数学教学就是要关注数学知识的发生发展过程,要通过活动让学生参与概念发生发展的整个过程。李老师的课,教学效果很好,在评课环节,还受到章敏华老师的表扬。

下午,章敏华工作站的四位专家为老师们带来了精彩的讲座,首先是贵阳市教科所邱云峰老师的《新教材教学方式的思考》,接着是贵州省实验中学卢焱尧老师的《七环节教研模式的实践研究》,随后是贵阳十中[①]葛磊校长的《四环五步校本教研》,最后是贵阳市清镇一中[②]柏春丽老师的《数学文化初探》。

这次活动老师们都感觉收获满满,并对如何提升自己的教学水平有了更清晰的认识。活动尾声,工作室学员还与章敏华老师就"弧度制"这节课的课程内容展开了交流与讨论。

2.4.4 教学培训、学术交流

根据"盘州市中小学新课标教研教学项目"培训活动的安排,工作室主持人徐涛老师参加了盘州市高中数学新课标的培训活动。在活动中,徐老师带来了两场学术讲座,分别为《基于核心问题的教学设计》和《三教思想引领下的数学课堂实践》。

2023年2月2日,徐老师针对基于核心问题的教学设计,在讲座中从树立数学课堂的核心价值观、把握教学设计的四个基本点、核心问题设计的三个切入点、基于核心问题的教学设计案例等四个方面展开。徐老师谈到要树立数学课堂的核心价值观,首先课堂教学的主旨要呈现数学本质,既要关注数学知识的内在联系,又要关注数学规律的形成过程,同时还要重视数学思想方法的提炼和数学理性精神的培育。其次,要进行课标文本阅读,搜索解读关键词,同时回归教材,找到课标和教材的联系,要关注教材素材选择如何体现课程标准理念,教材例题选择如何体现课程标准理念,教材习题选择如何体现课程标准理念。单元核心问题:蕴含重要的数学概念、数学原理、数学思想且对本单元学习

[①] 贵阳十中即贵阳市第十中学。
[②] 清镇一中即清镇市第一中学。

和研究有重大影响的问题；课时核心问题。由单元核心问题引申、派生的问题。

接着，徐老师谈到了核心问题设计的三个切入点，即知识逻辑、思维逻辑和教学逻辑。知识逻辑是教学系统中最实质性的要素，要理清知识在知识系统中的地位、作用，同时还要理清前后知识的联系和逻辑关系。思维逻辑是指在知识逻辑基础上，在教学过程中，师生所进行的思维活动的规律。教学逻辑回答怎么教的问题，即在课堂教学中要教给学生思考数学问题和研究数学问题的方法。在讲座中，徐老师通过"基本不等式""弧度制""三角函数的概念"等具体案例，为老师们进行了详细的介绍。最后，徐老师在结合案例的基础上，提出好的教学设计需要关注四个方面，也就是教师"能否准确评估学生的认知水平？""能否准确把握所授知识的逻辑脉络？""能否在知识发生发展的逻辑节点处设计符合学生认知水平的、层次不同的问题？""能否设计出渐次深入的问题，既体现知识的逻辑走向，又遵循量力性原则？"

2023年2月3日，徐涛老师在另一个讲座《"三教"思想引领下的数学课堂实践》中，首先谈到课程标准中提出的"三会"，即会用数学眼光观察世界，会用数学思维思考世界，会用数学语言表达世界，即会思考，会体验，会表达。而贵州师范大学吕传汉教授提出的"三教"思想，恰好是对课程标准中"三会"的实践，其中教思考，重在养成学生的思维习惯；教体验，重在增进学生的学科感悟；教表达，重在强化学生的交流能力。

随后，徐老师结合具体案例，针对如何在课堂教学中"教思考""教体验""教表达"进行了讲解。"教思考"需要教师带着问题和学生一起阅读教材，教给学生阅读的方法。同时还要教给学生研究题目的方法，教给他们有目标、有条理、有依据的连贯的思考方法。"教体验"首先要创设情境，激发兴趣，以情优教；同时精心设计活动，感悟方法，在活动中学。"教表达"要创设机会，让学生开口表达，让学生梳理结构、书面表达。通过课堂总结、学习体验等形式让学生自己讲知识结构，谈解题思维和方法的感悟。最后，徐老师结合案例讲解了如何通过教学活动将"三教"的理念融入课堂，其中"教表达"是很好的切入点。要紧扣课时核心问题，引导学生交流表达，要通过问题设置发现学生思维的障碍，让他们在表达交流中感悟数学思想。

经过此次培训，教师们深刻认识到，唯有扎根于课堂教学，积极开展研究并持续进行反思，方能切实提高教学品质；同时，唯有持之以恒地追求进步，并不断拓宽知识视野，才能真正实现专业素养的全面提升。在教学中，要将"三教"理念落实，要关注学生的思维，让学生有表达的机会，有思考的时间，有交流的活动。这样才能真正培养学生的数学思维和数学核心素养。

第3章　工作室主题研讨与课题研究

3.1 新旧课标、教材对比研究

3.1.1 网络研讨、交流学习

2020年5月,贵阳市徐涛名师工作室的全体成员开展了第一次线上研讨活动。这次活动由贵阳市教科所高中数学教研员邱云峰老师主持,主题为"如何对新教材的内容进行研究和分析"。

在此次研讨中,邱老师用深入浅出的方式,分别从如何使用新教材和如何解读新教材两个方面进行了分析。邱老师建议老师们应该逐字逐句地对新教材进行分析,特别是导引和章引言部分,要体会其中每一句话的意义和价值。同时,邱老师还建议老师们要从学生读课本的角度出发,思考如何带领学生去体会,要充分考虑到学生在课堂上、课堂下会出现的问题,思考如何引导学生,如何检测学生的同时又不增加学生负担。邱老师还以第一节为例,对教材解读的方式进行了示范。在分析和解读新教材的过程中,邱老师谈到,每个章节的内容由前言、正文、提示语(思考,归纳,探究以及正文右侧的说明性文字)以及练习四个部分构成。此外,每一章还有阅读与思考、小结。针对每一个内容,教师都要从教师教学和学生学习两个角度进行分析,尤其要关注怎样给学生提供有效的学法指导,引导他们开展自主学习。

最后,邱老师还就工作室线上研讨提出了建议:一是每一次研讨应有一名教师为主讲,另一名老师为记录员;二是要针对学生的学情,研讨本节内容的重难点,而不是一味地参照教参书;三是针对教材中每一段内容,研究如何设置学生的阅读提问,即阅读导学单的设计;四是每一次的研讨都应该形成一些文字资料,并通过资料整理,形成论文或教学设计,为今后研究作铺垫。通过此次的研讨学习,邱老师为老师们今后在线上的研讨指明了方向,提供了方法,给出了建议。工作室的老师们都感到收获颇丰。

3.1.2 研读教材、专题研讨

2020年6月,贵阳市徐涛名师工作室的全体成员开展了两次线上研讨活动。第一次活动由贵阳市第二中学陈虹老师主持,对新教材中"函数的概念"进行了解读。

在此次解读中,陈老师首先对新教材进行了梳理,对章引言、节引言、函数的概念、课本上的思考等进行了解读,细致到每一个问题,让全体学员对新教材有了一个全新的认识。陈老师将教材与课标对应起来,真正实现了以课程标准为指导来服务教材。随后,陈老师还将新旧教材进行了对比,带领老师们从题目变化、问题设置、表达方式等方面去认识数学教材的变化。

陈老师分享了在研究新教材时所遇到的挑战,全体学员积极参与探讨,并各自表达了他们在阅读教材时所面临的困惑。在探讨的过程中,老师们分别从学生学习的角度、教师教学的角度谈了自己的见解。王忠娅老师认为,在函数概念中对于两个非空集合的理解,可以通过举例子的方式来让学生体会;于学敏老师认为,在函数概念教学中应注意学生数学文化的培养,建议从函数的背景出发,让学生写关于函数概念的学习体会。学员们各抒己见,展开了热烈的讨论。

最后,徐涛老师对本次研讨进行了总结。徐老师建议,对教材的解读,既要站在教师的角度去发现教材的问题,又要站在学生的角度去提出学习的困惑。教师应该针对学生的学习困惑,做成自主学习导学单,让学生带着问题去阅读、研习教材。同时,作为教师,还应该站在教材编写者的角度来看待教材,要读透教材、补充教材、批判教材,对教材有自己独立的见解和判断。

第二次活动由徐涛老师主持,主题是"基于核心素养培育的单元教学设计"。徐老师谈到数学学科核心素养导向的整体单元教学设计应关注的几个主要问题:要明确基本套路,增强教学的整体性;在一般观念的指导下,发展理性思维;在获得数学对象的过程中,发展数学抽象、直观想象素养;在探究数学对象性质的过程中,发展逻辑推理、数学运算素养;加强综合实践活动,提升数学建模、数据分析素养;创设情境,提出问题,引导学生开展系列化数学学习活动,发展理性思维、科学精神。

随后,徐涛老师又谈到整体单元教学设计的基本流程。首先,解构本章内容的学科基础,从整体上把握本章内容;然后,进行单元教学内容解析;接着进行单元整体目标解析和单元评价检测目标解析;同时剖析学习支撑条件,关注学生的数学现实,估计学生思维可能出现的断档情况;再进行教学策略及学法指导分析;最后以本章单元整体目标为基础,拟定每一节的教学目标、教学重难点,并进行教学设计。每一节的教学设计应该包含教学目标、教学重难点、教学方法及策略,还应该包含学生的学习现状分析、教学过程预设、学习活动设计,作业设计及评价方法等内容。

通过研讨,学员们不仅获得了对新教材中函数概念部分的新认识,还深刻体会到应关注教材的哪些内容,以及如何去研究这些内容。每一次的研讨都是思想上的碰撞,都是理论与实践相结合,都是精耕细作后的收获。工作室学员对如何分析教材中的章引言、节引言以及课本上的思考与探究有了更深入的理解。大家都意识到,应将教材与课程标准对应起来,以此来提高自己的教学设计水平。

3.1.3 教材学习、主题研讨

为了提高工作室教师的教学水平,促进贵阳市第二中学数学组和工作室的青年教师的专业技能提升,尤其是在新高一备课组教师即将使用人教版新教材的背景下,2022年8月15日下午,贵阳市徐涛名师工作室开展了新教材使用研讨交流活动。

本次活动首先由贵阳市第二中学高一备课组组长崔莹老师作新教材学习心得发言——预备知识主题学习的作业评价学习心得体会。谈到新教材,崔老师强调,作业设计要能够反映学生数学思维水平的成长,要建立作业四维评价标准,让评价有一致性、连续性、层次性、成长性,要让作业成为学生学业发展的抓手。

接下来,由工作室卢锡娟老师作新教材学习心得发言——单元学习主题的确定与表达学习心得体会。卢老师谈到新教材强调单元整体设计,她认为要学会确定整个单元的学习主题,就需要教师学会对整个高一甚至高中的学习主题进行合理规划,要学会进行课标分析、数学分析、学情分析;还需要制定单元规划的策略,设置合理的情境,拆解活动、任务、问题,设计驱动问题。

工作室徐涛老师结合在新教材学习过程中,函数的基本性质的单元整体教学设计,以及关于函数基本性质的作业设计和梳理探究进行了交流。徐老师谈到新教材必须结合课程标准进行研究,要学习如何进行单元教学设计,如何进行学习活动设计,如何进行作业设计及评价。徐老师还将自己的教学设计慷慨地与同行们分享,供他们在假期继续学习,让老师们都感到收获满满。

3.2 "三教"思想引领课堂教学研究

3.2.1 "三教"引领、同课异构

2020年5月19日,贵阳市徐涛名师工作室依托贵州师范大学吕传汉教授研究团队,开展"三教"引领高中数学"一题一课、多解变式"的主题研修培训活动。

5月19日上午,开幕式在贵阳市第二中学阶梯教室举行。开幕式上,贵阳市第二中学段丽英校长致欢迎辞,对参加活动的各位领导和专家表示欢迎。贵州师范大学原副校长、贵州省普通高中课程改革专家组组长吕传汉教授将活动的背景和主题向全体参会人员作了介绍。接着,贵州师范大学数学科学学院院长陈震教授对如何将高校资源和中学数学教育有机整合谈了自己的想法。最后,贵阳市教科所所长赵兵介绍了基于高校、教研所、一线学校三位一体的教研模式。

开幕式后,各位专家、名师工作室学员、指导教师及贵阳市第二中学数学组全体教师和贵阳市第九中学部分数学教师在(贵阳市第二中学)东三楼多功能教室参加了"一题一课、多解变式"课堂观摩和评课研讨活动。活动中,贵阳市第二中学的吕欢老师和贵阳市第九中学的李乾春老师分别献上了80 min的高三复习连堂课。课后,贵州师范大学吕传汉教授团队、贵州省教育科学院、贵阳市教科所的成员及工作室学员共同参与,与贵阳市第二中学数学组全体教师及贵阳市第九中学的部分数学教师分成两个评课组,开展了精彩的评课研讨活动。先是两位上课教师进行了简短的说课,接着参会人员积极发言,进行了热烈的研讨。在研讨中,大家针对如何在教学中进行一题多解,如何立足高考题及课本原题展开了变式教学,谈了自己的想法,也提出了一些意见和建议。

评课中各位专家还就如何在教学中融入"三教"理念谈了自己的看法。贵阳市教科所原副所长叶明亮谈到,要把学生的思维激活,就必须创造条件让学生表达、交流,在交流表达中引导学生深度学习。吕传汉教授谈到,"一题一课、多解变式"只是一个载体,教学设计要考虑如何通过教学活动将"三教"的理念融入课堂,其中"教表达"是很好的切入点。通过评课研讨,参会教师表示将对"一题一课、多解变式"作进一步的思考。

5月19日下午,吕传汉教授在(贵阳市第二中学)南一楼阶梯教室,为工作室全体学员和贵阳市第二中学数学组全体教师作了《"三教"引领"情境——问题"教学促进学生"长见识、悟道理"探索》的讲座。吕传汉教授强调,数学课堂要重视思维能力的培养,让学生在掌握知识技能的同时,感悟学科的本质;重视过程教学,让学生在探究交流表达

中,促进学科素养的达成;把"长见识,悟道理"作为课堂培育核心素养的切入点;启发式教学应结合探究式、合作式、参与式教学。聆听完吕传汉教授的讲座,教师们很是感动。八十多岁高龄的吕教授还奋斗在教研一线,他对情境问题研究的不懈坚持和不断拓展,以及全程站立完成这场长达两个半小时的讲座,无不令人敬佩动容。吕传汉教授的言传身教,必将在各位教师的职业生涯中留下积极而深远的影响。

随后,贵州省教学名师、贵州大学周国利教授在(贵阳市第二中学)东六楼礼堂给高三学生和工作室及贵阳市第二中学高三数学教师作了《助力2020年高考数学提分策略》的讲座。周国利教授结合近几年全国卷高考高频考点的考查形式,高考各题的得分情况、失分原因,读题要领与提分策略等给高三学生作了深入浅出的分析。周教授循循善诱、娓娓道来,讲座精彩而实用,既提振了学生的备考信心,又传授了实操性强的方法技巧。

通过这次教学研讨会,教师们深切体会到只有立足课堂教学,积极展开研究且不断反思,才能切实提升教学质量;只有长期坚持并不断拓展提升,才能真正实现专业素养的跃升。

3.2.2 观课议课、学习交流

为加强工作室建设,使其能健康有序地开展工作,根据2021年工作室研修活动安排,工作室组织成员参加"三教"引领"情境—问题"贵阳市田家炳中学数学教学研讨会。本次活动既是吕传汉教授团队的课题推广活动,同时也是工作室开展的一次教学观摩及培训活动。

上午的活动安排了两场讲座,分别为吕传汉教授带来的《弘扬田家炳爱国奉献精神,培养爱国奉献的有用人才》讲座和吴万辉校长带来的《高三数学"一题一课、多解变式"教学的思考》讲座。在讲座中,吕传汉教授勉励老师们弘扬田家炳先生的爱国奉献精神,在教育教学实践中勇于创新、敢于实践、善于反思,为培养爱国奉献的有用人才努力奋斗。吴万辉校长谈到"一题一课、多解变式"只是一种教学形式,关键在于教学设计时要考虑如何通过具体的教学活动将"三教"的理念巧妙地融入课堂。其中,"教表达"便是非常有效的切入角度。

下午的活动则是高三数学连堂课教学及评课研讨。来自贵阳市第九中学、贵州省实验中学、贵州省凯里市第一中学以及罗甸县第一中学等学校的教师代表进行了高三数学"一题一课、多解变式"的教学展示。其中,贵州师范大学姜文老师还上了一节高三复习课,以大学教师的视角和方式进行设计,让工作室教师眼前一亮,感受颇深。接下来进行分组评课研讨，贵州师范大学吕传汉教授、贵州省教育科学院朱龙老师、贵州大学周国利教授、贵州省实验中学校长刘隆华等进行了精彩的评课发言。参会人员积极发言，进行了热烈的研讨。工作室主持人徐涛老师、学员熊春华老师就"一题一课、多解变式"如何在高三复习课中有效开展，提出了自己的建议。

在活动的尾声，杨孝斌教授进行了题为《高中数学"一题一课、多解变式"教学模式研析》的讲座。刘隆华校长主持了一场关于高中数学"一题一课、多解变式"的教学交流、研讨，不仅对此次活动进行了全面的总结，还对未来的研究方向提出了宝贵的建议。

通过这次教学研讨会，工作室教师们深切体会到，在高三的教学过程中，应秉持"三教"理念，将之融入教学的各个环节，关注学生的思维，让学生有充分的表达机会、思考时间和交流活动的空间。

3.3 核心问题的数学概念课研究

3.3.1 基于问题、专题研讨

为了提高工作室教师的教学水平，促进贵阳市第二中学数学组和工作室中青年教师的专业技能提升，2022年2月27日下午，贵阳市徐涛名师工作室在贵阳市第二中学开展了"新教材概念课"主题研讨活动，借此活动给大家创造一个集中学习新课标、新教材的机会，并通过概念课教学设计研讨，进一步思考在"三新"改革中，作为一名高中教师应该如何改变观念、改进教学。

本次活动首先由李青老师结合去年11月授课的"弧度制"，介绍基于核心问题的新教材概念课的教学体会和经验。李老师首先谈到，概念课要注意问题设置的合理性，要通过一系列活动，让学生在活动中思考、表达、交流。接着李老师谈到要从为什么学习弧度制来设计这节课，不能直接把弧度制灌输给学生，要通过实例让学生发现角度制的不足；同时，他还建议设计度量角的活动，让学生在实践中体验除了传统的角度测量方式外，还可以利用弧长来度量角。这种设计关注学生的认知基础，是符合新课程要求的。数学概念教学要关注数学知识的发生发展过程，要通过活动让学生参与概念发生发展的整个过程。

接下来，工作室成员就如何基于核心问题进行概念课教学，展开了热烈的讨论。卢锡娟老师提到，问题设置要结合目标，教学设计时需要对提问进行改造和赋予新意，通过改进提问的模式，使课堂学习成为真正面向学生的学习。熊春华老师谈到，核心问题要能激发学生学习兴趣，激发学生思维，同时要考虑学生学情，问题设置还应该表述清晰。于学敏老师提到，要基于核心问题设计恰当的学生活动，需要对学生的学习情况有较好的了解，也需要教师有较强的应变能力。陈虹老师谈到，在设置核心问题时，知识性问题往往是显性的。然而，教师的目光还应该关注那些隐性的思维问题串。优质的教学需要创设好的问题情境，以学生的表达为切入点，让学生在表达交流中进行思维的碰撞。

最后，工作室主持人徐涛老师结合"三教"引领概念课教学，以直线的倾斜角和斜率为案例，对如何设置概念课的核心问题和老师们进行了交流。徐涛老师谈到，概念课比较适合用"三教"进行设计。"教思考"要理清概念的逻辑关系、来龙去脉，在帮助学生理解知识的同时培养学生比较、分析、归纳、概括、演绎等思想方法；"教体验"要关注概念建立的方法和过程，要通过活动增进对学科方法的感悟；"教表达"要强化学生的学科表达能力，通过问题设置发现学生的思维障碍，进而在交流表达中感悟数学思想。同时，徐老师还谈到，概念教学不能只是一个定义，讲几点注意就匆匆进入例题讲解，要认真阅读教材，在细微处发现学生的思维生长点和思维障碍。他还强调教师要有单元教学的整体意识，既要讲清楚概念，又要为后续的学习做好知识和方法上的铺垫，长此以往才能真正提高学生的数学素养。

这次活动中，老师们纷纷表示，要上好一节概念课，需要老师对学科本质和方法有深入的理解和认识。

3.3.2 课例研讨、交流分享

2021年9月18日，贵阳市徐涛名师工作室的全体成员开展了主题为"函数的单调性课例交流"的研讨。本次活动由卢锡娟老师主持，主讲老师为贵阳市第二中学的李青老师，李青老师结合自己研究的课题"基于核心问题的数学概念课的研究"，以函数的单调性为例进行了分享。

这次交流研讨中，李青老师向老师们简要介绍了她备课、上课及课后的思考。李青老师重点与大家分享了如何进行单元教学内容解析：单元内容的本质是函数性质的特殊性——变化中的规律性、不变性。单元内容研究的方法是用代数运算和函数图象直观揭示函数性质。教材构建了一个从具体到抽象，从特殊到一般的过程。其中，数学核心素养的培育点是在引导学生归纳概括出精确刻画有关性质的方法过程中，提升学生数学运算和直观想象等核心素养，并提升学生的抽象思维水平。

接着,李青老师就如何进行学习条件支撑的分析作了分享:要关注学生的数学现实,即学生在初中已经有了函数值随自变量变化而变化的学习基础,对于借助图象直观判断函数的变化趋势有了较多的体验;对于函数的最值、中心对称、轴对称等概念也有了相关的知识储备,这些都为学生进一步学习函数性质奠定了学习基础。同时,还要进行学生思维断档点的分析,由于学生在初中已经习惯了利用描述性语言理解性质,对于利用定量化的语言刻画性质或利用抽象的规则理解性质缺乏相应的经验,认知准备还不充分。学生对于利用全称量词和特称量词以及定量化的语言来刻画性质,只能在螺旋上升的过程中逐步加深对这种能力的认识。

3.3.3 送培送教、教学实践

2023年3月25日,徐涛老师参加了由贵州教育学院李仕魁数学名师工作室、贵阳市沈平名班主任工作室、贵阳市徐涛名师工作室联合举办的名师工作室扶贫支教和送培送教活动。此次活动在黔西南州望谟县实验高中举办,徐涛老师作为授课教师和指导专家与来自贵阳市第九中学、省实验中学的数学老师们共同探讨和交流了高中数学新课程、新教材、新高考下的课堂教育教学方法。

3月25日上午,活动开幕式在望谟县实验高中阶梯教室举行,望谟县实验高中李校长向远道而来的其他学校教师表示热烈欢迎,并预祝活动取得圆满成功。随后,徐涛老师和望谟县实验高中的教师进行同课异构,授课内容是人教版高中数学必修第二册(A版)第六章"平面向量及其应用"中的"余弦定理"。

"平面向量的应用"这一节,更突出利用向量方法探究发现余弦定理、正弦定理。余弦定理和正弦定理是解三角形的重要基础,学生的认知基础是利用几何方法将解斜三角形化归转化为直角三角形处理。因此在教学的过程中,教师应从学生认知的起点出发,让学生发现三角形的两边固定,而它们的夹角变化时的规律,这一过程应遵循"先观察,再猜想,最后进行严格的证明"的递进式学习路径。这样的处理更能激发学生的学习兴趣,更利于学生主动思考和积极探究。

徐老师在教学中,让学生观察、猜想、证明,综合运用目标思维、概念思维、推理思维、对比思维、类比思维等多种思维方法设计教学,有效激活了学生的思维,充分体现了数学学科重思维的特征。虽然徐老师教学中利用了较多的时间让学生观察、猜想、探究,讲解例题的时间很有限,但学生对于解三角形的方法和基本思路有了深刻的认识。教学过程中,徐老师根据学情,灵活应对,学生时而静默沉思、时而踊跃发言,教学效果颇佳。这表现出了一名优秀教师思维的清晰性、灵活性、综合性。听课教师受益良多,赞不绝口。

课后开展了说课与评课活动,听课教师及专家分别对授课老师的课进行了点评与讨论,以示精益求精。在评课的过程中,教师们谈到本节课的教学利用了探究的方法,从静态到动态,先猜想再证明的处理符合学生的认知规律。数学是思维和方法的学科,应把学习方法教给学生,授人以鱼不如授人以渔,徐老师很好地做到了这一点。同时,这节课以问题驱动,利用一个个问题把教学环节串联起来,引发了学生思考,由浅入深,循序渐进地推动了教学活动的生成和发展。这节课把学生思维调动了起来,从思维培养的角度来说这是一节成功的课。在教学环节中,徐老师不断提问,引发学生思考;而当学生回答时,徐老师总是给学生留足够的表达时间,有意识地培养学生的表达能力。整节课,教师语言简练,很有亲和力,拉近了与学生之间的距离,这为整节课师生良好互动奠定基础。总之,本节课徐老师从多角度培养了学生的核心素养,是一节优秀的展示课。

评课结束后,徐老师与望谟县实验高中数学组的老师们进行了交流讨论,介绍了自己这节课的设计思路和想法。同时还开诚布公、毫无保留地向大家讲述了自己教师生涯的成长经历,分享了自己有效的教学经验、技巧和取得成功的方法。

此次活动为望谟县实验高中和贵阳市第九中学、贵州省实验中学、贵阳市第二中学搭建了良好的沟通平台,为老师们提供了学习、观摩、提高的机会,促进了各个学校的交流发展。

第4章 工作室学员成果

4.1 学员专业发展成长展示

工作室成立三年来,通过跟岗研修、送课送培、网上沙龙、支教帮扶、联合教研等方式,形成了一些富有特色的工作途径。在发展过程中,工作室逐步成长为优秀数学教师的孵化地,通过搭建促进中青年数学骨干教师专业成长以及教师自我提升的发展平台,促进名师及工作室学员的共同发展。三年的工作室建设历程,一路走来,通过与学员、成员、导师们的共同学习研究,我们共成长同收获。工作室成员和学员中,有1位教师获省级名师称号,3位教师获市级骨干教师荣誉,2位教师获市级教坛新秀表彰,工作室完成了两项市级课题结题工作。

在工作室学员中,卢锡娟、陈虹、李青、王忠娅、李明星、熊春华、崔莹、于学敏、袁阳庚、周旋等老师成长迅速,已经逐步成长为优秀的数学教师。

卢锡娟老师从2020年参加工作室研修以来,在区级、市级、省级的各种教学技能比赛和优质课比赛中屡次获奖。如:2020年12月卢老师在贵州省教师教学技能大赛中获省级一等奖;2021年获贵阳市教师技能大赛——教育教学课件一等奖,同年4月被认定为白云区第一届中小学教坛新秀,10月获白云区说课比赛二等奖,11月获贵阳市教师技能大赛——教育技术论文一等奖;2022年1月其教育教学课件"常见三棱锥的外接球"获省级一等奖,12月被认定为贵阳市骨干教师;2023年7月获白云区优质课比赛一等奖,10月荣获贵阳市第八届高中数学优质课比赛一等奖;等等。

陈虹老师在贵阳市2020年教学技能大赛高中部分学科教学设计评比中荣获数学学科二等奖,同年在贵阳市科技员辅导项目中获一等奖,在第35届贵州省青少年科技创新比赛中,其项目"数学实验教学法"获科技员辅导项目一等奖。2020年,陈虹老师还获评"十三五"第二批市级骨干教师。

李青老师在贵阳市第七届高中数学优质课比赛中荣获二等奖,在贵州省2020年"一师一优课、一课一名师"活动中获二等奖,在贵阳市2020年"一师一优课,一课一名师"活动中获一等奖。2021年,李青老师获评贵阳市骨干教师。

2019年1月，王忠娅老师在云岩区学区教育共同体研修团队展示评比活动中获一等奖，2020年12月在云岩区教师教学技能大赛——第三届(2020)中小学教师微课应用暨竞赛活动获一等奖，2021年3月在贵阳市教师教学技能大赛——第三届(2020)中小学教师微课应用暨竞赛活动(高中组)获二等奖，2023年在高中数学优质课比赛中获二等奖。2023年，王老师获评贵阳市骨干教师。

于学敏老师在2020年花溪区高中学科教学设计评比中荣获一等奖，在贵阳市2020年教学技能大赛高中部分学科教学设计评比中荣获数学学科一等奖，2021年4月在贵阳市第七届中小学(幼儿园)优质课评选中荣获高中数学学科二等奖。2021年，于老师获评贵阳市花溪区骨干教师。

在贵阳市2020年高中部分学科教学设计评比中，卢锡娟老师的"几何概型"、于学敏老师的"指数与指数幂的运算"、李青老师的"基于核心问题的指数与指数幂的运算教学设计"荣获一等奖，崔莹老师的"曲线与方程"、袁阳庚老师的"基本不等式的运用"、王忠娅老师的"2.2.1对数与对数运算——换底公式"荣获二等奖，李明星老师的"圆锥曲线中恒过定点问题(一)教学设计"荣获三等奖。在贵阳市教师教学技能大赛——第三届(2020)中小学教师微课应用暨竞赛活动中，崔莹老师的"椭圆的定义——几何特征"、卢锡娟老师的"几何概型"荣获一等奖，陈虹老师的"审题翻译法"、王忠娅老师的"对数的运算——换底公式"、周旋老师的"集合的概念"荣获二等奖。

4.2 学员教学设计成果展示

工作室三年研修的主要目标，就是要提高工作室学员的课堂教学水平，促进教师的专业技能提升，特别是提升自己的教学设计能力和课堂实践能力。一线的教师都有这样的认识：教学设计，是教师所具有的一种渐进发展的能力，而对这种能力发展规律的研究，有利于中学数学教师的自我培养。教师教学设计能力的发展可以描述成三个显性阶段的递进过程。第一阶段，是以教案设计为特征的初级阶段。这个阶段，教学设计往往是模仿，教师对教材的解读缺乏自己的认识和见解。第二阶段，是以文本设计为特征的中级阶段。这个阶段，随着教学经验的积累，教师对教材文本的识别能够达到脉络的梳理，在设计的过程中，往往针对知识点、例题、练习题之间的逻辑关系展开。教师对教材进行解读、研究、反思，教材成了设计文本的范本。教师往往更关注如何教，但忽略从学生的角度进行教学设计。第三阶段，是以学生学习为特征的高级阶段。此时教材在教师眼里就是一个知识点的编排系统,为教师进行教学设计提供了重要的参考和资源,而教师更关注如何设计才有利于学生的学,对于学情分析、学习评价更为重视,在教学设计的过程中,既基于教材,但又不拘泥于教材。

核心素养凸显了学校教育的根本目的和课程教学的改革方向。2017年,教育部普通高中各学科课程标准的颁布,标志着《中国学生发展核心素养》已经开始作为课程设计的出发点。通过三年的工作室研修,我们达成了这样的共识:要提高教学设计能力,更新我们的教学观念。首先,教师对自己所教的知识,必须深入了解其内在的逻辑结构,要揭示知识的发生发展过程,要以培养学生的思维能力和数学素养为设计的目标,在教授知识的同时提升学生的能力,从单元整体的角度进行教学设计。其次,要树立正确的学生观。学生发展核心素养的扎根地点在课堂,教师怎么教、学生怎么学势必成为核心素养进一步落实所需要关注的重要问题。因此,在设计的过程中要充分了解学情,要多思考学生是如何思考的,当学生这样想的时候,我们应该怎么办?最后,在教学设计的过程中,要通过问题设计和活动设计,引导学生主动学习,让学生在学习的过程中肯思考、有体验、会表达。工作室教师在三年的研修过程中,对于"三新"改革背景下,如何进行教学设计进行了研究和实践。通过参加各种优质课比赛、"三新"改革课堂观摩活动,在大家的共同研究和探讨下,针对概念课、方法原理课、单元复习课进行了设计和教学实践。以下展示了工作室部分教师的教学设计,虽然这些设计还有不足之处,有许多值得改进和提高的地方,但在目标确立、问题设计、学习活动设计方面进行了许多创新的尝试,为提升教师的教学设计水平提供了宝贵的研究素材。

4.2.1 函数部分教学设计展示

指数与指数幂的运算(第一课时)

一、内容和内容解析

内容:本节课选自2019年人教A版《普通高中教科书·数学(必修)》第一册,"指数函数与对数函数"单元第一课时。

内容解析:学生在初中已经学习了数的平方根、立方根以及二次根式的概念,又学习了整数指数幂的概念运算性质。在此基础上,现在将平方根与立方根的概念扩充到n次方根,将二次根式的概念扩充到n次根式的概念,将整数指数幂扩充到分数指数幂,再进一步将指数的范围扩充到实数。所以根式这一节内容是初中平方根与立方根概念、二次根式概念的扩展与延伸,同时根式是后面学习分数指数幂的重要基础。

本节课只学习根式的有关知识,只有充分理解根式的概念、性质,才能正确进行根式的化简和运算,因此,本节课的教学重点为:对根式概念、性质的理解,运用根式的性质化简、运算。

二、目标和目标解析

目标:

(1)理解n次方根与根式的概念;

(2)掌握n次方根的性质,能正确运用根式运算性质化简、求值;

(3)通过师生共同讨论和探究的方法,使得学生参与到指数范围的扩充和完善的过程中,从而领会类比、从特殊到一般、分类讨论等数学思想方法,提高分析解决问题的能力。

目标解析:

(1)类比平方根、立方根的概念,给出n次方根的概念。根式的概念源于方根的概念,根据n次方根的意义就能得到$\sqrt[n]{a^n}=a$。

(2)在将平方根、立方根的性质推广到n次方根的性质时,由学生自主完成两个表格,然后通过观察比较得到根式的表示、性质及两个重要等式。

(3)通过与初中所学知识的比较,让学生体会初中知识与高中知识其实是一个由浅至深的过程,也是一个质的飞跃,并逐步培养学生严谨的学习态度。在概念推广的过程中,向学生渗透类比的学习方法;在性质的探究中,向学生渗透分类讨论解决问题的方法。

三、学情分析

一方面,在思维上,学生刚从初中升入高一,能力发展正处于形象思维向抽象思维转变阶段,但更注重形象思维。另一方面,在知识储备上,学生在初中已经学习了数的平方根、立方根以及二次根式的概念,还学习了整数指数幂的概念、运算和性质。基于这两个方面,在教学中采用类比的方法得到n次方根的概念,注重分类讨论思想的渗透。由于"当n是偶数时,$\sqrt[n]{a^n}=|a|$",学生得出和理解这条性质有点困难,运用时特别容易出错,因此把这条性质的得出及运用作为教学难点。

四、教学问题诊断分析

(1)为了让学生在学习之初就感受到指数函数的实际背景,先给出实际例子:碳14的衰减问题(视频),自然地引入根式存在的意义,引出分数指数幂,说明扩张指数范围的必要性。让学生在体会其中的函数模型的同时,激发他们探究分数指数幂、无理数指数幂的兴趣与欲望,为新知识的学习作铺垫。

(2)n次方根概念的教学,从学生已经学过的平方根、立方根入手,然后通过类比得到四次方根、五次方根的意义,最后由学生定义出n次方根的概念。

(3)根式性质的教学,通过让学生完成表格(一)类比平方根、立方根的性质,归纳整理出n次方根的性质。特别要让学生充分体会"当n是偶数时,正数的n次方根有两个,这两个数互为相反数",同时提出n次算术根(正数a的正的n次方根),这是学生最容易犯错误的地方。

(4)对于两个重要等式的探究,让学生完成表格(二),让学生在具体实例中自己探究、归纳出结论。

五、教学过程设计(教学时间:40 min)

(一)创设情境引入

活动:观看有趣的科学小视频。

问题1:$(\frac{1}{2})^{\frac{10\,000}{5\,730}}$的意义是什么呢?

科学家是怎么知道死亡时间的呢?科学家们发现了生物体内碳14含量P与死亡年数t之间的关系$P=(\frac{1}{2})^{\frac{t}{5\,730}}$。在初中,我们学过一次函数、二次函数、反比例函数,显然这些函数模型已不够用。

例如:当生物死亡了1年、2年、10年、100年、5 730年、10 000年、2×5 730年、3×5 730年、4×5 730年后,根据上式,它体内碳14的含量P分别为$(\frac{1}{2})^{\frac{1}{5\,730}}$,$(\frac{1}{2})^{\frac{2}{5\,730}}$,$(\frac{1}{2})^{\frac{10}{5\,730}}$,$(\frac{1}{2})^{\frac{100}{5\,730}}$,$(\frac{1}{2})^{1}$,$(\frac{1}{2})^{\frac{10\,000}{5\,730}}$,$(\frac{1}{2})^{2}$,$(\frac{1}{2})^{3}$,$(\frac{1}{2})^{4}$。

这些不是正整数指数幂,我们要将指数的取值范围从整数推广到分数,还要将指数推广到实数。为此,需要先学习根式的知识。

设计意图:引出分数指数幂存在的意义,为学习根式做准备。由实际问题引入,引起学习兴趣。

(二)探究根式的概念

活动:教师提示,引导学生回忆初中已经学过的平方根、立方根是如何定义的,再对平方根、立方根的定义进行引申、推广,最后让大家在相互交流讨论后回答问题。教师及时启发学生,把具体问题一般化,归纳类比出 n 次方根的概念,以此评价学生的思维。

问题2:初中学习过的平方根(二次方根)与立方根(三次方根),是如何定义的?

引导学生回忆平方根与立方根的定义及性质。

如果 $x^2 = a$,那么 x 叫作 a 的平方根,也叫作 a 的二次方根。

如果 $x^3 = a$,那么 x 叫作 a 的立方根,也叫作 a 的三次方根。

设计意图:学习新知前的简单复习,不仅能唤起学生的记忆,而且为学习新课做好了知识上的准备。

问题3:类比平方根与立方根的定义,如果 $x^4 = a$,$x^5 = a$,那么这里的 x 分别叫什么名称?你准备如何定义 a 的 n 次方根?

通过类比的方法,学生归纳概括出 n 次方根的概念:

一般地,如果 $x^n = a$,那么 x 叫作 a 的 n 次方根,其中 $n>1$,且 $n \in \mathbf{N}^*$。

设计意图:由特殊到一般,培养学生归纳概括的能力,向学生渗透类比的学习方法。(教体验)

问题4:在 $x=\sqrt[n]{a}$ 与 $a=x^n$ 两者中,x,n,a 分别担任什么角色?

学生回答,老师补充。掌握根式与幂的联系。同个字母,在不同的式子中具有不同的意义。根指数与指数对应,被开方数与幂对应,根式与底对应。

根式概念补充:式子 $\sqrt[n]{a}$ 叫作根式,n 叫作根指数,a 叫作被开方数。

在此处,强调一下开 n 次方根与算数根的区别。(初中时,学生对开平方根与算术平方根混淆)算术根是实数的非负方根。正数 a 的正 n 次方根,叫作 a 的 n 次算术根。

设计意图:加深对根式的理解。(教表达)

(三)探究根式的性质

活动:教师提示学生要分类掌握方根的性质,即正数的奇偶次方根,负数的奇次方根,零的任何次方根,这样才不重不漏,同时巡视学生,及时纠正学生在填表过程中的错误。

问题5:完成下列表格(一),观察表格,结合初中平方根与立方根的性质,你能得到哪些结论?

举例	平方根 (二次方根)	立方根 (三次方根)	四次方根	五次方根
0	0	0	0	0
27	$\pm\sqrt{27}$	3	$\pm\sqrt[4]{27}$	$\sqrt[5]{27}$
32	$\pm\sqrt{32}$	$\sqrt[3]{32}$	$\pm\sqrt[4]{32}$	2
-27		-3		$\sqrt[5]{-27}$
-32		$\sqrt[3]{-32}$		-2

学生回答,师生共同修正。

(1)观察"0"的这一行,你能得到什么结论?

0的任何次方根都是0。

(2)观察27与32的平方根和四次方根,你能得出什么结论?

当n为偶数时,正数的n次方根有两个,它们互为相反数,记为$\pm\sqrt[n]{a}$。

(3)观察第3列和第5列,它们的共同特点是什么?你能得到什么结论?

当n为奇数时,正数的n次方根是一个正数,负数的n次方根是一个负数,记为:$\sqrt[n]{a}$。

(4)观察-27与-32的平方根和四次方根,它们的共同特点是什么?你能得到什么结论?负数没有偶次方根。

设计意图:通过观察归纳,分类讨论n为奇数和偶数两种情况。类比平方根、立方根掌握根式的性质。向学生渗透分类讨论的思想。(教方法)

(四)探究重要等式

活动:教师巡视,提醒学生注意观察方根的形式(先开方后乘方,还是先乘方后开方)教师让学生注意讨论n为奇偶数和a的符号。教师点拨,注意归纳整理。

问题6:$\sqrt[n]{a^n}$表示a^n的n次方根,等式$\sqrt[n]{a^n}=a$一定成立吗?如果不一定成立,那么$\sqrt[n]{a^n}$等于什么?

完成下列表格(二)

$(\sqrt{2})^2=$	$(\sqrt[3]{2})^3=$	$(\sqrt[4]{2})^4=$	$(\sqrt[5]{-2})^5=$	$(\sqrt[n]{a})^n=$
$\sqrt{(-2)^2}=\sqrt{2^2}=$	$\sqrt[3]{(-2)^3}=$	$\sqrt[5]{2^5}=$	$\sqrt[4]{(-2)^4}=\sqrt[4]{2^4}=$	$\sqrt[n]{a^n}=$

通过上面这个表格,我们得到两个重要公式。

第一个重要等式:根据n次方根的意义,可得
$$(\sqrt[n]{a})^n = a(n>1, n \in \mathbf{N}^*)$$

注:$a \geq 0$根式才有意义。

第二个重要等式:
$$\sqrt[n]{a^n} = \begin{cases} a, n\text{为奇数} \\ |a| = \begin{cases} a, a \geq 0 \\ -a, a < 0 \end{cases}, n\text{为偶数} \end{cases}$$

设计意图:通过讨论n为奇数和偶数两种情况,掌握先乘方后开方和先开方后乘方的符号问题,并学会用概念去解决问题。

(五)知识运用

活动:观察学生的解题情况,让学生展示结果,抓住学生在解题过程中出现的问题并对症下药。向学生强调,解题中首先要搞清楚运算顺序,目的是把被开方数的符号定准,然后看根指数是奇数还是偶数,如果是奇数,无需考虑符号,如果是偶数,开方的结果必须是非负数。

样题:求下列各式的值。

(1) $\sqrt[3]{(-8)^3}$; (2) $\sqrt{(-10)^2}$; (3) $\sqrt[4]{(3-\pi)^4}$; (4) $\sqrt{(a-b)^2}$;

(5) $\sqrt{(1-a)^2} + \sqrt[3]{(1-a)^3}$; (6) $\sqrt{(a-1)^2} + \sqrt{(1-a)^2} + \sqrt[3]{(1-a)^3}$

练习:求函数$f(x) = \dfrac{\sqrt{(x-1)^2}}{x-1} + \dfrac{x}{(\sqrt{x})^2}$的定义域、值域。

(也可布置为课后练习)

设计意图:根式的性质和重要等式的应用。在解题过程中进一步体会分类讨论思想的作用。掌握运算法则,探究运算思路,求得运算结果,是数学核心素养的体现。样题中的第(4)、(5)小题侧重分类思想,第(6)小题侧重题目中的隐含条件。(教运算)

课堂练习(略)。

(六)小结

通过本节课的学习,你有什么收获?

设计意图:对所学知识小结、反思,有利于学生加深概念理解,同时提高学生的总结、归纳和语言表达能力。(教表达)

(七)目标检测设计

(1)已知 $x^5=6$,则 x 等于( )

A.$\sqrt{6}$　　　　B.$\sqrt[5]{6}$　　　　C.$-\sqrt[5]{6}$　　　　D.$\pm\sqrt[5]{6}$

(2)m 是实数,则下列式子中可能没有意义的是( )

A.$\sqrt[4]{m^2}$　　　　B.$\sqrt[3]{m}$　　　　C.$\sqrt[6]{m}$　　　　D.$\sqrt[5]{-m}$

(3)若 $\sqrt{2-x}$ 有意义,则 $\sqrt{x^2-4x+4}=$ _____。

设计意图:通过训练,巩固本课所学知识,检测运用所学知识解决问题的能力。

(1)已知二次函数 $f(x)=ax^2+bx+0.1$ 的图象,如图所示,则 $\sqrt[4]{(a-b)^4}$ 的值为 _____。

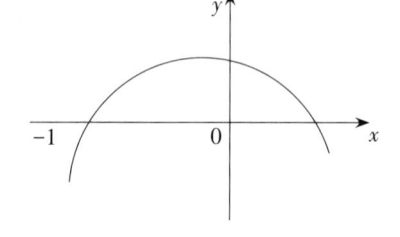

(2)设 $f(x)=\sqrt{x^2-4}$,若 $0<a\leq 1$,则 $f(a+\dfrac{1}{a})=$ _____。

设计意图:把根式的概念、性质、运算融入函数中,为后面继续学习函数作铺垫。能力提升部分主要作为课后练习。

教学设计赏析:在数学概念教学中,要体现基本概念的来龙去脉,一般来说要经历概念的形成、概念的表述、概念的辨析、概念的应用等阶段。通过概念教学,使学生认识概念、理解概念、巩固观念,是概念教学的根本目的。本节课在概念引入这个重要环节中,运用了较为适宜的方式,为了让学生在学习之初就感受到指数函数的实际背景,先给出实际例子(碳14的衰减问题),自然地引入根式存在的意义,引出了分数指数幂,说明了扩张指数范围的必要性。让学生在体会其中的函数模型的同时,激发学生探究分数指数幂、无理数指数幂的兴趣与欲望,为新知识的学习作了铺垫,这样的处理让学生明确了引入这个概念的价值以及将如何建立这个概念,使得学生明确了活动目的,激发了学习兴趣,为建立概念的学习做好了心理准备。概念形成主要依赖的是对感性材料的抽象概括,于老师在教学中从特殊到一般,通过类比,由学生熟悉的平方根、立方根,进一步归纳概括 n 次方根的概念,学生经历了从具体实例到抽象概括的过程。在概念辨析的过程中,通过讨论 n 为奇数和偶数两种情况,掌握先乘方后开方和先开方后乘方的符号问题,并学会用概念去解决问题,让学生在概念的辨析过程中巩固概念,在概念的应用过程中深化对概念的理解。

4.2.2 统计部分教学设计展示

基于问题导向的"总体集中趋势的估计"教学设计

一、教学内容分析

本节课选自2019年人教A版《普通高中教科书·数学(必修)》第二册,"统计"单元第三课时,主要学习总体集中趋势的估计。

本节主要内容是,根据样本的数据特征来估计总体的分布情况,主要根据平均数、中位数、众数来估计总体的集中趋势,是继"总体取值规律的估计"和"总体百分位数的估计"之后,用样本估计总体的数据分析的延续和拓展。

在教学中结合具体的案例,让学生在实际问题的解决中,学习数据统计特征的刻画方法,理解数据分析的思路,体会用样本估计总体的思想。初步培养学生运用统计的语言、统计的思想和统计方法来表述、思考和解决问题。

二、教学目标

(1)会求样本数据的众数、中位数、平均数,并理解它们之间的关系。

(2)会在频率分布直方图中估计众数、中位数和平均数。

(3)结合实例,能用样本估计总体的集中趋势参数(众数、中位数、平均数),理解集中趋势参数的统计含义。

(4)通过对总体集中趋势估计的学习,培养学生逻辑推理、数据分析、数学运算等数学核心素养。

(5)通过本章的学习,逐渐建构统计学解决问题的一般脉络,即收集数据,整理数据,分析数据,建立模型,进行推断,最后获得结论的过程。

三、学情分析

学生在初中已经了解了平均数、众数和中位数的概念,且在抽样调查中已经学习了总体平均数和加权平均数的求法。因此,对于总体集中趋势的估计,本节主要是结合案例,通过平均数、众数和中位数关系的讨论,以及如何在频率分布直方图中估计众数、中位数和平均数,让学生进一步理解它们的统计含义。

四、教学重难点

(1)教学重点:理解集中趋势参数(众数、中位数、平均数)的统计含义、区别和联系。

(2)教学难点:通过频率分布直方图估计总体的平均数。

五、教学过程

(一)建构体系,引入课题

建构本章学习脉络。

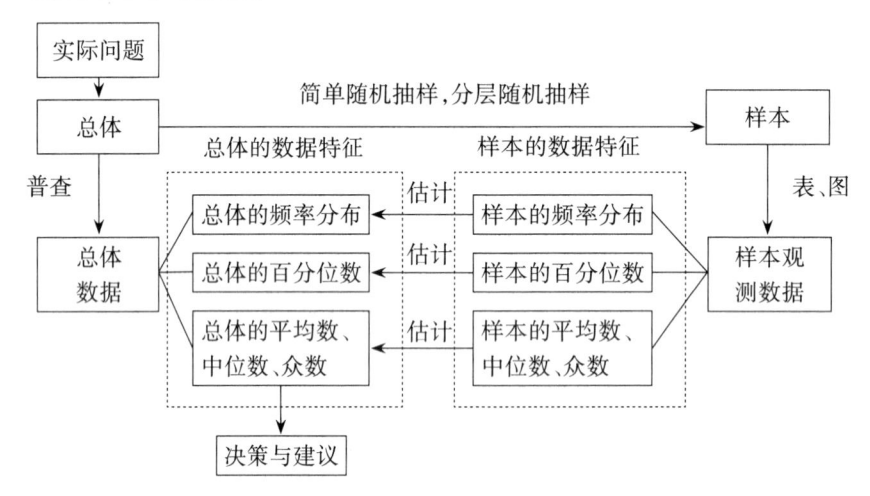

```
实际问题
   ↓
  总体 ──简单随机抽样,分层随机抽样──→ 样本
   │        总体的数据特征    样本的数据特征         │
  普查                                          表、图
   ↓      ┌─────────┐ 估计 ┌─────────┐        ↓
  总体    │总体的频率分布│←──│样本的频率分布│       样本观
  数据───→│总体的百分位数│←──│样本的百分位数│←───  测数据
          │总体的平均数、│ 估计 │样本的平均数、│
          │中位数、众数 │←──│中位数、众数 │
          └─────────┘    └─────────┘
               ↓
           决策与建议
```

(二)复习回顾,探索新知

1.复习众数、中位数和平均数的定义

在初中的学习中我们已经了解到,平均数、中位数和众数等都是刻画"中心位置"的量,它们从不同角度刻画了一组数据的集中趋势。下面我们通过具体实例进一步了解这些量的意义,探究它们之间的联系与区别,并根据样本的集中趋势估计总体的集中趋势。

众数:一组数据中出现次数_____的数。

中位数:一组数据按从小到大排序,

当数据个数是_____时,处在最中间的数是中位数;

当数据个数是_____时,最中间两个数的平均数是中位数。

平均数:一组数据的_____除以数据_____所得到的数。

加权平均数:

$$\bar{x} = \frac{1}{n}\sum_{i=1}^{k}f_i x_i$$

2.探究新知

问题一:中位数、平均数与众数都是用来描述数据集中趋势的量,它们有什么区别和联系?

例题1：利用9.2.1总体取值规律的估计一节中100户居民用户的月均用水量数据，计算样本数据的平均数和中位数，并据此估计全市居民用户月均用水量的平均数和中位数。

解：经计算得平均数为_____；中位数为_____。

思考1：小明用统计软件计算了100户居民用水量的平均数和中位数，但在录入数据时，不小心把一个数据7.7录成了77。请计算录入数据的平均数和中位数，并与真实的样本平均数和中位数作比较。哪个量的值变化更大？你能解释其中的原因吗？

平均数由原来的8.79变为9.483，中位数没有变化，还是6.6。这是因为样本平均数与每一个样本数据有关，样本中的任何一个数据的改变都会引起平均数的改变；但中位数只利用了样本数据中间位置的一个或两个值，并未利用其他数据，所以不是任何一个样本数据的改变都会引起中位数的改变。因此，与中位数比较，平均数反映出样本数据中的更多信息，对样本中的极端值更加敏感。

例题2：某学校要定制高一年级的校服，学生根据厂家提供的参考身高选择校服规格。根据统计，高一年级女生需要不同规格校服的频数如下表所示：

统计	校服规格				
	155	160	165	170	175
频数	39	64	167	90	26
合计	386				

如果用一个量来代表该校高一年级女生所需校服的规格，那么在中位数、平均数和众数中，哪个量比较合适？试讨论上表数据估计全国高一年级女生校服规格的合理性。

分析：可以发现，选择校服规格为165的女生的频数最高，所以用众数165作为该校高一年级女生校服的规格比较合适。

由于全国各地的高一年级女生的身高存在一定的差异，所以用一个学校的数据估计全国高一年级女生的校服规格不合理。

众数只利用了出现次数最多的那个值的信息。众数只能告诉我们它比其他值出现的次数多，但并未告诉我们它比别的数值多的程度。因此，众数只能传递数据中信息的很少部分，对极端值也不敏感。

小结：平均数、众数和中位数的区别与联系。

区别	1. 平均数：反映出样本数据中_____的信息，对极端值_____； 2. 中位数：仅利用样本中间位置的_____，对极端值_____； 3. 众　数：只利用出现次数_____的那个值，对极端值_____。
联系	都是描述总体_____的参数。
适用类型	1. 对于_____数据(如水量、身高、收入、产量等)集中趋势的描述，可以用平均数和中位数； 2. 对于_____数据(如校服规格、性别、产品质量等级等)集中趋势的描述，可以用_____。

(三)探索发现，思考感悟

问题二：探究在频率分布直方图中怎样估计平均数、众数和中位数。

样本的平均数、中位数和众数可以分别作为总体的平均数、中位数和众数的估计，但在某些情况下，我们无法获知原始的样本数据，例如，我们在报纸、网络上获得的往往是已经整理好的统计表或统计图。

思考2：在下图的三种分布形态中，平均数和中位数的大小存在什么关系？

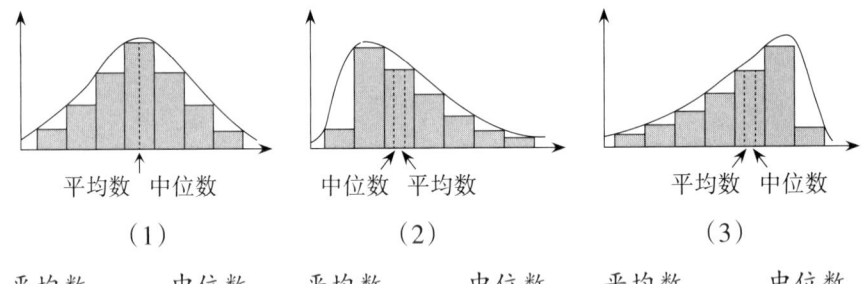

平均数 中位数	中位数 平均数	平均数 中位数
(1)	(2)	(3)

平均数_____中位数　　平均数_____中位数　　平均数_____中位数

一般来说，对一个单峰的频率分布直方图来说，如果直方图的形状是对称的(图(1))，那么平均数和中位数应该大体上差不多；如果直方图在右边"拖尾"(图(2))，那么平均数大于中位数；如果直方图在左边"拖尾"(图(3))，那么平均数小于中位数。也就是说，和中位数相比，平均数总是在"长尾巴"那边。

思考3：以下面的频率分布直方图为例，估计样本的众数、中位数和平均数。

思考4：从频率分布直方图中能得到哪些信息？

思考5：由于原始数据缺失，不妨假设在它们组内均匀分布，怎样估计众数、中位数和平均数？

频率/组距

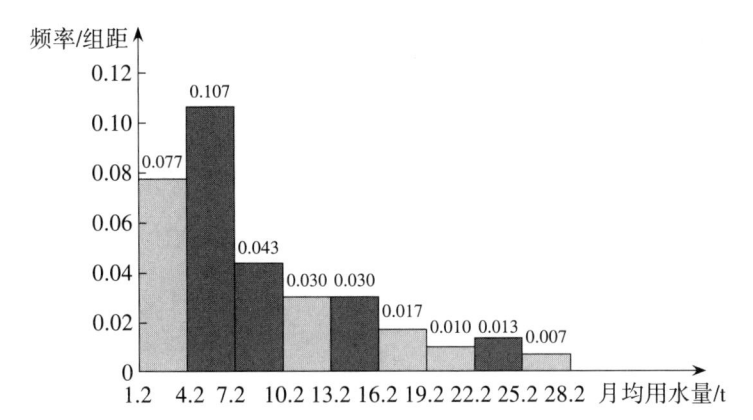

```
0.12 |
0.10 |     0.107
0.08 | 0.077
0.06 |
0.04 |           0.043
0.02 |                0.030 0.030
                              0.017 0.010 0.013
                                              0.007
     1.2  4.2  7.2 10.2 13.2 16.2 19.2 22.2 25.2 28.2  月均用水量/t
```

分析：在频率分布直方图中，我们无法知道每个组内的数据是如何分布的。此时，通常假设它们在组内均匀分布。这样就可以获得样本的平均数、中位数和众数的近似估计值，进而估计总体的平均数、中位数和众数。

因为样本平均数可以表示为数据与它的频率的乘积之和，所以在频率分布直方图中，样本平均数可以用每个小矩形底边中点的横坐标与小矩形面积的乘积之和近似代替。如图所示，可以测出图中每个小矩形的高度，于是平均数的近似值为 $0.077 \times 3 \times \left(\dfrac{1.2+4.2}{2}\right) + 0.107 \times 3 \times \left(\dfrac{4.2+7.2}{2}\right) + \cdots + 0.007 \times 3 \times \left(\dfrac{25.2+28.2}{2}\right) \approx 8.96$，这个结果与根据原始数据计算的样本平均数 8.79 相差不大。

根据中位数的意义，在样本中，有 50% 的个体小于或等于中位数，也有 50% 的个体大于或等于中位数。因此，在频率分布直方图中，中位数左边和右边的直方图的面积应该相等。由于 $0.077 \times 3 = 0.231$，$(0.077+0.107) \times 3 = 0.552$。因此中位数落在区间 $[4.2, 7.2)$ 内。设中位数为 x，由 $0.077 \times 3 + 0.107 \times (x-4.2) = 0.5$，得到 $x \approx 6.71$。因此，中位数约为 6.71，这个结果与根据原始数据求得的中位数 6.6 相差不大。

在频率分布直方图中，月均用水量在区间 $[4.2, 7.2)$ 内的居民最多，可以将这个区间的中点 5.7 作为众数的估计值。众数常用在描述分类型数据中，在这个实际问题中，众数 5.7 让我们知道月均用水量在区间 $[4.2, 7.2)$ 内的居民用户最多，这个信息具有实际意义。

小结:在频率分布直方图中估计众数、中位数和平均数的方法。

众数	中位数	平均数
频率_____的区间的____。	把频率分布直方图划分左右两个_____的分界线与横轴交点的_____坐标。	每个小矩形_____的坐标与小矩形的_____的_____之_____。

(四)例题练习,归纳思考

1.练习

某校为了解全校高中学生参加实践活动的情况,随机抽查了100名学生,统计他们假期参加实践活动的时长(单位:h),绘制成频率分布直方图,如图所示。估计这100名学生参加实践活动时长的众数、中位数和平均数。

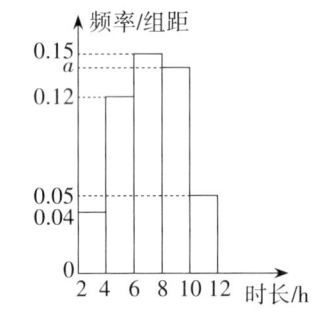

解析:

众数的估计值:7 h。由于$(0.04+0.12+0.15+a+0.05)×2=1$,解得$a=0.14$,则

中位数:$6+\dfrac{0.5-(0.04+0.12)×2}{0.15×2}×2=7.2(h)$

平均数:$0.04×2×3+0.12×2×5+0.15×2×7+0.14×2×9+0.05×2×11=7.16(h)$

2.课堂小结

(1)进一步了解了众数、中位数和平均数的区别和联系。

(2)会在频率分布直方图中估计众数、中位数和平均数。

(3)估计平均数的过程,类比了加权平均的过程。

(五)作业设计

(1)基础作业,巩固新知:课后习题(略)。

(2)探究作业,知识迁移:怎样在频率分布表中估计众数、中位数和平均数?

(3)拓展作业,能力发展:

类比分层抽样对平均数的估计在频率分布直方图中估计平均数?除了关注总体的集中趋势,有时需要关注离散程度,请进行探索。

教学设计赏析:在初中学习中,学生已经知道平均数、中位数和众数都是刻画"中心位置"的量,它们从不同角度刻画了一组数据的集中趋势,但对于根据样本的集中趋势估计总体的集中趋势,特别是利用频率分布直方图估计总体的众数、平均数、中位数缺乏足够的认识。

在这节课中,李老师充分利用教材中100户居民用户的月均用水量调查数据,通过设计学生的学习活动,让学生计算样本数据的平均数和中位数,并据此估计全市居民用户月均用水量的平均数和中位数。在教学过程中,教师鼓励学生借助已有的统计经验,从不同角度观察数据、提取信息,拓宽学生提取信息的广度,并通过比较学生的不同方法,引导学生分层读取信息。本节课有一个重要的学习目标,就是对统计图背后隐藏的信息进行分析、整理,并通过探究活动,让学生利用统计图的形状,对中位数和平均数的大小进行比较,进一步深度解读数据;提高学生读图、用图的能力,让学生真正地将统计图作为一种统计工具来阐述自己的观点,进而会用数据分析进行决策。让学生经历完整的统计过程,在统计过程中自然而然地从数据中提取信息,品味数据的价值;再通过选择合适的方法进行数据分析,得出结论并作出统计推断,在这个过程中使学生感受数据的力量,养成让数据说话的习惯,并以此提升学生的数据分析能力。

4.2.3 空间向量与立体几何部分教学设计展示

空间向量与立体几何(章节复习课)第一课时

一、内容和内容解析

1.内容

空间向量的概念与运算,空间向量基本定理。空间向量及其运算的坐标表示,空间中点、直线、平面的向量表示,用空间向量解决空间中直线、平面的位置关系与距离和角度问题。

2.内容解析

教材通过类比平面向量,建立了空间向量加法、减法、数乘及数量积的运算体系。研究了空间向量基本定理,给出空间点、直线、平面的向量表示,并用向量方法研究了空间图形中直线平面的位置关系,得出空间距离、角度的向量表达式。其中,空间向量及其运算是基础。由于平面向量与空间向量具有一致性,所以类比平面向量及其运算,可以得到空间向量及其运算,让学生经历从平面向空间的推广。

空间向量基本定理揭示了空间中三个不共面的向量构成空间的一个基底，这是向量方法解决几何问题的基础。然后利用单位正交基底，建立空间直角坐标系，让学生体会向量在空间图形与实数之间的桥梁作用。在此基础上，让学生独立完成空间向量及其运算的坐标表示，从而让他们经历向量及其坐标运算由平面向空间的推广。

空间向量的应用主要是用向量的方法解决简单的立体几何问题，包括空间中直线和平面的位置关系、距离和夹角的问题等，可按照向量的"三步曲"来解决这些问题。

3.教学重难点

教学重点：建立空间知识体系，用空间向量表示空间点、直线和平面。用向量方法解决空间直线、平面的位置关系以及空间的距离和角度问题，"基"的思想。

教学难点："基"的思想，根据几何图形的结构特征选择恰当的基底。

二、目标和目标解析

1.单元目标

（1）能构建空间向量知识体系。

（2）经历具体问题的解决过程，会综合运用基底法和坐标法解决立体几何问题，熟练掌握用向量方法解决立体几何问题的一般步骤和基本思想。

2.目标解析

达成上述目标的标志是：

（1）通过提出问题、分析问题和解决问题的过程，能基本建立本章知识结构图；

（2）能选择合适的基底表示向量，能结合具体实例说明利用空间正交基底建立空间直角坐标系的过程与方法；

（3）能用向量表示直线和平面，能用向量方法解决空间中的点、直线、平面位置关系与度量关系，进一步体会"基"的思想。

三、教学问题诊断分析

通过整章学习，学生运用向量方法求解立体几何问题的意识有所增强，运用向量表示点、直线、平面的能力得到提高，已经基本会用向量方法解决简单的立体几何中位置关系与度量关系的问题。但在知识掌握和解决具体问题时，仍可能会出现以下困难：

(1)学生对基底法和坐标法的内在联系认识不到位,在用向量方法解决立体几何问题时,通过分析几何特征,无论在什么条件下都建立空间直角坐标系,用坐标表示向量来求解。将向量方法等同于坐标法。

(2)学生在用向量方法解决立体几何问题时,没有用几何眼光先观察,再用向量方法解决的习惯,甚至没有真正理解具体向量表达式的含义。用向量法解决空间几何问题的"三步曲"落不了地。会出现书写不规范,不能准确将向量运算结果翻译成相应几何结论。在解决复杂的几何问题时,将具体问题向量化有困难。

(3)数形结合、化归与转化、特殊与一般的数学思想方法在解题中的指导作用发挥不够,学生思维训练有待加强。

四、课时教学设计

(一)教学内容

通过提出问题、分析问题、解决问题的过程基本构建本章知识框架,利用空间向量的基本知识解决简单的立体几何问题。

(二)教学目标

(1)能通过本节课提问这个环节以及具体问题的解决,基本建构本章知识框架。

(2)能用自己的语言描述用空间向量法解决立体几何问题的一般步骤。

(三)教学重点与难点

(1)教学重点:构建本章知识框架,用空间向量表示空间点、直线和平面,用空间向量法解决立体几何问题的一般步骤和基本思想。

(2)教学难点:构建本章知识框架,"基"的思想,根据几何图形的结构特征选择恰当的基底。

(四)教学过程设计

环节一:回顾章引言,引出课题

引言:同学们,学习了空间向量与立体几何这一章,我们再回头看看本章引言中的一些要求及问题,我们是否已经达成。

师生活动:教师带着学生解读章引言,回顾本章所学知识。

设计意图:章引言是本章开篇时学生会阅读的内容,它可以让学生自己感悟在学习本章前后,理解章引言的一个变化,也可以作为自测的依据,检验是否已经掌握本章知识,并自然地引出本节课要研究的问题。

环节二:分析题意,提出问题

已知:如图,在四棱锥 S-ABCD 中,侧棱 SA⊥平面 ABCD,E 为线段 SD 的中点,AD//BC,$\angle BAD = \frac{2}{3}\pi$,AB = BC = 2,SA = AD = 4。

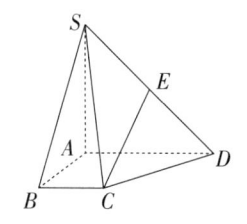

师生活动:教师带着学生理解题意,分析图形的几何特征。

设计意图:通过分析,让学生把几何图形中的基本元素和它们的基本关系搞清楚,形成对图形特征整体直观的认识;培养学生良好的读题习惯,提高直观想象核心素养。

问题:同学们都发现了,这道题跟我们平时见到的不一样,没有给出问题,今天我们换个方式,请同学们自己来提问。通过本章的学习,针对这一几何图形,你们能提出什么问题呢?

师生活动:学生口述问题,老师依次写在黑板上,提示学生提出不同类型的问题。

设计意图:让学生通过提问环节,回顾在本章中用向量方法解决立体几何中的两大类问题。

环节三:分析问题,解决问题

师生活动:教师从学生的提问中选出一个问题,请全班同学一起来解答。学生独立完成,教师巡视。并将学生的解答投屏,让学生分享并及时点评。

预设问题1:求异面直线 CE 与 SB 所成角的余弦值。

方法一:坐标法。

如图建立空间直角坐标系,则 $C(\sqrt{3},1,0)$,$E(0,2,2)$,$S(0,0,4)$,$B(\sqrt{3},-1,0)$,$\overrightarrow{CE}=(-\sqrt{3},1,2)$,$\overrightarrow{SB}=(\sqrt{3},-1,-4)$。

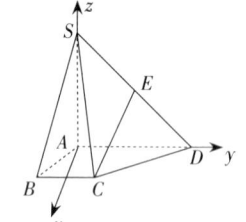

设异面直线 CE 与 SB 所成角为 θ,则

$$\cos\theta = \frac{\overrightarrow{CE}\cdot\overrightarrow{SB}}{|\overrightarrow{CE}||\overrightarrow{SB}|} = \frac{-3-1-8}{2\sqrt{2}\times 2\sqrt{5}} = -\frac{3\sqrt{10}}{10}$$

∴异面直线 CE 与 SB 所成角的余弦值为 $-\frac{3\sqrt{10}}{10}$。

方法二：向量法（基底法）。

设 $\overrightarrow{AB}=\boldsymbol{a},\overrightarrow{AD}=\boldsymbol{b},\overrightarrow{AS}=\boldsymbol{c}$，这三个向量不共面，构成空间的一个基底。

$\overrightarrow{CE}=-\overrightarrow{AB}+\dfrac{1}{2}\overrightarrow{AS}=\boldsymbol{a}+\dfrac{1}{2}\boldsymbol{c}$，$\left|\overrightarrow{CE}\right|=2\sqrt{2}$，

$\overrightarrow{SB}=\overrightarrow{AB}+\overrightarrow{AS}=\boldsymbol{a}-\boldsymbol{c}$，$\left|\overrightarrow{SB}\right|=2\sqrt{5}$，$\overrightarrow{CE}\cdot\overrightarrow{SB}=-12$，

设异面直线 CE 与 SB 所成角为 θ，则

$$\cos\theta=\dfrac{\overrightarrow{CE}\cdot\overrightarrow{SB}}{\left|\overrightarrow{CE}\right|\left|\overrightarrow{SB}\right|}=\dfrac{-12}{2\sqrt{2}\times2\sqrt{5}}=-\dfrac{3\sqrt{10}}{10},$$

∴异面直线 CE 与 SB 所成角的余弦值为 $-\dfrac{3\sqrt{10}}{10}$。

方法三：综合法（略）。

预设问题2：求直线 AC 与平面 SCD 成角的余弦值。

预设问题3：求平面 SAB 与平面 SCD 夹角的余弦值。

预设问题4：求点 B 到平面 SCD 的距离。

设计意图：在这个环节中，重点关注学生做题方法的多样性（基底法、坐标法和综合法）和书写的规范性，让学生进一步认识研究几何问题的一般步骤（"三步曲"）。

环节四：完善框架，小结反思

通过本章的学习和这节课提出问题以及解决问题的过程，同学们是否对本章有一个整体的认识。请同学们完善本章知识框架。

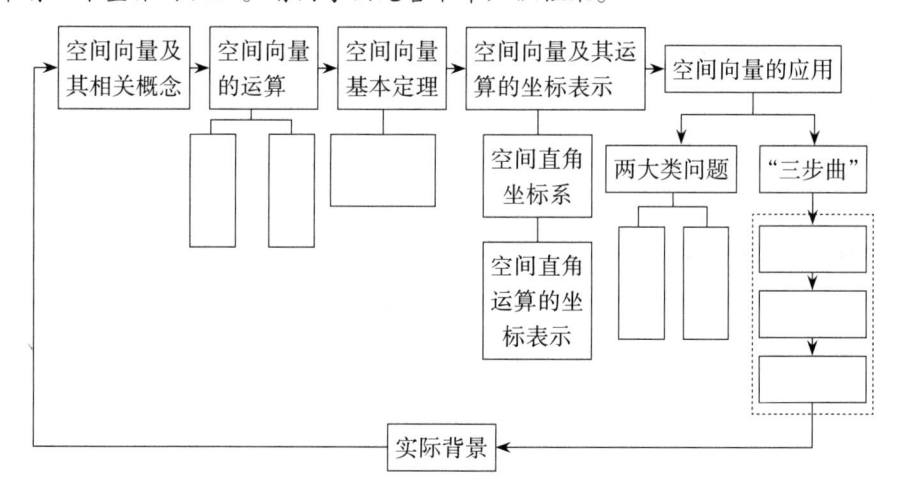

设计意图：学生通过完善框架这个环节，对本章知识有一个整体的把握。

环节五:作业布置,巩固提升

1. 小组作业

(1)丰富知识框架图,下节课进行展示。

(2)对本节课所提出的问题进行分类并解答,尝试提出一个新问题,小组共同探究解答,并在下一节课分享解题过程中的一些体会。

2. 个人中期作业

复习完本章,请同学们从不同角度去阐述你对本章学习的一些感受。(例如:对于向量从二维到三维的推广,你怎么看?结合平时的做题经验,谈谈解决立体几何问题的三种方法——向量法、坐标法、综合法的各自特点,在做题过程中你是怎么确定解题方法的……)

设计意图:丰富框架的过程就是学生梳理知识,再次强化的过程,对本节课所提出的问题进行分类,也是完善框架的过程,意在帮助学生整体把握本章知识,提升学生的数学思维。布置中期作业,可以让学生掌握归纳和总结的方法,学会反思。

五、教学设计说明

本节课是"空间向量与立体几何"(章节复习课)第一课时,目标是帮助学生梳理本章内容,沟通知识间的联系,使知识系统化和结构化,提高基本技能,掌握基本思想方法,提升素养。

(1)以章引言作为本节课复习的开端,提高学生对知识的整体把握。

章引言是每一章的起点,指明本章学习的方向、学习内容,学完这一章后,再一次引导学生看章引言,旨在对整章的学习路径、内容的整体把握,也是学生对自己学习本章的一个自测。

(2)通过开放性的提问环节,帮助学生梳理相关知识与方法,提高"四基",提升"四能"。

这是本节课的亮点,让学生通过提问环节,回顾本章用向量方法解决了立体几何中的哪些问题,在解决问题的过程中用到了哪些方法,重点强调用向量方法解决立体几何问题的"三步曲"。从问题的提出到解决,都由学生独立完成,教师只作适当引导。

(3)完善知识框架,帮助学生建立本章知识体系。

学完本章,每个学生心里都有一个本章知识的框架,尽管可能还不够系统和完整。进一步完善这个框架,有助于将所学知识系统化,也可以将本节课涉及的知识、方法填入其中。通过这种方式,学生可以对本节课和本章内容进行有效的反思与小结,为课后继续细化框架和梳理知识提供方向。

教学设计赏析:复习活动对学习者具有重要价值,是学习活动中非常重要的一个环节,它是学习者对知识的再现和梳理的过程,也是学习者对所学知识的再认识、理解以及知识应用水平的恢复、巩固、提高的过程。从新课程的教学要求来看,复习课教学要有单元教学的意识,核心目标是通过复习,促进学生的发展,在复习、梳理、反思的过程中实现对所学内容的融会贯通,在复习的过程中学会学习。

复习课教学中的一个重要任务就是要帮助学生梳理知识、构建网络,要关注知识点之间的逻辑脉络,同时通过沟通知识联系,加深学生对知识的综合性认识。本节课通过章引言对本章知识作了一个简单梳理,利用梳理知识这个过程,了解学生对这一章知识的掌握程度,尤其是空间向量基本定理中基底的思想,为接下来解决立体几何问题方法的多样性作铺垫。同时通过精选问题,为复习的教学目标选好载体。本节课的创新之处在于设置了一个几何体的背景,通过让学生提问的形式,激发了学生的学习兴趣,也培养了学生提出问题的能力。通过开放性的提问环节,可以让学生主动回顾、自我总结、及时反思。虽然这种开放性的提问会带来一些意想不到的情况,但恰恰也是这种不确定性反而能促使学生深入思考:本章最核心的内容是什么,最重要的方法是什么,从而在梳理知识与方法的过程中,深化对整章核心知识和思想方法的理解。

总的来说,本节课从问题的提出到解决,再到反思,都由学生进行展示,充分发挥了学生的积极性和主动性,让学生成为课堂上真正的主人。在具体的梳理和拓展研究的过程中,学生利用交流展示、互动评价,便于梳理知识、查漏补缺;并在解决问题的过程中,通过比较几何法和向量法的特点和优势,归纳了利用空间向量解决立体几何问题的基本方法,提高了其知识的应用水平。

4.2.4 章节复习课教学设计展示

一元二次函数、方程和不等式(章节复习课)第一课时

一、教材分析

本节课选自2019年人教A版《普通高中教科书·数学(必修)》第一册第二章,章节复习课第一课时。与用方程刻画相等关系类似,用不等式刻画不等关系,解决不等式问题时需要利用不等式的性质。根据相等关系与不等关系,从函数观点看一元二次方程和一元二次不等式的课程定位和内容要求,在掌握不等式的性质、以二次函数为纽带建立"三个二次"知识体系的过程中,促进学生用联系的观点看待问题,体会数学的整体性,提升其思维严谨性和逻辑推理能力等。

《普通高中数学课程标准(2017年版2020年修订)》认为,相等关系与不等关系是数学中最基本的数量关系,是构建方程、不等式的基础。本单元的学习,旨在帮助学生通过类比,理解等式和不等式的共性与差异,掌握基本不等式的性质。教材注重利用学生在日常生活中积累的大量关于相等关系和不等关系的直觉经验,结合初中已学的等式和不等式的基本性质,以数学的一般观念和通性通法为指导,围绕运算这一核心内容,引导学生归纳等式性质中蕴含的数学思想和方法。这些思想和方法将被用于研究基本不等式,并通过应用加深理解,为进一步研究函数等做准备。

从内容定位来看,本节内容是初高中数学学习的过渡,需要为学生整个高中阶段的学习提供学习心理、学习方式和知识技能等方面的准备,对整体的教学效果起着提炼升华的作用。而章节复习作为单元学习的最后一个环节,是综合提升学生学科核心素养的重要载体,应避免复习课变成讲评课、习题课。学生通过回顾、梳理已学内容,提炼出其中蕴含的思想方法,再把这些思想方法迁移到不等式的相关应用中去,以此实现重难点突破。

二、学生学情分析

作为高一年级新生,学生在此之前已经学习掌握了本章节的基本知识,并且经历第一章的内容学习后,对高中学习有了初步认识和了解。但对于刚接触高中数学学习的学生而言,往往存在三个方面的困难:一是缺少代数推理的经验,对代数符号的运用还不够熟练;二是对数学思想的认识理解不透彻,难以在

知识学习过程中感受其思想方法;三是对数学问题的本质理解不透彻,意识不到已学知识之间的根本联系。

基于以上特点,本节课以知识内容回顾、复习、整理为主线,以发展巩固数学思想方法、思维逻辑训练、数学语言能力为副线,旨在用问题启发的形式带领学生深层思考、合理归类、素养升华。

三、教学目标分析

培养学生数学抽象、逻辑推理、数学运算、直观想象等关键能力。

1.梳理本章节学习内容,加强与学生已有经验的联系

让学生对知识进行分类整理,并充分经历观察、操作、类比、推理、归纳、交流的全过程,以问题、例题、变式训练推动学生思维的发展,实现本章节重难点及细节突破,使知识概念形成主次结构分层。

2.回顾基本不等式的性质及概念,体会从一般到特殊的数学思想方法

从代数运算的角度出发,回顾基本公式的形成过程,熟悉公式的变形与特点,形成完整的知识体系,并体会归纳从一般到特殊的数学思想方法,以实现思想方法和实际应用的有机结合。

3.能用基本不等式的一般结论求解特殊实例中的最大值或最小值问题

弄清基本不等式的使用条件,基本不等式可以解决哪类最值问题,真正理解"一正、二定、三相等"的含义,引导学生对基本不等式的各种变式及其推广等展开探究,掌握相关的各种命题及其相互联系,形成以基本不等式为核心的结构体系。

四、教学重难点分析

重点:体会一般到特殊的数学思想;掌握基本不等式使用条件。

难点:用基本不等式处理最值问题的应用与归纳。

五、教学策略分析

本节课涉及代数运算、逻辑推理及分析等,利用教材,结合导学单进行复习回顾,以概念图为复习线索,让学生通过类比、分析、讨论、归纳等发现问题、解决问题。在课堂上以问题串引导,实现学生之间的互动、合作、交流,体验从已知概念重新生成生长点的过程。

六、教学过程

(一)架构单元知识,指明学习方向

环节一:章节知识梳理与复习

引入：本章的学习，我们通过类比初中知识，研究不等关系、不等式的性质；通过数形结合，对基本不等式进行几何解释；通过转化与化归，实现用作差法比较两个代数式大小；体会用函数观点统一方程和不等式的数学思想方法；等等。

今天我们也将继续以数学思想方法为指引，透过现象看本质。

设计意图：通过对本章知识内容地位的认识，解读探究过程、性质价值与思想方法，带领学生回顾本单元学习内容的主线。

师生活动：教师引导学生一起回顾本章知识，对本章知识进行基础架构。

问题1：在本单元的学习中，我们主要学习了哪几个部分内容呢？在本章节内容的学习中，我们对各部分概念、性质又研究了哪些内容？

设计意图：学生在不断学习新理论知识的过程中，容易迷失方向，通过概念图，从教材编排顺序及单元知识间的逻辑关系入手，帮助学生填补知识网络漏洞。在教师引导下，学生可以突破、划分重点知识，了解各个知识点中的重难点及其分支情况。

（二）着手代数运算观念，从一般到特殊的知识发展逻辑

环节二：一般知识中的特殊联系

师生活动：教师引导学生回顾"基本不等式"这一节内容，从运算角度出发回顾基本公式的探究过程，观察知识的内在逻辑，感受从一般到特殊的知识发展逻辑。

设计意图：通过章节回顾，将本节重点直接点出，从基本不等式的知识内容出发，逐步深入到重要不等式、基本不等式、两个基本模型，经历从特殊的不等式到特殊的重要不等式，再到特殊基本不等式的过程，体会一般到特殊的数学思想方法。

环节三：一般基本公式的特殊变形

类似于等式中的基本代数公式，基本不等式也可以通过运算产生非常奇妙的变化。

问题2：你还能通过运算（代数变形）得出基本不等式的一些变式吗？通过对变形的研究，你有什么体会？

设计意图：再次从运算角度出发，一方面通过代数变形再次体会一般到特殊的数学思想方法；另一方面，强调基本不等式的基本含义，跟基本事实、基本性质一样，通过形式变化这一变换经验提高学生的符号意识，使其领悟代数的基本思想。

(三)基础应用寻技巧,强化数学思想推广

环节四:一般条件的特殊运用

问题3:在用基本不等式解决最大值、最小值问题时,你认为应注意哪些问题?

例题1:思考下列推理是否正确?

(1)$y = x + \dfrac{1}{x}$ 的最小值为2;(2)$y = 3x + \dfrac{12}{x}(x \geq 3)$ 的最小值为12;(3)$y = \sqrt{x^2 + 3} + \dfrac{1}{\sqrt{x^2 + 3}}$ 的最小值为2;(4)$y = x^2 + \dfrac{2}{x}(x > 0)$ 的最小值是 $2\sqrt{2x}$。

设计意图:从基本不等式有关的简单推理判断入手,理清基本不等式的使用条件,进一步理解利用基本不等式求最值的条件"一正、二定、三相等"。

环节五:一般题型的特殊变式

例题2:已知 $x > 0, y > 0, 2x + y = 1$,求 xy 的最大值。

变式1:已知 $x > 0, y > 0, 2x + y = 1$,求 $\dfrac{1}{x} + \dfrac{1}{y}$ 的最小值。

变式2:已知 $x > 0, y > 0, 2x + y = 1$,求 $\dfrac{1}{x} + \dfrac{x}{y}$ 的最小值。

变式3:已知 $x > 0, y > 0, 2x + y = 1$,求 $\dfrac{1}{x+1} + \dfrac{2}{y+1}$ 的最小值。

变式4:已知 $x > 0, y > 0, 2x + y = 3xy$,①求 xy 的最小值。②求 $x + y$ 的最小值。

变式5:已知 $x > 0, y > 0, 2x + y + xy = 6$,求 xy 的最大值。

设计意图:以一题多解、一题多变的形式强化学生基本不等式的应用,以此实现掌握应用基本不等式求最值的目标。

(四)归纳小结

归纳小结:回顾本节课内容,你有什么启发或收获?

设计意图:开放式总结归纳环节,让学生回顾本节知识内容特点,感受思考整节课蕴含的数学思想方法。

(五)作业布置

分层作业一:

教材习题(略)。

分层作业二：

(1)(多选题)设正实数a,b满足$a+b=1$，则(　　)

A.$\dfrac{1}{a}+\dfrac{1}{b}$有最大值4　　　　B.$\sqrt{ab}$有最大值$\dfrac{1}{2}$

C.$\sqrt{a}+\sqrt{b}$有最大值$\sqrt{2}$　　　　D.a^2+b^2有最小值$\dfrac{1}{2}$

(2)(多选题)下列结论正确的是(　　)

A.当$x\geqslant 0$时，$\sqrt{x+1}+\dfrac{1}{\sqrt{x+1}}\geqslant 2$　　B.当$x>0$时，$\sqrt{x}+\dfrac{1}{\sqrt{x}}\geqslant 2$

C.$x+\dfrac{1}{x}$的最小值为2　　　　D.$x^2+2+\dfrac{1}{x^2+2}$的最小值为2

(3)已知正实数a、b满足$\dfrac{4}{a+b}+\dfrac{1}{b+1}=1$，则$a+2b+1$的最小值为_____。

(4)(2023·全国·高一课堂例题)函数$f(x)=\dfrac{x^2+3}{\sqrt{x^2+2}}+1$的最小值为_____。

(5)已知$x+y=1, y>0, x>0$，则$\dfrac{1}{2x}+\dfrac{x}{y+1}$的最小值为_____。

(6)若正数x,y满足$x+3y=5xy$，则$3x+4y$的最小值是_____。

分层作业三：

(7)已知正数x,y,z满足$x^2+y^2+z^2=1$，则$s=\dfrac{1+z}{2xyz}$的最小值为_____。

(8)已知$a>0, b>0, a+2b=1$，则$\dfrac{b^2+a+1}{2ab}$的最小值为_____。

(9)已知实数$x>0, y>0$，则$\dfrac{4x}{x+y}+\dfrac{y}{x}$的最小值是_____。

(10)(解答题)已知$x>0, y>0$，且$\dfrac{2}{x}+\dfrac{1}{y}=1$，若$x+2y>m^2+2m$恒成立，求实数$m$的取值范围。

教学设计赏析：不同阶段的复习课，在侧重点上应该有所不同，一堂高效的复习课，关键在于是否基于学情进行设计，以及师生的交流是否有比较高的契合度。本节课从内容定位来看，是初高中数学学习的过渡，是综合提升学生学科核心素养的重要载体，要避免复习课变成讲评课、习题课。在回顾、梳理已学内容的时候，由于本章内容有一定的难度，学生对于一些概念、公式、结论有所遗忘，这就需要教师在知识的再现上多下些功夫，既要给学生一个串联整章知识的线索,又要给学生一个回忆知识的提示,按照数学的思维和逻辑,让学生及时回顾整章的核心内容及知识要点。

本节课以知识内容回顾、复习、整理为主线,以数学思想方法、思维逻辑训练、数学语言能力为副线,旨在以问题启发的形式带领学生深层思考、合理归类、素养升华。这一章的内容对于刚接触高中数学学习的学生而言存在三个方面的困难:一是缺少代数推理的经验,对代数符号运用还不够熟练;二是对数学思想的认识理解不透彻,难以在知识学习过程中感受其思想方法;三是对数学问题的本质理解不透彻,意识不到已学知识之间的根本联系。这就需要教师选择典型的数学问题,让学生在解题活动中,充分暴露遗忘点、混淆点、模糊点、易错点。通过对问题的暴露、补救,健全完善学生的知识结构,进而使其加深对知识的深入理解,同时增加了知识应用的经验,也为学生今后的章节复习提供了复习策略和方法,培养了学生自主学习的能力。

4.3 学员教学科研成果展示

随着人工智能、大数据、云计算、物联网等新一代信息技术的快速发展,各行各业都在探索如何将这些技术融合应用,实现数字化转型和智能化升级。在教学中,智能环境提升教学效果、信息技术传递优质资源、教学数据调和生态平衡等专业理论已经有了较多的应用。但在一线的教学过程中,存在教学实践做得很好,而缺乏理论研究的现象。如何将技术和数学教学有机整合、深度融合,还缺乏深入的研究。目前,在数学教学中,网络画板、GeoGebra(GGB,动态几何画板)、几何画板等"互联网+动态数学"教学辅助工具使用频率比较高。这些辅助工具操作简单、易学,在进行动态数学展示、数学探究中发挥了重要的作用。但在利用信息化智能框架,做好精准教研并通过课堂数据,以新的智能技术培养学生的探究能力和创新意识上,一线教师还有许多困惑和实际困难。特别是在信息技术与课堂教学及教学管理等融合方面,以及如何利用技术提升教学效率,提高学生的思维能力和探究能力,还缺乏相关的理论指导。

工作室的许多青年教师,信息化专业水平较高,在自己的教学实践过程中,在教学辅助工具的使用上,有自己的一些体会、困惑,也有一些比较好的实践操作方法。基于此,我们选择了部分教师的代表性论文。这些文章,汇集了教师们在数学教学中将技术和教学有效融合的一些尝试和思考,对教师在数学教学中技术的使用上有一定的启发和借鉴作用。同时,在现代教育技术背景下,这些探索为如何培养学生的学科素养、探究能力和创新意识提供了可借鉴的研究范例。

随着新课标、新课程、新教材改革的不断推进,教师对新教材的解读、研究特别重视。在工作室三年的研修过程中,不少教师在如何研究教材、解读教材、教材分析、学情分析等方面进行了深入的思考和研究。特别是在使用新教材过程中积累的一些经验、产生的一些困惑、实践过程中的一些好的做法,对于数学教师使用新教材有一定的借鉴作用。虽然这些做法还停留在较为初级的阶段,但通过不断实践反思、再实践再反思的行动研究,在一定程度上会提高教师利用新教材进行教学的针对性和有效性,也为进一步改进教学提供了一些研究素材。

4.3.1 工作室学员论文展示一

网络画板在高中数学教学中的应用

卢锡娟

摘要:数学课程与信息技术的深度融合是教学改革的必然趋势和发展方向,信息技术的应用能力已经成为新时代教师必备的核心素养。网络画板是一款"互联网+动态数学"教学辅助工具,它操作简单、易学,适用于辅助高中数学教学。文章以笔者平时在教学中使用网络画板辅助教学的案例,分别从提高学生的学习兴趣,促进学生的课堂探究以及助力学生思维可视化三个方面浅谈网络画板在高中数学教学中的应用,突出网络画板在提升学生数学核心素养、促进高效课堂方面的显著作用,并对网络画板的使用提出了自己的一些思考和建议。

关键词:网络画板,高中数学教学,数学核心素养

1. 网络画板的概述

网络画板是一款"互联网+动态数学"教学辅助工具,是由张景中院士及其团队在超级画板的基础上研发而来的,教师可以通过互联网在网络画板的平台上进行备课、制作课件等。平台上有大量的共享资源,教师也可以根据自己的需要进行适当修改,大大地提高了教师的工作效率;学生也能够利用网络画板进行探究学习,提升学习的兴趣。

网络画板的操作简单易学,它的官网上有很多学习使用画板的视频教程,也有相应配套的书籍。最重要的是它与希沃白板等第三方合作,实现无缝融合,使用更加方便。笔者也是通过希沃白板上的数学画板认识网络画板的,原来希沃白板上的数学画板就是网络画板,并且还可以共用一个账号,共享资源。网络画板最大的亮点也是数学教师最看重的地方,就是可以制作离线活页,并且使用活页授课是可以进行标注的,这样既不用切换也不需要网络支持。

网络画板具有很多功能,可以通过设置参数绘制动态的函数图象,也可以让学生动手操作自主探究参数与函数的关系,还可以展示动态的几何变换过程(如平移、对称、旋转等)。在3D作图中,可以直接作出常用的几何体并且进行动态演示。

2.网络画板在高中数学教学中的应用案例

2.1借助网络画板,提高学生的学习兴趣

案例1:几何概型的学习中有两个转盘游戏,为了让学生对即将学习的内容感兴趣,在制作活页时,将转盘设置为动画形式(如图1),这样便可以在开篇吸引学生的注意力,激发学生的求知欲。

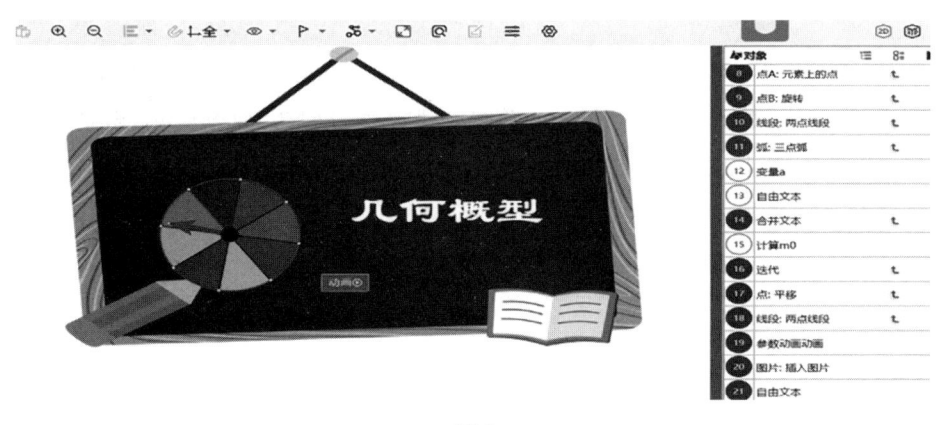

图1

注:本书所有软件界面截图均保留原始字体样式,未对系统生成文字进行格式修改,后同。

案例2:在圆锥曲线的教学过程中,学生总会问:为什么将椭圆、双曲线、抛物线称为圆锥曲线? 没有使用网络画板时,我通常是指着章引言(图2),然后边比画边解释:"因为是由一个平面去截对顶的圆锥得到的曲线。"干巴巴的回答,学生也能理解,但这种理解并不深刻。借助网络画板,我们就可以作出动态图,将平面截圆锥的这个过程以动画形式展示出来(如图3所示),充分体现了数学课给学生带来的美的感受,无形间提高了学生的学习兴趣。

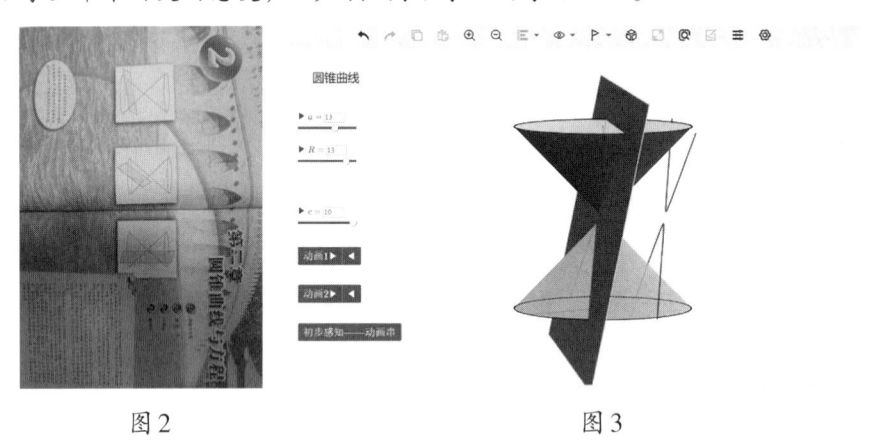

图2　　　　　　　　　图3

2.2 借助网络画板,促进学生的课堂探究

案例3:三角函数的伸缩平移变换一直都是教学难点,学生总弄混淆,为此,在这个部分的教学上,笔者使用网络画板,设置了以下两个探究活动。

探究1

设计:请同学们作出$y=\sin(x+\pi)$、$y=\sin(2x+\pi)$和$y=\sin(\frac{x}{2}+\pi)$的图象,比较它们之间的异同,你们有什么结论?然后师生一起使用网络画板设置变量ω,通过操作ω的变化动态展示图象周期变换的过程(如图),学生很快观察到ω的变化只影响了图象横坐标的变化(即图象周期的变化),然后由学生总结规律。这样的教学让学生在网络画板的辅助下,进行了动态的研究,促使学生发现规律,习得知识。

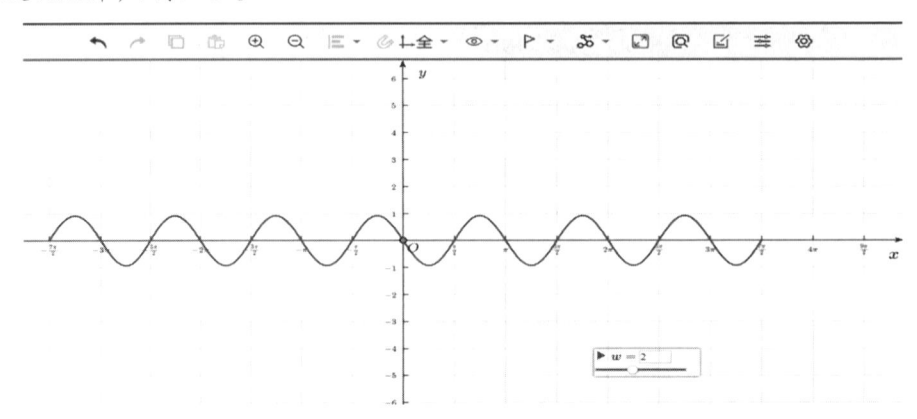

探究2

设计：将 $y=\sin 2x$ 的图象向左平移 $\frac{\pi}{6}$ 个单位后所得的图象对应的解析式是 $y=\sin(2x+\frac{\pi}{3})$ 还是 $y=\sin(2x+\frac{\pi}{6})$？

师生活动：用网络画板先作出函数 $y=\sin 2x$ 的图象，再作出 $y=\sin(2x+\frac{\pi}{3})$ 和 $y=\sin(2x+\frac{\pi}{6})$ 的图象，把原本用于作图的时间留给学生去观察、讨论，最终得出结论，比起传统的课堂更高效。

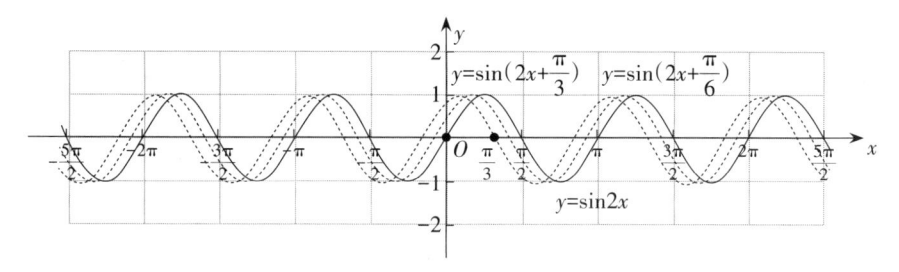

2.3 借助网络画板，助力学生思维可视化

案例4：在证明线面平行时，笔者遇到过这样的情况：

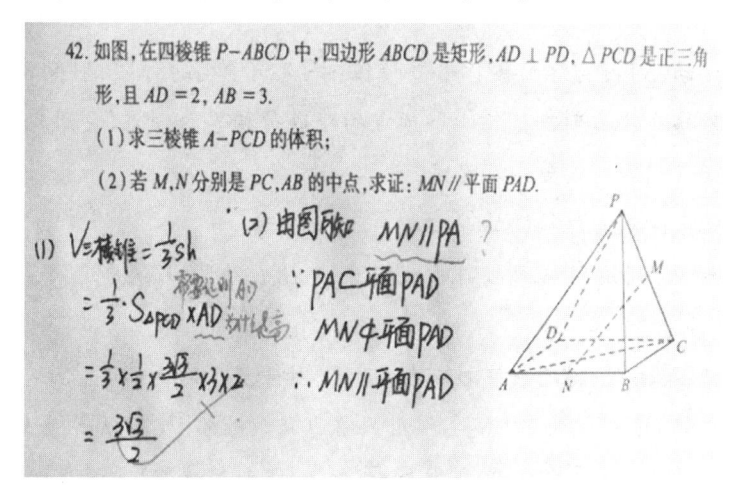

如图所示，学生认为 MN//PA，并且还不止一个同学是这么想的，这充分反映了学生的空间想象力比较缺乏。

于是笔者用网络画板制作了这个题所对应的几何体模型，通过旋转操作让学生直观地看到线面之间的关系，从而培育学生直观想象的核心素养。

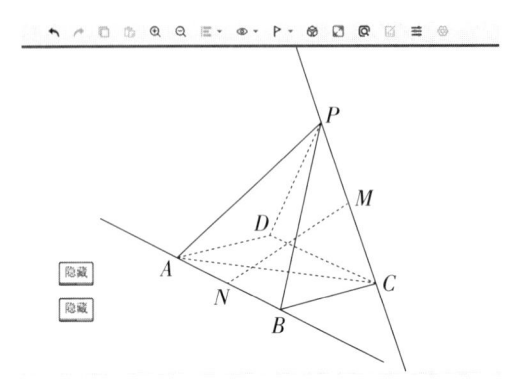

案例5：在研究常见三棱锥的外接球微专题中，为了能引导学生用补形的方法找到外接球的球心，进而求出外接球的半径，笔者从能直观看出补形正方体或长方体求外接球半径的题型入手，借助网络画板，引导学生找三棱锥的外接球球心。

教学片段分享：已知三棱锥 $S-ABC$，$SA \perp$ 平面 ABC，$SA = 2\sqrt{3}$，$\angle BAC = 30°$，请同学们尝试求该三棱锥外接球的半径。

学生活动：依据题意尝试作出相应的三棱锥，并思考如何找三棱锥外接球的球心。

教师活动：利用网络画板作出三棱锥，并规范学生的作图，引导学生思考：三棱锥的外接球球心到三棱锥四个顶点的距离是相等的，那么它到底面三个顶点 A、B、C 距离相等的点会在哪里呢？

学生回答：$\triangle ABC$ 外接圆的圆心。

教师活动：利用网络画板作出过三点 A、B、C 的圆 O_1。并追问：只有这个点吗？

学生回答：还有，满足条件的点在过点 O_1 且垂直于底面的垂线上。

教师活动：依据学生的回答，利用网络画板过点 O_1 作圆 O_1 的垂线，球心 O 点应该在垂线上，再将圆 O_1 沿着向量 $\overrightarrow{AS}$ 平移，得到圆柱，引导学生观察三棱锥的四个顶点落在圆柱上，三棱锥的外接球即为圆柱的外接球（如图所示），然后将其转化为求圆柱外接球的问题求解。

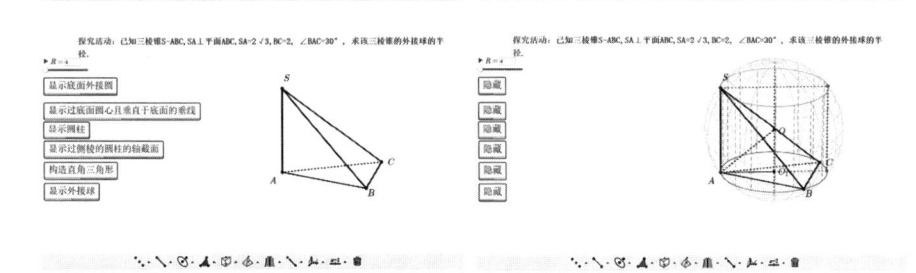

3. 关于网络画板辅助教学的一些思考

《普通高中数学课程标准(2017年版2020年修订)》中明确指出，重视信息技术运用，实现信息技术与数学课程的深度融合。信息技术的应用能力已经成为新时代教师必备的核心素养。但是数学教师的教学任务是比较繁重的，要单独抽出大量的时间自学网络画板往往心有余而力不足的。虽然网络画板平台上有很多共享资源，但是每个老师对课堂的理解是不一样的，想要呈现给学生的课堂预设也是不一样的，所以下载的资料需要进行修改才能更贴合自己的教学。所以，笔者认为，老师们可以借助网络画板进行集体备课，资源共享，建立属于老师们自己的资源库；也可以让学生利用网络画板制作适合自己的课件，建立健全学生共享空间，让学生在线上或线下都能展示自己的课件。

在网络画板使用过程中，笔者认为使用的频率也不宜太高，不能一味地依赖网络画板，让学生被动地接受知识，这样会让学生养成只看不做的习惯，导致一看就会、一做就错。不要忽视学生的参与环节，要关注学生的反馈。在上课过程中，应将传统教学模式与信息技术辅助下的新教学模式相结合，不能一直播放多媒体，要适当板书本节课的重点知识，也要让学生动手操作，否则上课就会给学生一种看电影一样的感觉，很精彩却记不住。课上更多的是借助网络画板培养学生的学习兴趣和数学思维，提升学生的数学核心素养。

4.3.2 工作室学员论文展示二

现代教育技术促进高中生数学学科核心素养发展的路径研究

李明星

摘要：在"现代教育技术+数学教育"的背景下，数学学科教学如何将现代教育技术融入实际教学中，如何将传统的教学转向为培养学生的核心素养，从而实现课堂教学的精准化、个性化以及如何提高学生的学习兴趣，成了一线教师研究的热点话题。数学具有抽象性，在教学中遇到让学生难以理解的内容，利用现代教育技术可以将复杂烦琐的问题简单化、形象化，从而使学生更加深入地理解知识，发展学生的学科核心素养，让教学变得高效化，提高教学质量。本文将以2019年人教A版《普通高中教科书·数学（必修）》第一册为例，从多个角度探析在现代教育技术背景下的教学如何培养学生的学科素养。

关键词：现代教育技术；核心素养；高中数学

《普通高中数学课程标准（2017年版2020年修订）》中的高中数学学科核心素养包括数学抽象、逻辑推理、数学建模、直观想象、数学运算、数据分析六个方面，这六个方面既相互独立又相互融合。时代在发展，教育也在发展，在传统教育中，许多数学老师在教学中采取的教学方法比较单一；又因为数学具有抽象性、难度大的特点，导致很多学生谈"数"色变，缺乏对数学的兴趣，所以很多学生对数学学习的积极性不高。数学老师需要寻求更为高效的教学方法，将抽象的数学知识具体化、形象化，使得课堂富有活力，让学生对数学充满兴趣。借助现代教育技术，学生能够锻炼数形结合的能力，发展几何直观和空间想象能力，提升学生的学科素养。

在教材中就明确以GeoGebra为例介绍了使用计算机绘制函数图象的方法。可见2019版教材有意识地培养学生使用现代软件进行绘图。

1. 利用工具画出指数"爆炸"，提高学生的直观想象能力

课程标准中明确提出，能用描点法或借助计算工具画出指数函数的图象，让学生感受"指数爆炸"，如果局限于老师的口述或者纸笔进行运算，学生难以理解这个"爆炸"的含义。借助计算工具，可以先让学生计算1.01的平方和立方，进而提出问题：如果是1.01^{365}，那么这个结果又是多少呢？显然，这个结果学生是口算不出来的。如果仅凭老师去进行口述，这个数非常大，那么有多大呢，学生体会不到这个结果有多大。实际上$1.01^{365}≈37.8$，同理也可以去研究$0.99^{365}≈0.03$。这样的学习方式，不仅直观地让学生体会到指数"爆炸"的含义，还可以培养学生的人文素养，告诉他们要珍惜时间，不要虚度光阴。让学生理解指数相同的情况下，底数对幂的影响，直观地让学生感受函数的变化。函数图象是研究函数的和理解函数变化规律的重要工具，利用信息技术画出函数的图象并进行数据分析，能够更直观和深入地探索函数特性。例如，在指数函数教学中，可以设置底数a的变化，就

可以看图象跟着a的变化而变化,这个变化规律是传统教学方式所不能比的。这样我们就可以获得大量函数特点的信息,这将极大地方便教师归纳总结函数的性质,也教会学生一种利用图象去研究函数性质的方法。

2.转变数学公式的生成方式,发展学生的数学抽象

教师可以在数学教学中,通过转变数学公式的生成过程,来培养学生的数学抽象素养,这样能够让学生更深层次地理解公式背后的含义及实际背景。教师还可以应用现代教育技术提升教学效率,确保学生能够在有限的时间内高效地掌握和理解数学公式的推导过程,能够有效地弥补教师在教学语言表达中的不足,进一步提升理解数学概念和公式的效率,方便学生在实际数学练习和解决数学问题的过程中加以应用。此外,教师可以利用信息技术搜集一些便于学生记忆和理解的顺口溜进行辅助,使学生能够将难以理解的数学公式变得更加形象、生动,丰富他们的数学知识体系,便于后面更为深入地思考以解决数学应用问题。教师还可以利用PPT中的结构图带领学生共同复习和整理已经学习过的数学公式知识,使他们能够整体把握知识之间的相关性,对公式有一个整体的把握,确保他们能够将数学公式与数学问题联系起来,灵活运用。例如,在函数的概念与性质中,可以利用信息技术让学生画思维导图,使学生对概念与性质有一个整体的掌握,进而有效提升学生的综合能力,有效发展学生对抽象的数学公式的理解能力,有效提升班级学生的数学抽象思维素养。

3.利用多媒体素材资源,提升学生的数学建模素养

高中数学知识中的三角函数知识,通常是教学的重点和难点,也是学生学习的难点,特别是概念的生成,需要教师花费大量的精力来帮助学生理解并且建立模型。为此,教师可以综合运用现代教育技术中的多媒体素材资源来帮助学生理解。

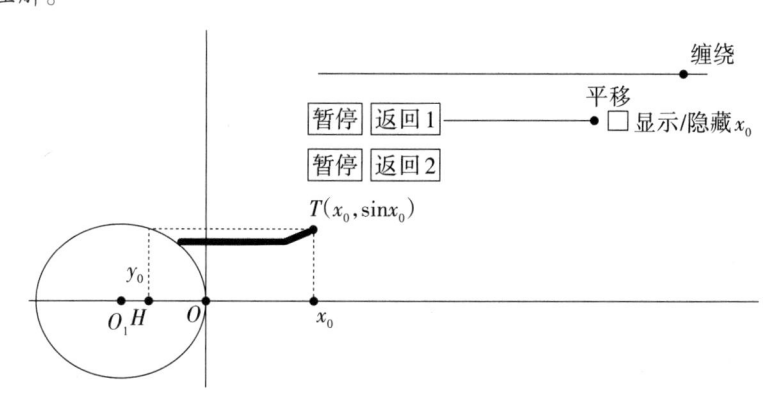

例如，在教授三角函数概念时，可以设置一个跟踪点来直观展示三角函数图象的生成过程。这种方式不仅能让学生一目了然，还能使他们积极发挥自身的综合素质，更快速地理解和掌握三角函数的相关知识内容。同时，这样也方便他们在实践过程中，将三角函数知识加以综合应用。为此，教师应充分利用多媒体图片、视频和动画等素材，使学生能够将三角函数的图象性质知识以更生动的方式储存在脑海中，从而形成更多方便记忆的教学片段储存在学生的脑海里，有效地提高教学成绩和学生的学习兴趣。在应用多媒体进行三角函数$f(x)=A\sin(\omega x+\varphi)+b$性质教学时，教师可以设置不同的参数供学生观察分析，深入感受这些变量对函数图象的影响。同时，教师应给学生几分钟时间自由表达他们观察到的不同点，使学生能够内化知识，促进教师进一步推进数学知识教学，从而有效提升数学课堂教学质量和效率。此外，教师还可以引导学生根据信息技术设备投影的图形，进行实际绘制，或者利用GeoGebra、网络画板、几何画板等软件画图。通过动手操作，学生不仅能够提升对数学的学习兴趣，还能增进对现代信息技术的探索能力。同时，学生将学会根据数学应用题的要求建立相关的模型，从而有效地提高建模能力。

4.应用网络视频开展教学，培养学生数学运算能力

网络视频资源作为一种当下较为热门的现代教育技术资源，受到学生广泛欢迎。数学教师在教学过程中，应用微课视频、一师一优课、智慧家长云平台等方式，能够极大程度地节约教学时间，帮助学生整理清楚知识之间的联系和运算过程。这样，教师在教学时，能够节约大量的时间帮助学生攻克重点、难点，使他们在掌握数学定理、公式的前提下，储备更多的关于数学运算的方法，并学到更多关于数学的学习方法。此外，现代教育技术可以穿插于数学教学的任一环节当中，区别于传统的教学方式，能够吸引学生的注意力，用创新的视角去学习数学，用发展的眼光去看数学知识中所包含的数学规律，提高学生的数学思维和数学兴趣。在进行微课教学的时候，要减少教师对学生的干预，让其能够独立思考完成知识点的学习，结束后，教师要及时检测学生的吸收度。例如，教师在"指数和对数的运算"教学时，学习了对数的基本运算法则之后，教师可以从互联网试题库中，选择适合本班学生学情的对数运算问题供他们解答，甚至可以设置抢答比赛，提升学生的兴趣，实现人人参与，在游戏中学习，以此考查学生对微课中运算技巧知识的掌握情况，方便及时给予学生针对性的指导，进一步提升他们的数学运算水平。

5. 优化数学作业形式内容,增强学生数据分析素养

大数据发展日新月异,将其运用到教育教学当中,是现代教育发展的趋势,无论是在学生的学,还是在教师的教,它都有着举足轻重的作用。数据分析是数学上研究随机现象的重要技术,在数据分析核心素养的形成过程中,要培养学生从数学问题中获取有价值的信息并做定量分析的意识,以及通过数据认识事物的思维品质。通过大数据的分析,让学生能够节约时间完成作业,而且做作业不拘泥于形式。此外,应该培养学生在现实生活中用数学的眼光去观察世界,用数学的思维去思考世界,收集、整理、分析数据的意识。教师可以让本班学生试着写一篇数据分析的小论文,完成后将成果上传到钉钉等APP上。通过分析学生在现实生活中的数据处理方式,可以有效了解学生数学思想的应用意识等,这有助于教师更好地培养学生的数学核心素养。此外,通过了解学生的数学作业完成效率和质量,教师能够更有针对性地开展作业辅导。教师通过引导学生利用生活中的相关数据开展调查研究并撰写报告,能够很好地提升他们的信心,进而有效创新高中数学作业形式,有利于提高学生各方面的素质。

综上所述,在大数据背景下,借助现代教育技术,教师具有多种途径去优化自身的教学方式,提高教学效率,从而培养学生的数学抽象、逻辑推理、数学建模、直观想象、数学运算、数据分析等核心素养。但在教学中,教师应避免滥用信息技术,要将其运用到最需要、最核心的教学环节,以培养学生的学习兴趣。此外,教师也要不断地学习新的信息技术,与时俱进,充分发挥信息技术的价值,以达到最佳的教学效果。

4.3.3 工作室学员论文展示三

以信息技术助力探究,提升学生核心素养——以GeoGebra在"对数函数的图象和性质"教学中的应用为例

崔莹

摘要:信息技术在教学中的应用已成为一种时代趋势,相较于传统的课堂教学,信息技术适时适当的引入,不仅可以让学生成为课堂的主体,从探究发现中学会新知识,还能提高学生的核心素养。本文以GeoGebra在"对数函数的图象与性质"教学中的应用为例,通过函数图象的动态展示,使学生能够自主观

察、总结归纳出对数函数的图象性质。这充分体现了信息技术的合理引入,不仅能激发学生的学习热情,同时还能提高课堂的教学效率。

关键词:信息技术、探究、核心素养、GeoGebra、对数函数的图象和性质

"对数函数"作为高中阶段新引入的函数,学生在学习时常常认为既抽象又难以理解。在教授"对数函数的图象和性质"时,如何让学生在课堂上能够作为课堂主体,经历研究一个数学对象的基本过程,感受基本的研究思路,体会类比、从特殊到一般、数形结合、分类讨论等思想方法,从而促进学生核心素养的提高,是本文欲求解决的主要目标。

工欲善其事,必先利其器。随着信息技术的不断发展,信息技术软件日新月异,利用优秀的信息技术软件进行课堂教学,是当下信息时代的必然发展趋势。作为数学老师,更应当与时俱进,适时适当地活用信息技术软件辅助课堂教学,例如:GeoGebra(以下简称GGB)软件,于教师而言,不仅可以处理几何绘图,并且快速简单易操作;更在于可以借助软件的动态变化,设计探究问题,激发学生思维,引导学生进行深度学习。于学生而言,该软件不仅有利于激发学生学习兴趣、提高学习效率,同时也让抽象的数学结论变为可视化,让学生可以经历观察、发现、归纳、抽象、总结的自主学习过程。同时,在探究的过程中,学会提出问题,学会思考问题,以此提升自己的数学素养。当然,除以上优势外,无须付费也是个人认为其越来越被广泛应用的主要原因之一。

基于以上原因,以下将以Geogebra在"对数函数的图象和性质"一节的教学应用为例,简单阐述信息技术与数学课程的融合促进提高核心素养目标达成的方法。同时也希望这种尝试,能在使用GGB一类可视化软件时,将教学设计中使用信息技术的目标显性化,真正将信息技术和教学内容更好地融合。

1.教学目标

(1)能用描点法画出对数函数的图象;

(2)能结合GGB软件绘制的多个对数函数图象,发现、归纳函数性质,并加以解释;

(3)通过对数函数图象和性质的研究,感受研究函数的基本思路;

(4)应用对数函数的性质,解决相应的数学问题。

2.学情分析

(1)已经学习了函数的概念,函数的单调性、奇偶性,指数函数的图象和性质,对数的概念;

(2)积累了一定的研究函数的方法和能力;

(3)但运算能力、思维水平、直观想象的能力不足。

3.重难点

(1)重点:根据图象自主探究对数函数的性质;

(2)难点:性质的归纳及应用。

4.信息技术融入点

(1)利用GGB软件画函数图象;

(2)利用GGB软件画动态的函数图象。

5.教学设计

环节一:回顾复习,准备充分

教师活动:

问题1:请回忆上一节中指数函数图象与性质的学习,采用的研究方法与步骤是什么?

学生活动:跟随教师指导,回答问题,回顾已学内容。

设计意图:回顾指数函数的研究步骤与方法,有利于在本节学习中类比得到对数函数的图象和性质。

环节二:自主探究,思考问题

教师活动:

问题2:你能用描点法画出函数$y = \log_2 x$的图象吗?

作图时引导学生思考如下问题:(1)列表时如何取自变量才能算出方便作图的函数值;(2)描点后该如何进行连线;(3)连线后函数图象的趋势如何呈现?

学生活动:使用描点法作图。

设计意图:培养学生作图能力。

教师活动:

问题3:观察函数$y = \log_2 x$的图象,你认为该图象有什么特点?

学生活动:通过引导发现图象在定义域内单调递增,呈现先陡增再缓增的趋势。

设计意图:培养学生的观察归纳能力。

教师活动:

问题4:猜测是否所有的对数函数图象都有以上相同性质?

学生活动：不一定，应该多观察一些对数函数的图象，再进行归纳总结。

设计意图：引发思考，激发学生的探索欲望。

环节三：引发问题、解决问题

教师活动：指导学生利用GGB软件在同一直角坐标系中绘制底数分别为 $2,3,4,10$ 及 $\frac{1}{2},\frac{1}{3},\frac{1}{4},\frac{1}{10}$ 时的对数函数图象，观察底数的特征及底数对函数图象与性质的影响。

设计意图：利用GGB软件画函数图象并让学生观察、归纳、猜想，既培养了学生数形结合的能力和直观想象的核心素养，也让学生感受到了技术的便捷。

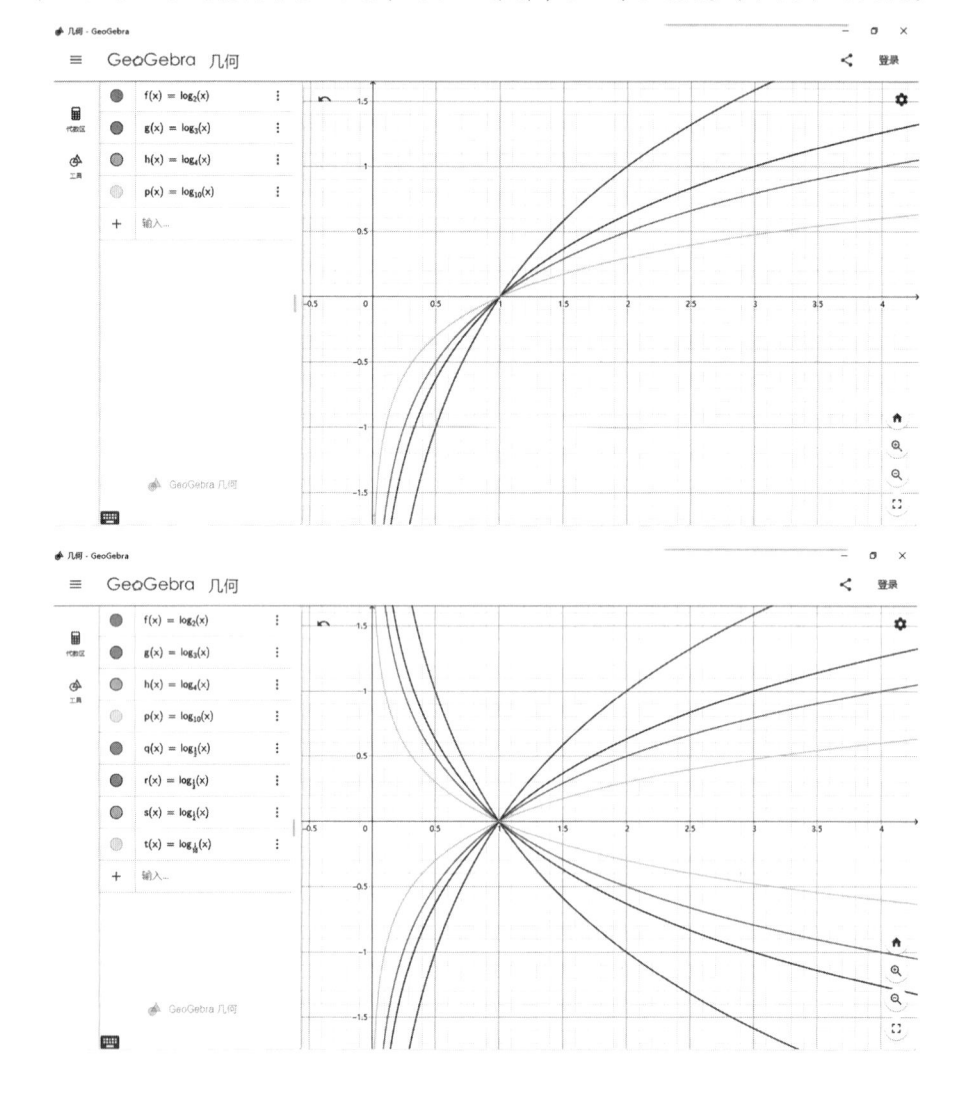

教师活动：

问题5：根据GGB软件所绘制出的函数图形，你能推测对数函数的性质吗？

学生活动：学生通过观察并归纳所看到的图象特点，预判如下：

①对数函数定义域为$(0,+\infty)$，值域为$\mathbf{R}$。

②当$a>1$时，函数图象在定义域内单调递增；当$0<a<1$时，函数图象在定义域内单调递减。

③对数函数图象恒过定点$(1,0)$。

④当x趋近于0时，图象与y轴无限接近但永不相交；当x趋近于$+\infty$时，图象越来越向x轴远离。

⑤函数图象的高低位置跟底数有关，$x=1$处是图象的"分水岭"，函数图象左右出现"风水轮流转"的趋势，当$a>1$时，在$x=1$的左侧，底数越大的函数图象越高；在$x=1$的右侧，底数越大的函数图象越低，此规律对于当$0<a<1$时也适用。

设计意图：引导学生分析并总结出对数函数的性质，从个例猜想走向一般归纳。

教师活动：

问题6：你能利用所学知识对以上图象特征的①—③条进行合理的解释吗？

学生活动：

①对数形式来源于指数形式，而指数函数的值域为$(0,+\infty)$，定义域为$\mathbf{R}$。

②指数函数$y=a^x(a>0$且$a\neq 1)$，当$a>1$时，y随x的增加而增加；当$0<a<1$时，y随x的增加而减小。

③对数恒等式$\log_a 1=0(a>0$且$a\neq 1)$。

设计意图：利用GGB软件画动态的函数图象，先让学生根据自己的观察，进行归纳、猜想，培养学生的数学观察能力和直观想象的核心素养。

教师活动：

问题7：观察以下四组对数函数的图象，你有什么发现？你认为这样的现象是由什么导致的？你能对你的推测进行证明吗？

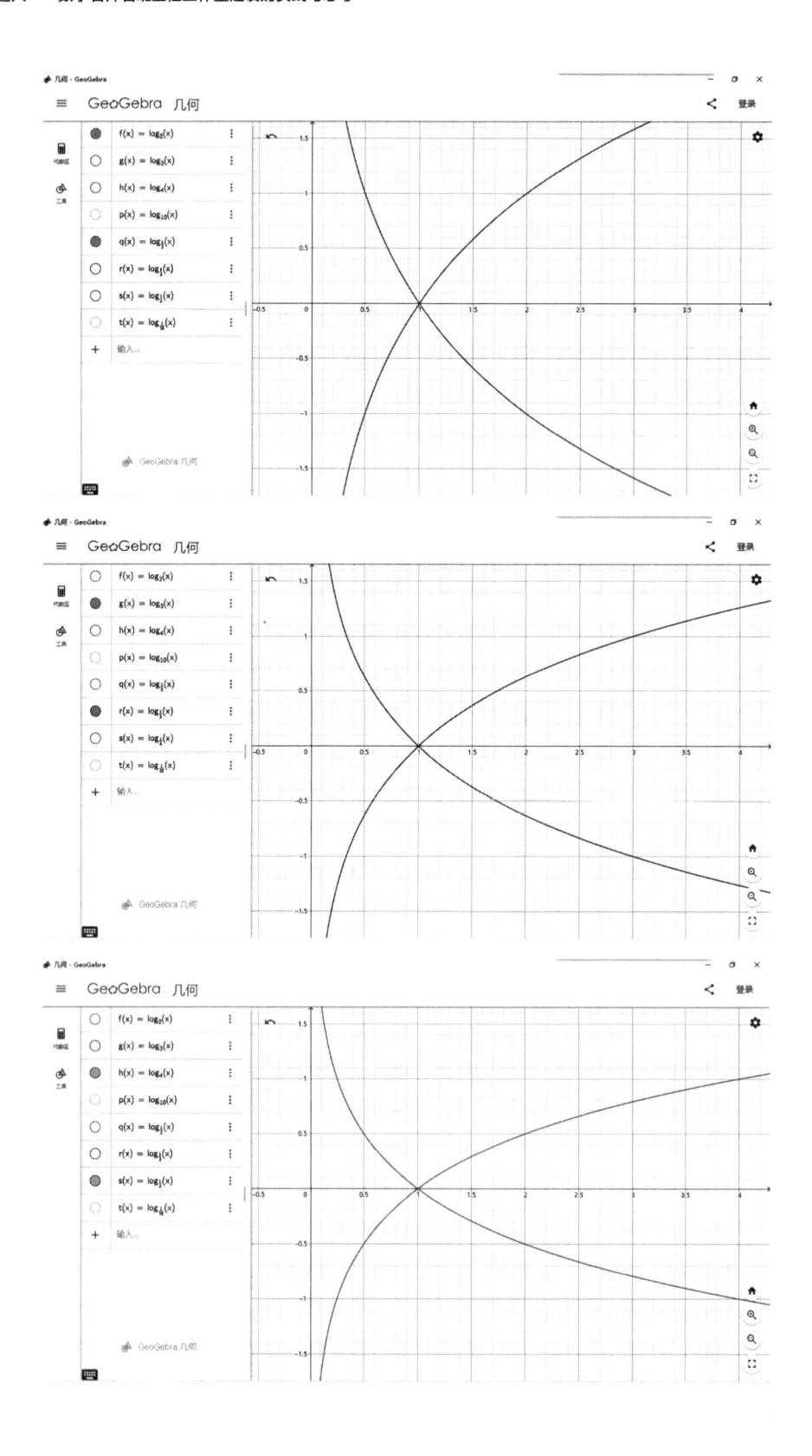

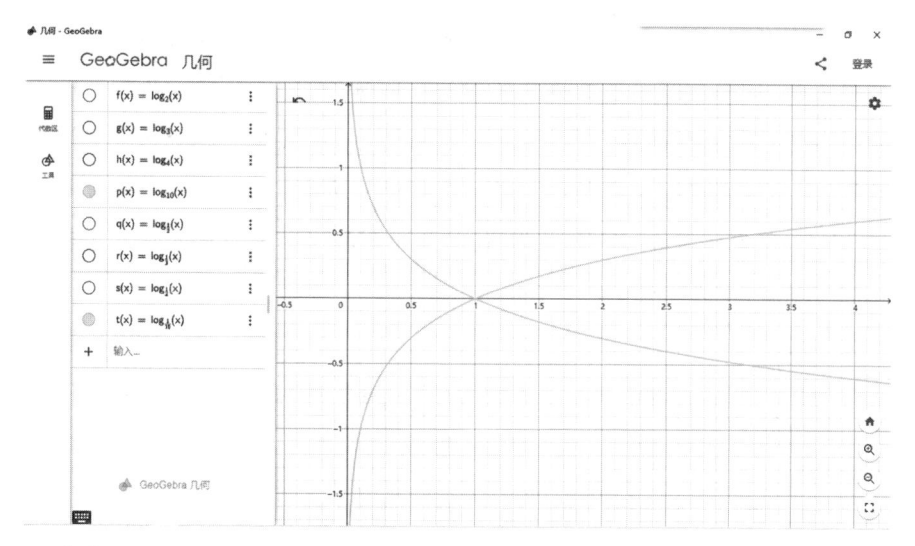

学生活动：

当对数函数底数互为倒数时，函数图象关于x轴对称；

$\log_{\frac{1}{a}} x = \log_{a^{-1}} x = -\log_a x$，得证。

设计意图：利用GGB软件画函数图象，并让学生在自己观察的基础上提出问题，深入思考动态图象背后隐藏的规律，进一步让学生思考为什么两个图象具有对称性，结论是否能进行推广。培养学生的数学运算和逻辑推理的核心素养，并体验提出问题、解决问题的整个过程。

教师活动：教师在GGB软件中通过滑杆工具动态展示对数函数的图象，验证其性质。

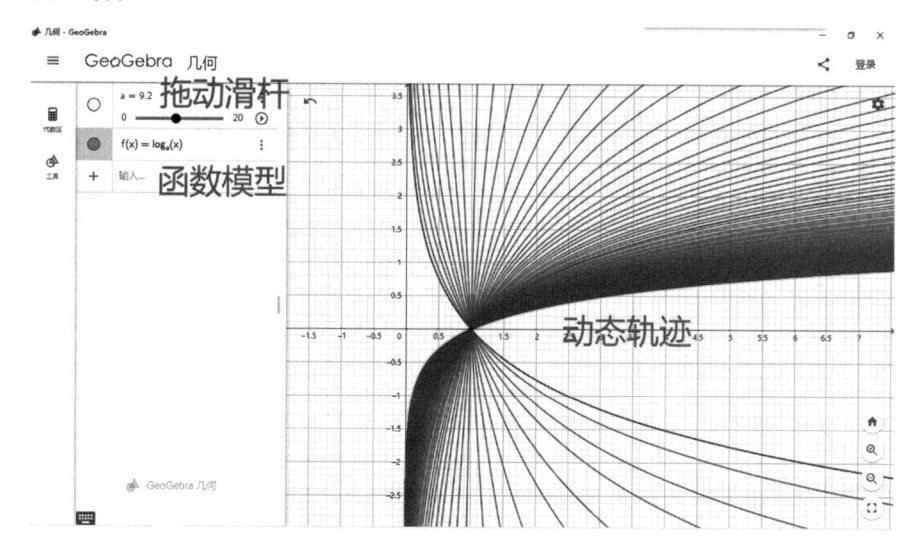

设计意图：通过滑杆工具动态展示底数变化对对数函数图象的影响，让学生直观感受，从而加深对图象性质的理解。同时，设计活动可以让学生思考这种变化规律应该如何解释，激发他们的思维潜力，并深入思考动态图象背后隐藏的规律，如何进行合理的数学解释。通过这种方式，不仅培养学生提出问题的能力和逻辑推理的核心素养，还让他们体会到技术的使用要和思维联系在一起才能有创新，才能实现突破。

教师活动：

问题8：观察以下两组函数图象，你能看出图象及函数之间的关系吗？

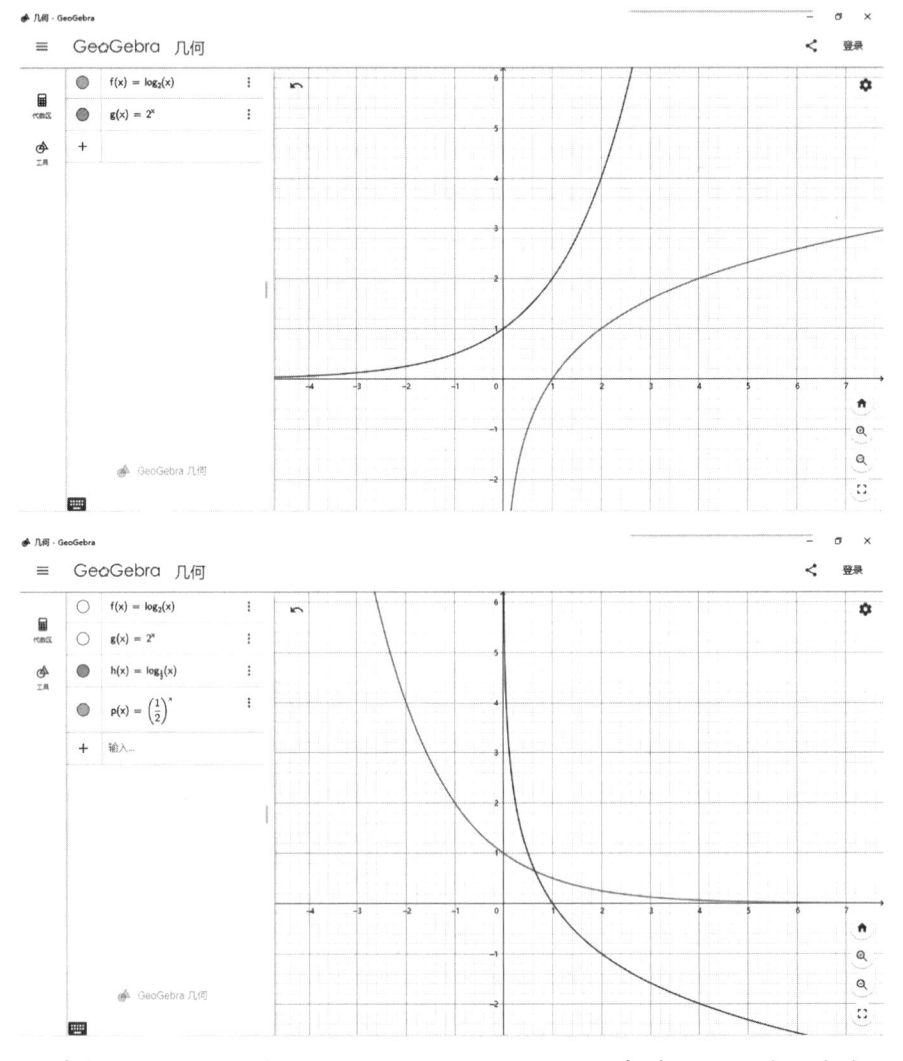

学生活动：发现同底的指数函数与对数函数的图象特征——关于直线 $y=x$ 对称。

教师活动：动态展示同底的指数函数$y=a^x(a>0$且$a\neq1)$与对数函数$y=\log_a x(a>0$且$a\neq1)$的图象。

教师活动：总结归纳反函数概念，一般地，指数函数$y=a^x(a>0$且$a\neq1)$与对数函数$y=\log_a x(a>0$且$a\neq1)$互为反函数，它们的定义域与值域互换。

设计意图：利用GGB动态图象展示的优势，特别是轨迹跟踪功能，能够清晰地呈现图象特征，让数据可视化，更有助于启发学生的数学思考。从而水到渠成地得到反函数的概念。

环节四：巩固练习，性质应用

例题：比较下列各题中两个值的大小：

（1）$\log_2 3.4$与$\log_2 8.5$；

（2）$\log_{0.3} 1.8$与$\log_{0.3} 2.7$；

（3）$\log_a 5.1$与$\log_a 5.9 (a>0$且$a\neq1)$；

（4）$\log_4 3.4$与$\log_{0.4} 3$；

（5）$\log_2 3.4$与$\log_3 3.4$。

设计意图：对本节课所学知识进行反馈检测。

环节五：总结提炼

教师活动：

问题9：（封闭性问题）通过本节课的学习，你获得了哪些重要的知识及思想方法？你认为学习和研究新函数的基本方法是什么？

问题10：（开放性问题）在本节课的学习中，你对数学学习有什么新的体会？

你能否借助GGB软件继续对今天学习的对数函数展开研究,提出新的问题?

设计意图:学生可从知识点、思想方法、研究步骤,甚至对数学的感受等角度谈谈自己的体验。同时还可以让学有余力的同学利用信息技术对指数函数与对数函数图象关于直线 $y=x$ 的对称进行深入思考,带着问题走出课堂,将探究延续到课外。

6.反思感悟

一是传统的告知式教学模式已经无法满足日新月异的教学需求,学生需要更加直观、灵动的教学方式来获得发展思维的机会。他们需要凭借更多的实际操作,经过观察、思考与探究,归纳总结出知识点。如果学生缺少了动手实践的机会,那么将难以培养出新时代的创新型人才。

二是GGB作为一个信息技术辅助教学的优秀软件,将探究式教学在课堂中有机融合,使得教学过程更加新颖有趣,从而能更好地激发学生学习数学的热情,同时也能更加有效地促进课堂教学目标的达成。

三是信息技术在教学课堂中的融合,有利于学生更好地感受新时代气息。教师也需要顺应时代发展,掌握并驾驭先进的教育技术。在教学设计时,要思考选择信息技术的目的是什么,不能仅仅只是给学生展示作图、动画演示。教师要借助信息技术作图和动态演示,既让学生观察、归纳、猜想,让学生根据自己的观察提出问题,深入思考动态图象背后隐藏的规律,也要让学生感受到技术的便捷,更要让学生感受到技术的使用要和问题提出、问题思考、问题解决联系在一起,才能有创新,才能有突破。只有这样,才能真正发挥信息技术的优势,才能让学生在操作和实践中提升自己的核心素养,才能真正将信息技术和数学教学深入融合。

4.3.4 工作室学员论文展示四

读透·补充·活用教材——以"3.1.1函数的概念"解读为例

陈虹

摘要:解读教材是高效教学的先决条件。本文以《普通高中数学课程标准(2017年版2020年修订)》为主要依据,以2019年人教A版《普通高中教科书·数学(必修)》第一册第三章"3.1.1函数的概念"一节为例,对新教材进行解读,深入分析每一个板块的设计意图以及教学中的关键点,提高教学效率的同时,也为后续章节的解读奠定了基础。

关键词:高中数学;新教材解读;课程标准

2019年秋季开始,北京、天津、山东、辽宁、海南等省市开始使用高中数学新教材,贵州也预计在2019年秋季入学的高一年级开始使用新教材。为了保证教学有序高效的开展,教师们需要对新教材有一个比较深入的研究和解读。王国维在《人间词话》中提到了人生的三重境界,下面我们将以"3.1.1函数的概念"为例,探讨一下高中数学教材解读的三重境界,即读透教材、补充教材和活用教材。

1. 读透教材

本轮新教材是依据《普通高中数学课程标准(2017年版2020年修订)》(以下简称课标)编写的,因此,要读透新教材,需要以课标作为依据,回到源头找活水;在教材解读的同时,还需要思考课标要求在教材中哪些地方体现,如何体现。即回到现场看落地。在新教材中,章节内容由前言、正文、提示语(思考、归纳、探究以及正文右侧的说明性文字)以及练习四个部分构成。教材解读中,这些部分都是值得仔细研读的。

1.1 课标解读

课标解读的主要作用在于明确教学的目标,指引教学的方向。对本节的课标内容进行解读后,发现有三个主要目标:一是感悟函数概念进一步抽象的必要性,能够在初中函数概念的基础上完成二次抽象;二是从函数概念的"变量说"顺利过渡到"对应关系说",明确函数指的是数集之间构建的满足一定条件的对应关系,是抽象的概念,与字母表示无关;三是理解函数的三要素,能够进行简单定义域的求解。

1.2 前言解读

1.2.1 章引言解读

"这种关系常常可用函数模型来描述,并且通过研究函数模型就可以把握相应的运动变化规律",这说明了研究函数的应用目标,即我们学习函数是为了利用函数模型研究生活中的运动变化规律。

"函数是贯穿高中数学的一条主线,是解决数学问题的基本工具",这说明教师在教学之前应该熟悉整条主线"函数概念—性质与图象—指、对、幂—三角—函数模型—导数"。只有对整条主线有一定的把握才能更好地完成每一个板块的教学。同时，在课程结束后，让学生梳理这一条函数线索也是学生对学习的一种检测和巩固。

"本章我们将在初中的基础上，通过具体实例学习用集合语言和对应关系刻画函数概念，通过函数的不同表示法加深对函数概念的认识"，这里提前介绍了第一节(3.1.1)的内容，即在学生对函数已有认知的基础上，让学生们通过具体实例体会高中阶段的函数概念，并认识到对应关系并不只有关系式法，还有其他方式可以刻画对应关系。

1.2.2 节引言解读

节前言部分通过两个问题引出了高中定义函数概念的必要性。

问题一：正方形的周长l与边长x的对应关系是$l=4x$，而且对于每一个确定的x都有唯一的l与之对应，所以l是x的函数。这个函数与正比例函数$y=4x$相同吗？按照初中的定义：如果一个变化过程中有两个变量x和y，并且对于变量x的每一个值，变量y都有唯一的值与之对应，那么我们称y是x的函数。初中的函数定义重在变量之间的对应关系，这样的函数可拓展性较小，也不能进行运算。如果将函数抽象为正比例函数，则同一个函数涵盖的内容更广，也可以进行加减乘除和复合运算。因此，需要对函数概念进行抽象，使其脱离原问题背景。

问题二：$y=x$与$y=\dfrac{x^2}{x}$是否相同？根据初中定义，我们会发现x取相同值时，对应的y值相同，学生很容易错认为是同一函数。这让我们进一步思考x应该从哪里取值的问题，从而，在定义中也应该体现范围。因此，需要考虑新的函数定义。

1.3 正文解读

新教材第60—61页问题1、2的叙述结构都是一致的，让学生感受函数定义的结构：非空数集A，非空数集B，对应关系(表达式)，经历这两个问题的归纳，学生很自然能够得到函数的概念。

新教材第61页问题3、4，进一步升华，让学生在建构函数概念的同时，加深对对应关系的认识，对应关系不仅可以是关系式，还可以是图象(问题3)、表格(问题4)等。只要能表示两个数集之间的对应(一对一，多对一)关系即可。

新教材第61页的问题4中提到"恩格尔系数越低，生活质量越高"，这体现了研究函数的一大意义，就是分析变化趋势。

新教材第62页表3.1-1后提到"恩格尔系数r是年份y的函数吗？如果是，

你会用怎样的语言来刻画这个函数？"，开始引导学生发现规律，并应用规律加以总结。此处的自变量年份用 y 表示，再一次体现了函数与表示的字母无关，改变了学生的固有认知，即认为 x 为自变量，y 为因变量。之后，提炼4个问题的共同特征，类比归纳出高中函数的概念（其中有"非空"二字，需要在教学中提前为学生引入，这样函数的概念就显得顺理成章），培养学生类比的意识。

在概念引入之后，书上列举了一次函数、二次函数以及反比例函数（思考），让学生套用函数概念的模式，说明其中集合与集合的对应关系，进一步加深对概念的理解。同时，利用初中所熟悉的知识过渡到高中内容，学生能体会其中的不同和联系，更便于理解。

新教材第63页的例1提出"试构建一个问题情境，使其中的变量关系可以用解析式 $y=x(10-x)$ 来描述"，体现了函数抽象化的意义。研究抽象函数后，可将自变量和因变量根据不同的实际问题赋予不同身份，供我们分析。同时，这也让学生们能够结合自身的经验理解函数。

1.4 提示语解读

新教材第60页的思考：这趟列车加速到350 km/h后，运行1 h就前进了350 km。你认为这个说法正确吗？该思考问题从实际出发，体会了定义域在函数定义中的重要性。

新教材第61页问题2右边的思考栏设置的意图，是让学生体会对应关系相同时，定义域不同，函数也不同；同时，也让学生理解函数的对应关系与表示其变量的字母选取无关。在教学中，应告诉学生同一个问题理解不同，定义域不同，数学是为实际生活服务的，因此要开阔学生的思维，让他们明白这一学科的灵活性和实用性。

新教材第61页问题3右边的思考栏提出让学生找到中午12时的AQI的值，可以让学生体会自变量与函数值之间的对应关系，同时，也能够让学生从图象中根据自变量的值读出函数值，初步体会数形结合的思想。

新教材第62页归纳部分提出让学生们能够在问题1—4的共同特征的基础上，由特殊到一般进行归纳，得到函数的本质特征。引导学生去思考后再进行学习，这比直接给出函数的概念更能让学生加深记忆和理解。

新教材第63页探究部分提出让学生构建其他可用解析式 $y=x(10-x)$ 描述其中变量关系的问题情境，这可以让学生结合自身的生活经验去体会函数的对应关系,发散学生的思维。多视角构建问题情境,实现了学生从记忆、理解和应用的低阶思维向分析、评价和创造的高阶思维的跨越。

1.5 练习解读

新教材第64页练习中第2题,第(1)问就是图象的对应关系识别,而第(2)问则反映了研究函数的优势,可以预测我们未知的数据。第3题中,函数的对应关系无法用解析式表示,这再一次给学生传输一个概念,不是所有的函数都有解析式,只要能表达出对应关系即可。这让学生今后碰到狄利克雷函数、黎曼函数等也不会觉得奇怪,为进一步学习打基础。

2. 补充教材

新课标强调函数教学是在初中变量之间的依赖关系描述函数的基础上,用集合语言和对应关系刻画函数,建立完整的函数概念。这说明教师在解读教材时应该充分考虑学生的已有基础,针对学生在学习过程中遇到的困难进行适当补充和完善。

2.1 前期知识的回顾

本节内容是在初中函数定义的基础上,进行二次抽象所形成的函数概念,章引言和节引言也提到了初中函数概念的重要性。因此,学生在学习新课之前应该对函数的相关概念(函数定义、三类特殊函数)进行复习回顾。

2.2 数学文化的渗透

近年来,高考题目逐渐开始出现有关数学文化的考题,这体现了高考对数学文化的重视程度与日俱增。同时,数学文化与数学核心素养有较大的关联,不仅可以开阔学生和教师的视野,还能培养科学精神,渗透人文思想,提升核心素养,落实立德树人的任务。因此,教材中涉及数学文化的相关知识内容,需要教师在教学中进行补充。本节内容在介绍函数符号时,就提到了17世纪后期德国数学家莱布尼茨第一次将"function"一词作为专门的数学术语。这里的引入背景就可以作为数学文化,渗透学科教学,提升学生们的数学学习兴趣和人文素养。

2.3 教材内容的深化

函数概念生成后,新教材第63页提到了学生初中所学过的三类函数:一次函数、二次函数、反比例函数的定义描述。其中提及解析式时我们可以进一步深化讨论,如一次函数可增加对一次项系数为零的讨论:还是一次函数吗?还是函数吗？应该怎样用初中和高中的函数概念去理解此时的函数（常数函数）呢？

让学生在加深对初中所学具体函数理解的同时，再一次感受函数概念，再一次体会抽象的必要性。

2.4 经验结论的预设

在读透教材后，对于一些知识内容，可以结合教学过程中的经验进行补充，这样有助于学生的后续学习。例如，教材第61页的问题2中，补充书中给出的定义域是什么？有一些学生可能会理解成工作天数也可以按半天计算，也可以不工作等，因此，这里可以给学生一个解读：实际问题中的定义域表示不是唯一的，只要言之有理即可。这就可以避免后期学生会在定义域包不包含0的问题上犹豫。

又如新教材第62页提到"为了表示方便，我们引进符号 f 统一表示对应关系"，实际上在后期教学中，我们往往需要构造新函数，因此，小写英文字母都可以用来表示对应关系。这也是需要给学生补充的内容。

2.5 教材知识的完善

新教材第62页提到"事实上，除解析式、图象、表格外，还有其他表示对应关系的方法"，在教学中，我们也需要对这句话做一定的研究，找到函数除三种常见表示方法以外的其他表达方式。

另外，函数概念中提到了非空数集，而问题1—4只给出了集合，没有强调非空。这让学生们在函数概念生成中突然看到"非空"略显过渡不自然。因此，在教学中描述函数概念时，应该先给学生一个非空数集的印象，以期后续的自然过渡。

3. 活用教材

相较于旧教材而言，新教材更适宜学生自主探究，也就是说可以将该教材作为导学案让学生提前学习。然而，针对不同学生的具体情况，我们可以在使用教材过程中进行一定的调整。

3.1 导学问题的设置

为了更好地帮助学生关注教材的重、难点知识，我们可以设置课前导学问题，引导学生提前准备；课上针对预习中存在的问题，有针对性地进行教学。以本节为例的导学问题可以设置为：

①回顾初中的函数定义是什么？初中学过哪些具体的函数？它们的表达式和图象有何特征？

②结合初中函数定义，思考给定的两个函数是同一函数吗？

③仔细阅读教材，尝试仿照问题1—4，用函数定义描述。

④函数概念中的关键词是什么？

⑤根据预习情况，描述函数的定义域、值域以及函数定义。

⑥构建一个问题情境，使其中的变量关系可以用解析式来刻画。

3.2 探究问题的设置

北京师范大学曹一鸣教授在构建基于"学习——应用——创造"的学科能力表现研究的理论框架时，就强调了数学学习理解能力、数学实践应用能力和数学创造迁移能力。新教材特别注重学生数学学科能力的培养。因此，在课程中，教师可以设置探究性问题，引导学生们讨论、应用知识；课下，也能够通过设置探究性问题，初步培养学生的研究意识，在检验学生的学习掌握情况的同时，培养学生的数学表达能力。

本文仅以"函数的概念"一节为例论述了解读教材的三重境界，后续，可以按照该框架，在课标的引领下，完善对整套新教材的梳理和研究，真正做到高效、高质地使用新教材。

4.3.5 工作室学员论文展示五

函数的概念第二课时分析和解读

卢锡娟

教学重点：

(1) 求简单函数的定义域；

(2) 初步理解符号 $f(x)$ 的含义，会由给定的自变量与函数的解析式计算函数值；

(3) 会判断两个函数是否为同一函数。

教学难点：

(1) 能初步理解函数符号 $f(x)$，并体会整体代换思想；

(2) 会判断两个函数是否为同一函数。

教材研读:2019年人教A版《普通高中教科书·数学(必修)》第一册第三章第64页—67页的内容。

1.区间的概念

1.1 新旧教材对比

相比旧教材,新教材中增加了表3.1-3的内容,对$[a,+\infty)$,$(a,+\infty)$,$(-\infty,b]$,$(-\infty,b)$作了进一步的解释说明。

1.2 对增加内容的理解

这一增加内容我们并不陌生,在必修一教师用书里有所体现。把表格加入新教材,意在规范区间的表示,帮助学生更准确地掌握区间的表示。

1.3 教学建议

这部分内容虽然数学符号多,但不难理解。可以让学生在课前阅读,完成导学内容,再针对学生出现的各种问题进行解答,并规范书写。需强调以下几点:

(1)区间是集合;

(2)区间的左端点必须小于右端点;

(3)以"$-\infty$"或"$+\infty$"为区间的一端时,必须是小括号。

1.4 几点困惑

(1)表格3.1-2和3.1-3中数轴的表示是否可以延续北师大版《义务教育教科书·数学》八年级下册书中数轴的表示,北师大版数轴的表示方式学生更容易接受;

(2)建议对"无穷大"、"正无穷大"和"负无穷大"有一个官方解释。尤其是"负无穷大"。

2.新教材第65页例2的分析

2.1 对题目"已知函数$f(x)=\sqrt{x+3}+\dfrac{1}{x+2}$"的分析

这是学习了函数概念后首次用$y=f(x)$表示函数,这与学生初中学习的函数表示是不一样的。例题旁有符号说明,"$f(x)$表示x对应的函数值,而不是f乘x"。

除此之外,在教学中应关注以下几点:

(1)本题用$f(x)$,f表示对应关系;若用其他字母表示也可以,如$h(x)$、$H(x)$等,注意书写的规范;

(2)$y=f(x)$表示y是x的函数,f是对应关系,x是自变量;$s=h(v)$表示s是v的函数,h是对应关系,v是自变量,为之后的学习做准备;

(3)函数$f(x)=\sqrt{x+3}+\dfrac{1}{x+2}$也可以表示为$y=\sqrt{x+3}+\dfrac{1}{x+2}$。

2.2 对例2问题的分析

第(1)问"求函数的定义域":

关键词是定义域,那定义域是什么呢?引导学生回归教材,教材第62页函数的概念中指出:$y=f(x),x\in A$。其中,x叫作自变量,x的取值范围A叫作函数的定义域。该例题下方的分析中指出:函数的定义域就是指能使这个式子有意义的实数的集合。结合书中的两处对定义域的诠释,让学生对定义域有更深刻的理解。还需让学生明确以下几点。

(1)定义域是自变量x的取值范围所构成的集合;

(2)使得这个式子有意义的自变量的集合是将每一个小集合求交集;

(3)在解题过程中,将集合$\{x|x\geq -3\text{且}x\neq -2\}$转为区间表示,需注意连接符号是"$\cup$",而不是"或"","等,强调区间书写的规范性;

(4)会求简单函数的定义域,引导学生归纳:

①分母不能为零:$y=\dfrac{1}{x}(x\in\{x|x\neq 0\})$;

②负数不能开偶次方根:$y=\sqrt{x}(x\in\{x|x\geq 0\})$;

③补充:$y=\dfrac{1}{\sqrt{x}}(x\in\{x|x> 0\})$。

第(2)问"求$f(-3),f\left(\dfrac{2}{3}\right)$的值":

让学生体会$f(-3)$表示当$x=-3$时,函数$f(x)$的值;$f\left(\dfrac{2}{3}\right)$表示当$x=\dfrac{2}{3}$时,函数$f(x)$的值。

第(3)问"当$a>0$时,求$f(a),f(a-1)$的值":

首先,引导学生关注a的范围,是否在定义域的范围内,进而判断能不能将a代入函数解析式求函数值。让学生在解题过程中进一步体会:当a是常数时,$f(a)$表示当自变量$x=a$时函数$f(x)$的值,是一个常量,而$f(x)$是自变量x的函数,$f(a)$是$f(x)$的一个特殊值。

在求$f(a-1)$时,同样关注$a-1$的范围,解释$f(a-1)$表示当自变量$x=a-1$时函数$f(x)$的值,即将$a-1$看作一个整体代入函数解析式中,培养学生整体代换的思想。

思考:虽然本题相对简单,但学生理解函数符号却是需要一个渐进的过程,学生对于对应关系f的意义及作用的体会也是由浅入深的。可以让学生谈谈对于对应关系f的理解。具体来说给定$f(x)$,在定义域内,赋予x一个值,则$f(x)$就有一个对应的值。这里对x赋值,既可以是具体的数,也可以是一个代数式,对应关系是联系自变量x和函数值$f(x)$的纽带。

3.判断两个函数是否为同一函数

新教材第66页"如果两个函数的定义域相同,并且对应关系完全一致,即相同的自变量对应的函数值也相同,那么这两个函数是同一个函数"替换了旧教材第18页"如果两个函数的定义域相同,并且对应关系完全一致,我们就称这两个函数相等"新教材中把"两个函数相等"的说法换成了"两个函数是同一函数"。

新教材第66页第二段为新增内容,通过举例说明,当两个函数对应关系相同但定义域不同时,它们不是同一函数。新教材66页第三段也为新增内容,意在通过举例说明函数的表达与字母的使用无关,为后面例3的学习奠定基础。这样的编排更利于学生自学,体现了教材的可读性,解决了节引言中的问题。

4.对例3的分析

4.1 题目表述

由原来的"相等"变成了"同一函数",解答过程中的说法也相应改成了"(不)是同一函数"。

4.2 函数表达式

(1)$y=(\sqrt{x})^2$和(3)$y=\sqrt{x^2}$没有变,(2)$u=\sqrt[3]{v^3}$和(4)$m=\dfrac{n^2}{n}$表达式中字母变了,再一次让学生体会函数的表达与字母的使用无关。

4.3 解答过程

四个函数及定义域的书写在新教材中更统一,意在强调定义域必须用集合表示,教学中需强调定义域必须用集合或区间来表示。解答过程体现了定义域优先法则,即先求定义域,再对函数进行化简。同时也回答了节引言中"$y=x$与$y=\dfrac{x^2}{x}$是否相同"这一问题。

4.5 例3旁的说明文字

"也可以利用信息技术画出例3中四个函数的图象,根据图象进行判断",这不仅给出了判断两个函数是否为同一函数的另一种方法,也在鼓励学生运用信息技术学习、探索和解决问题。新课标特别提出了理解函数图象的作用,目的是培养和提高学生直观想象的能力和数形结合的意识。新教材对于函数图象的要求有所提高,而且其要求是理解层面的,这个变化会在后续学习函数性质中进一步体现。

4.6 新教材第66页的"思考"

通过比较初中、高中阶段所学的函数定义,学生能够深刻理解引入新定义的必要性,从而提升对函数概念的认识。

该"思考"体现了新旧课标的细微区别。这种"思考"的设置和后续的阅读与思考、文献阅读与数学写作是一个整体。新教材的意图是让学生从写简单的学习体会或感悟,再到收集、阅读函数形成与发展的历史资料,撰写小论文论述函数发展的过程、重要成果、主要人物、关键事件及其对人类文明的贡献。这说明新教材注重数学文化的渗透,也体现了数学文化的育人功能。因此,对于"思考",教师也应该有自己的设计,而不能只是简单让学生思考而已。

结合这两节课所学知识,对初中、高中分别出现的函数定义进行比较。从定义的联系和区别、符号的差异、学习的感受等谈谈你对高中函数定义的理解,写一篇不少于200字的心得体会或学习困惑。

5. 习题解读

新教材第67页练习第2题,第(1)问和第(2)问是从特殊到一般的过程,意在让学生体会由给定的自变量与函数的解析式计算函数值的过程;通过第3题第(2)问给学生补充函数 $y=x^0$ 的定义域。

反思:进入高中阶段的函数教学,不论是概念的教学阶段还是后续函数性质的教学阶段,抽象的、符号化的函数语言是学生学习函数的难点。函数的语言有三种,反映函数代数特征的描述性语言、数学符号语言、反映函数几何特征的图形语言。要掌握这三种函数语言之间的相互转化:一是能够把描述性语言所表达的函数的代数特征转化为数学符号语言;二是在理解数学符号化语言的基础上,用描述性语言准确表达出它所描述的函数性质;三是将函数对应的代数特征反映在几何图形上,说出其几何特征。有时候需要先把描述性语言所表达出的函数性质体现在图形上,再用抽象的数学符号语言去表达。因此,提高函数教学质量的突破口在于实现这三种语言的有效转化。

附:课前导学

1.阅读教材,填写下列表格:

定义	名称	符号	数轴表示
$\{x\|a \leqslant x \leqslant b\}$	闭区间		
$\{x\|a < x < b\}$	开区间		
$\{x\|a \leqslant x < b\}$	半开半闭区间		
$\{x\|a < x \leqslant b\}$	半开半闭区间		
$\{x\|x \geqslant a\}$			
$\{x\|x > a\}$			
$\{x\|x < b\}$			
$\{x\|x \leqslant b\}$			

2.根据初中学习的知识,写出下列函数中 x 的取值范围:

(1) $y=2x+1$；　　　　　　(2) $y=\dfrac{1}{x}$；　　　　　　(3) $y=x^2+x$

3.认真阅读教材,试着写出下列函数的定义域:

(1) $y=2x+1$；　　　　　　(2) $y=\dfrac{1}{x}$；　　　　　　(3) $y=x^2+x$

4.(1)已知 $y=2x$,则当 $x=1$ 时,$y=$＿＿＿＿；当 x 时,$y=$＿＿＿＿；

(2)已知 $f(x)=2x$,则 $f(1)=$＿＿＿＿,$f(a)=$＿＿＿＿。谈谈你对函数符号 $f(x)$ 有什么认识?

5.计算:

(1) $\sqrt{(-3)^2}=$＿＿＿＿,$\sqrt{9}=$＿＿＿＿；(2) $\sqrt[3]{-8}=$＿＿＿＿,$\sqrt[3]{-8}=$＿＿＿＿。

思考:(1)若要使得 $\sqrt{a}$ 有意义,则 a 需要满足什么条件?

(3) $\sqrt{x^2}=$＿＿＿＿＿＿＿＿,$\sqrt[3]{x^3}=$＿＿＿＿＿＿＿＿＿。

6.（1）你认为函数 $y=x$ 和函数 $y=\dfrac{x^2}{x}$ 是同一函数的吗？

（2）你认为函数 $y=x$ 和函数 $u=v$ 是同一函数的吗？

4.3.6 工作室学员论文展示六

数学教学中学生抽象能力的培养

袁阳庚

摘要：在教学过程中，数学抽象是学生数学素养的支柱，是评判学生思维水平的基石，也是学生拉开差距的主要因素。因此，帮助学生提升抽象能力，有利于提升学生高中数学的学习水平，能够让学生更加深入地理解几何等知识，有效提升数学素养。抽象思维能力的拓展对学生未来发展有重要意义，能够带动学生的创新能力，以高中数学教学为载体，培养学生的抽象能力，符合学生未来发展的需要。

关键词：高中数学；抽象能力；培养

1.高中数学教学中学生抽象能力提升的阻碍

1.1 唯成绩论教学，影响学生抽象思维延伸

应试教育影响深远，考试成绩往往被当成是衡量教师教学质量和学生学习状态的唯一依据，特别是高中阶段的教师和学生均面临巨大的高考压力。高中数学作为重要的基础科目之一，其分值的高低直接影响学生的高考排名。抽象能力的培养对学生主观思维要求较高，而主观意识的改造往往时间长且内容复杂，因此，教师往往将有限的教学资源集中在数学基础知识的教学和应试技巧的教导上，以此满足学生考试的需要。据了解，高考卷面成绩约80%为基础知识内容，其他为重点难点的测试。抽象能力往往集中表现在卷面难题上，因此，这部分内容经常被教师忽视。

1.2 后进生基础能力低，成为强化抽象能力培养的阻碍

学生的数学素养参差不齐，相当一部分基础能力欠缺，后进生相对总量大，人均教学资源相当紧缺。目前我校依然采用大班化教学，通常高中各班学生人数超过50人，并有增加趋势。面对学生的数学基础处于学业水平要求之下且差异明显的情况下，单凭教师一人之力，难以在有限的时间对所有学生进行针对

性教育活动。高中数学抽象能力的提升是高阶教育行为。一般的教学提升活动是指,在原有教学活动的基础上展开,但后进生的基础能力差,数学逻辑思维和抽象能力薄弱,教师难以照料。现实中,教师按照教学要求进行抽象能力的提升教学,容易拉大班内学生的成绩差距。教学内容若超出后进生的理解范围,便会出现后进生"陪读"的问题,反而损害其学习利益。但若教师降低教学难度,则会占用优生的教学资源,也会影响优生数学水平的进一步提升。

2.高中数学教学中学生抽象能力提升的方法

2.1 在概括文本知识中引导学生提升理解分析能力

不论是对概念的阐述、定理的解释以及各种题目的呈现,都需要学生进行高效的文本阅读,迅速地掌握有价值的信息。在学生阅读文本的过程中,老师通过激发学生的思考,引导学生进行对比、分析,由特殊到一般,逐步训练学生的抽象思维。比如在教学三角函数的概念时,引导学生仔细地阅读教材中对三角函数的定义,让学生在阅读中,通过自己的理解,思考三角函数概念的内涵和外延。在这个基础上,再让学生阅读教材中关于三角函数图象的介绍,借助观察三角函数的图象,总结三角函数的性质,发现三角函数图象的特点等。在这个过程中,老师引导学生一边阅读,一边观察,一边思维,口、眼、脑并用,可使学生循序渐进地学习数学基础知识,更加深刻全面地认识三角函数。同时,分析概念的内涵与外延,不仅能训练学生的逻辑思维,还能锻炼他们的抽象概括能力。课堂上,教师结合提问式教学,引导学生进行思考,让学生带着问题参与课堂教学活动,有助于学生提高专注力以及提升抽象思维拓展训练的效率。

2.2 利用多媒体教学强化学生的理解能力

抽象性问题对学生的影响集中体现在理解方面,因此,帮助学生提升抽象能力的关键在于让学生对数学问题保持清晰的理解思路。教学时可以利用多媒体的便利性和素材的丰富性,帮助学生对知识内容进行梳理和理解,例如采用立体三维的方式,让学生加深对几何内容的理解,采用图文结合的形式梳理函数内容等。教师提前制作课件,能够节省课堂口述和板书的时间,让学生有更加充足的时间进行思考。在日常课堂教学上,习惯性采用提问式教学法,让学生带着问题参与教学活动并不断思考,有利于以探究性思维带动学生的逻辑思维和抽象思维。利用多媒体进行教学活动,结合视频的形式开展,或是通过学生自己动手制作模型等方式,由直观到抽象阶梯式上升,帮助学生摆脱传统教学的沉闷感觉,激发学生的学习兴趣。在日常练习中,鼓励学生积极参与并主动突破瓶颈,带动抽象思维的提升。此外,多媒体课件还可以课后发送给学生,便于学生自行复习,从而有效节省课堂教育时间,提升教学效率。

2.3 由浅入深阶段性练习提升学生自信心

学生抽象能力的提升离不开大量的练习,在实践过程中应不断巩固学生的基础知识,让学生对技巧方法更加熟练。教师可以由浅入深地采取阶段性的练习,逐步帮助学生进行提升。这样有利于教师了解学生的学习水平,及时调整教学策略,也能让学生在不断突破学习瓶颈的过程中,逐步树立学习自信,提升学习积极性。教师可结合激励性教学法,在学生进步过程中不断表扬,以荣誉感带动学生的学习主动性。面对学习困难的学生,教师应该积极引导,帮助他们解决困难,保持学习顺畅,避免产生厌倦气馁的心理。在练习的过程中,教师可以帮助学生制作错题集,将练习的错题进行统一归纳整理,便于日后检视自身的不足。通过错题集,教师还能够掌握学生抽象能力的情况,针对性地帮助学生解决问题。高中数学教学中,学生的抽象能力是学生数学素养支柱之一,也是学生学习成绩能否提升的关键。这时就需要教师根据学生的实际情况,对学生个案进行深入探究和分析,对普遍情况准确把握,结合学校实际情况出现的问题,制定科学系统的解决办法,以帮助学生快速成长,逐步培育学生数学素养。

4.3.7 工作室学员论文展示七

精心设计数学问题,让学生在体验中思考
—— 一节随堂听课的课后感悟

薛佳

问题是数学的心脏!教学目标的落实最终体现在学生问题解决上。在数学教学中精心设计问题,可以调动学生的学习积极性,推动学生积极思考,有利于培养学生分析问题、解决问题的能力。下面以学校教学月活动中所听的一节课"数学归纳法"(第一课时)为例说明。

提问,在课堂上表现为师生之间的对话,是一种教学信息的双向交流活动,是课堂讲授的主要手段,同时也是教师获得学生对所授知识掌握程度这种反馈

信息的重要形式。但提问是否有效,应该和学生的学习兴趣是否激发联系起来,应该和学生的学习目标是否达成联系起来,应该和学生的思维是否激活联系起来。

1.问题设计要立足学生认知基础,搭好台阶

教师要明白,能够激发学生学习兴趣,促进学生深入思考的提问才是有效的提问。课堂提问不能太易或太难,有经验的老师提问,总是在已知区与最近发展区的结合点,即知识的增长点上设问的。具体而言,教师提问应位于学生认知的最近发展区内,以学生的已有知识为前提,通过阶梯性的设计,层次性地跟进,使学生认知结构中的最近发展区上升为已知区。在本节课的引入环节,授课教师设置问题:在数列$\{a_n\}$中,$a_{n+1}=\dfrac{a_n}{1+a_n}$($n\in \mathbf{N}^*$),求出数列的前4项,你能得到什么猜想?这个问题的设置立足于学生学习数学归纳法的基础,先利用递推公式计算,再通过对计算的结果进行观察、归纳、猜想,每一个学生都能参与,问题的设置位于学生认知的最近发展区内。接着教师追问:你能求出该数列的所有项吗?通过追问引发学生思考并得出结论:这是一个无穷数列问题,没有办法去求出该数列的所有项。这时,教师再提出问题:你能否类比多米诺骨牌游戏,找到利用有限的步骤解决问题的方法?这不仅激发学生的思维,还引导他们重新思考多米诺骨牌游戏背后的规则。这样的教学设计为学生学习数学归纳法奠定了良好的基础,符合学生的认知规律。

2.问题设计要面向全体学生,由浅入深

虽然课堂提问一般总是由几个学生来直接回答,但提问的目的却是希望全体学生都参与进来,这也是学生主体地位的体现。因此,必须面向全体学生提出问题,设置恰当的活动促进学生的参与。教学中,教师若能在无疑之处设疑提问,在看似浅显的地方做深层的解剖,引导学生的思维进入更深的层次,才能进一步提高学生思考的欲望,刺激和诱发学生不断深入探索。在教学过程中,教师先设计了系列问题链,让学生梳理多米诺骨牌能全部倒下的原因,即第一块骨牌倒下,且前面的骨牌倒下能导致后一块骨牌倒下。教师就此追问:如果骨牌有无数块,在同学们刚提出的规则下,能否倒下?通过及时追问,让学生体验到,规则适用于骨牌数无限的情况。此时教师顺势提出问题:你能否类比多米诺骨牌的规则,证明你的猜想,并将证明的步骤用数学形式表达?通过这样

的问题设计,学生经历了由生活语言转化为数学语言,进一步提炼抽象,得到数学归纳法的证明原理,使学生及早进入最佳学习状态,从而提高课堂教学效率。

3.问题设计要设疑激趣、激活思维

问题的设置不仅要让学生发现知识的发生过程,更要让学生实现知识的迁移。教学中有时需要教师创造出一种新鲜的、能激发学生求知欲望的情境,使学生原有知识经验和接受的新信息相互冲突而产生心理失衡,从而使学生的思维火花得到迸发。学起于思,思源于疑。如果教师的问题设置能激发学生的认知冲突,激起学生认知结构内的矛盾,能使得学生的求知欲由潜状态转入显状态,那学生的思维就真正被激活了。在教学过程中,教师为了强化学生对数学归纳法三个步骤的理解,设置了一个错误辨析的问题:你认为下面的利用数学归纳法证明的方法是否正确?说说你的理由。这个问题设计得很恰当,在学生利用数学归纳法证明时常常出错的地方设置问题,让学生通过纠错来加强对数学归纳法证明的步骤的理解,通过辨析、讨论、交流,加深了对数学归纳法既要证明初始值时成立,为证明打下基础,同时要证明其中的递推关系。证明中,假设$n=k(k\in N^*)$时命题成立,进一步证明$n=k+1$时命题成立,是为了验证其中的递推关系,并不是证明命题本身是否正确。从课堂学生的反应来看,如上的设计是有效的,学生也能积极参与到对问题的探讨中来。可是,仔细一想,还是存在一些问题,这些问题的跨度有点大。如果让学生先做,再选择其中的典型错误做法让学生自己判断和辨析,这样做让他们获得更多的实践体验,并从体验中获得数学归纳法证明原理的深入认识,从而大幅提高教学效率。

当下,基于核心素养这一热点,教师会将研究视角更多地指向核心素养在教学实践中的应用,但要使得核心素养培育真正落地,还需要教师在教学过程中,发展学生的思维品质,培养学生的数学关键能力。在教学中,教师应该以问题的形式驱动学生参与其中,让学生体验,让学生思考,让学生表达,让学生感悟,培养学生提出问题、分析问题的能力,形成解决问题的思维能力。这样,学生收获的就不仅仅是知识,更重要的是探索知识的思想和方法。这样的数学教学才会有生命力!

4.学员自身发展研修感悟

三年来,通过与导师、学员们的共同学习研究,在课堂观摩、研讨、改进的过程中,工作室的教师不断成长。在研修过程中,聚焦课堂,以学习目标为抓手,利用课堂观察改进教师教学行为；以核心问题为切入点，提高教师教学的有效性，打造核心素养导向的数学课堂模式，进一步从关注"教"转向关注"学"；通过单元教学和"三教"提升学生学习能力，构建高中数学"生本课堂"。

工作室的研修形式立足课堂，以课堂研究为主线索，在课堂中发现问题，在问题中提炼课题，在课题中探索研究，在研究中实践反思，在反思中改进课堂，形成了独具特色的"环节问题式"常态教研、"主题互动式"专题教研、"行为改进式"教学研究。工作室成立三年来，立足课堂、教学改进是工作室研修的常态，新课标和新教材学习是工作室学习提升的方向，"三教"理念在高中数学课堂的落地是工作室实践的目标。工作室通过跟岗研修、送课送培、网上研修、专题研讨、联合教研等方式，形成了富有特色的工作途径。为促成工作室在教育脱贫攻坚中发挥有效的作用，通过对威宁民族中学、织金二中[1]、罗甸县边阳中学的送培送教，助推三校教师专业发展，三年来在对外引领和示范中发挥了良好的作用并产生了积极的效果。

工作室学员师德高尚、敬业爱岗、刻苦钻研、锐意进取，具有团队合作精神。学员发展目标在其原有程度上有了进一步的提高，成果较为突出，四位教师获得市级骨干教师，五位教师成为区级骨干教师和市级教坛新秀，有近一半的教师晋级晋岗；工作室主持人和学员参与的教科研和教学成果，获市级科研成果一等奖两项，二等奖两项，省级科研成果三等奖两项；成员和学员多次承担县区级以上示范课和专题示范讲座。

下面记录和分享几位学员的学习体会和研修感悟。

（1）卢锡娟老师的研修体会。

从2020年参加工作室研修以来，通过各种专家讲座、听课、评课、课堂观摩活动，我的教学研究水平得到逐步提升。在市级示范课、优质课的设计打磨过程中，我得到了工作室伙伴们的无私帮助，也得到了徐涛老师的指导，不仅取得了进步，还提升了自身的教学科研水平，在区级、市级、省级的各种教学技能比赛和优质课比赛中获奖。

通过这样的平台，我认识了更多优秀的教师，也看到了自己的不足。工作室的联合教研和学习交流活动，让我感觉收获满满。在徐涛老师的鼓励下，我也积极申报市级课题，并成功立项，这些成长的背后都离不开工作室整个团队的支持。

---

[1] 贵州省织金县第二中学。

(2)崔莹老师的研修体会。

首先,很感谢徐老师搭建的这样一个平台,并且很荣幸能加入这样的团队。在这样的团队中,不仅有徐老师这样专业资深的教师带着我们学习前进,同时学员们也会通过互学互研,碰撞出许多教研心得的火花。这让人真实感受到这个团队在推着每个人前进。

另外,工作室的活动很丰富,每月都会有学习或交流研讨。线上的交流研讨主要针对新教材进行学习和讨论,通过学习、解读教材以及对不同版本教材进行对比分析,学员们确定教学目标和重难点的能力有了较大的提升。线下的研修主要以课堂观摩和专家讲座为主,团队学习氛围浓厚。同时,工作室还组织了联合教研和"一题一课"学习交流活动,工作室学员通过课堂观摩、同课异构、听课评课,感觉受益匪浅、收获满满。

除此之外,我印象很深的还有徐老师每学期给我们分享的读书清单,督促我们写读书心得。清单上的书都是他自己看了觉得好推荐给我们的,甚至有些是他看了四五遍的书。

总之,在工作室中,作为学员既能学习到新的教学理论,又能通过教学实践提升自己的教学能力,更重要的是在团队的研讨活动和课题研究活动中,积极思考、参与讨论、交流感悟的过程,促使我不断成长和进步。

有句话说得好,一个人可以走得很快,但一群人可以走得更远。成为工作室学员的我们,不仅能感受到团队的温暖,还能感受到自己的进步。通过一年多的学习和研修,工作室学员在优质课比赛、教学设计评比、微课比赛、课题研究等领域取得了不错的成绩。我参加了教学设计比赛和微课大赛,并且都获了奖,这让我有了更强的自信心,也坚信只要坚持学习,不断实践研究,就一定能成为一名优秀的数学教师。

(3)李青老师的研修体会。

2020年至今,在贵阳市徐涛名师工作室的引领下,在徐涛老师的悉心指导下,在团队学员的相互促进下,在专家老师的不吝指教下,本人的教育教学水平得到了提升,在各级各类的教学评比中获奖,也承担了很多示范课。总之,三年的学习让我长见识,悟道理,不断地成长为更成熟的数学教师。

三年来,我积极参与工作室以新课标解读和新教材研读为研究方向的各项培训活动。同时,我加入了贵州师范大学吕传汉教授的研究团队,以"三教"教育理念为指导,以"一题一课,多解变式"为切入点,开展了一次主题研讨活动。通过此次活动,我们探索了数学高考复习应试能力提升与数学素养培育的有效机制。这让我对"三教"教育理念有了进一步认识,也试着通过日常教学开展实践研究。

借助网络资源,开展研修学习——让学习随时随地进行。工作室将理论学习分为两种,一种是学员自主进行读书活动,以新课标解读和新教材研读为研究方向,利用网络平台展开初步研究,通过撰写读书笔记进行自主学习;另一种是参与网络学习,特别是研修网的新教材培训,学员们可以通过撰写学习心得体会、教学案例、论文等形式提高自身的研究能力,培养自己的自主学习意识。

通过参与校内优质课评比活动,我不仅提升了自己的教学技能,还拓展了视野。在工作室老师们的帮助下,我在优质课比赛中取得了二等奖的好成绩,在贵阳市"一师一优课、一课一名师"活动中获一等奖,在贵州省"一师一优课、一课一名师"活动中获二等奖。

在工作室开展的课堂观摩研讨活动中,我通过观摩课堂和聆听专家讲座,有效提升了教学实践能力并拓宽了专业视野。特别值得记录的是,在我准备的"三新"改革示范研讨课——函数的奇偶性的打磨和研讨中,贵阳市教科所专家邱云峰老师与工作室学员代表共同参与了课例研磨与教学策略交流。通过专家和团队成员的精准把脉和针对性指导,我的专业能力得到了有效巩固和显著提升,2021年我有幸评为贵阳市骨干教师。

我还参与了"三新"改革推动常态教研,促进普通高中教育高质量发展——2022年贵阳市新课程新教材新高考改革主题研讨活动。我执教了2019年人教A版《普通高中教科书·数学(必修)》第二册"总体集中趋势的估计"一节内容。课堂中,我设计了合适的问题链,使得学生形成思维链,旨在培养学生爱思考、会学习的能力。层次递进的教学设计,深入浅出的讲解,培养了学生逻辑推理和数据处理的能力,赢得了贵阳市第六中学章敏华老师等听课老师的一致好评。

在三年的培训学习期间,通过研究新课标和新教材,开展"三教"引领下高中数学"长见识、悟道理"的实践探索以及在新课程背景下进行高中生自主学习能力培养的实践研究,我显著提升了自己的教育教学水平。

（4）陈虹老师的研修体会。

在徐涛老师的带领下，我与工作室的伙伴们逐步成长。时间匆匆流逝，转眼间进入这个温馨而又积极向上的名师工作室已经三年了，这三年的工作、学习和实践虽然紧张繁忙，但我感觉收获多多，感慨多多。在这三年中，我认真地学习教育理论，深入钻研新教材、新教法，体会新课程改革的理念价值，努力提高自己的业务能力，读优秀的教育教学文章，从中获得启发和提升。通过积极参加听课、评课等活动，在研讨活动中，能就课堂教学、教材教法及教学实践问题等方面进行切磋交流，从而促使自己在实践中不断感悟，在感悟中不断提升。

（5）李明星老师的研修体会。

从教几年来，正好处在课改的大洪流中，从我自身和周围同事的教学实践中，我一直在摸索如何能让孩子们快乐学数学，如何让我的课堂成为学生们喜欢的数学课堂，如何让孩子们想学数学的有效方法，然而总觉得没有什么突破，犹如闭门造车。而今，本人有幸成为徐涛名师工作室的一员，希望在此工作室的培养下，积极提高自身的思想和业务素质，成长为一名学习型、研究型的教师，适应现代课堂，走上教师专业化发展的道路。

（6）陈宇老师的研修体会。

时间如白驹过隙，转瞬即逝。参加徐涛名师工作室已经三年了，在这三年中，我受益匪浅，收获颇多，不仅开阔了视野，也提升了自身的教育技能。徐涛名师工作室的平台不仅为我的个人发展提供了机会，同时也使我认识到自身的不足。

加入名师工作室后，为促进自身素质的提高，我积极参加工作室组织的各项教研活动，不仅学到了很多教育教学理论，如一题多解、多解变式、"三教"理念等，还开阔了视野。一名合格的教师，不仅应该教学好，教研水平高，更重要的是还要以教书为手段，最终实现育人的目的。三年来，我始终以饱满的热情投入我所热爱的教育事业中。

此外，徐老师给我们推荐了一些好书，如《基于培育数学核心素养的行动：解题课例研析》《普通高中数学课程标准（2017年版2020年修订）》，还推荐了中国大学MOOC等电子学习平台。多读一些好书，多学习别人的思想，会让自己思维永远活跃、才思不绝、情操高雅。教师如果不学习，教研活动就会成为无本之木，无源之水。我在平时注重学习，不断地充实自己，积极参加省、市、县和学校组织的各类教研活动,珍惜每一次教师培训,做到勤学习、善思考、勤动笔。徐老师为我们组织了一次该怎样选题方面的专题讲座,再次为我在科研之路上提供了宝贵的指导。

我们的教学工作必须从最基本的常规工作做起,只有艰苦锻炼,不断磨砺,才能取得成功。因此,做好教学常规,成了我工作中最重要的一步。在日常的教学中,我认真钻研教材,潜心研究教法,分析教材的重点、难点,认真备好每一堂课,上好每一堂课。在课堂上,我运用所学的理念开展教学,重视调动每位学生的学习积极性,体现学生的主体地位,把教学改革的新理念真正落实在课堂里。

从书本上得到的知识终归是浅薄的,最终要想认识事物或事理的本质,还必须依靠亲身的实践。只有这样,才能把书本上的知识变成自己的实际本领。卢校长的讲座指出,我们每一名教师只有走教、学、研之路,开展切实有效的行动研究,才能使平时的教育教学工作上升到一定的高度。因此,我积极参加工作室和学校的教研活动,将自己的教学资源、教学反思、学习体会等整理后记录在笔记本上和老师们一起交流,期待一起成长!

回顾三年名师工作室的学习工作,我觉得进步不小,当然也存在着一些不足。例如,在科研一头(方面),自己努力的程度还远远不够,离工作室的要求还有一定的距离。文章撰写是我的弱项,今后我要将提高文章撰写能力放在首要位置,要学会对自己的文章进行剖析和修改,促进撰写能力的提高,争取文章顺利在教育刊物上发表,以更好的成绩证明自己的能力。在今后的工作中,我将继续发扬自己的优势,努力改正自己的不足,以更高的标准来严格要求自己,力争在教学、科研上都取得更大的进步。

(7)彭毅老师的研修体会。

我加入徐涛名师工作室学习快三年了,在这近三年时间里,可以分为两个阶段。刚开始参加工作室学习,在学校里慢慢熟悉了各位教师后,自己也开始活跃起来了,从新鲜到投入。在工作室的培训中,专家们以鲜活的实例和丰富的知识内涵及精湛的理论阐述,使我的教育教学观念发生了很大的变化。更重要的是,我从专家们的身上学到了一些做学问和做人的道理。通过学习,我在思想上受到很大的震撼,一些教育理念也彻头彻尾地改变了。

培训结束后,我对自己以前的工作方式,作了较大的调整。针对我自己的课程安排，对学生、对自己、对学习负责，我认为坚持上好课、上公开课、上优质课，才能让自己更快地成长。就拿我自己上过的优质课来讲，我从开始写教案到磨课，然后上公开课，有问题就改，改了又上，上了又改，最后才把自己的优质课定下来。就像郑亚君老师讲的那样：发展自己是我们每个人真正的大事。人的一生也就是为了自己的发展和自我的实现。占有时间，勤奋积累，时间很重要，但更重要的是我们怎么去利用。要研究每一个目标，把握每一个机会。我获得了区级优质课一等奖，论文评比二等奖，课题也已经在区里立项了。路漫漫其修远兮，展望未来的工作与学习之路，虽是充满无尽挑战又艰难曲折的，而我却愿在这无止境的追求中怀着快乐之心去追求并实现自己的梦想。

(8) 王忠娅老师的研修体会。

自2020年加入徐涛名师工作室以来，我曾多次参加工作室培训、听课评课活动以及教学教研活动等，其间多次得到主持人徐涛老师的指导，在市级、区级比赛中均取得了良好成绩。

(9) 熊春华老师的研修体会。

成为徐涛名师工作室的一名学员，这是对我的一种鞭策。在工作室的三年里我得到了专家和名师的指导，通过向工作室的优秀教师学习，提升了个人专业能力。我深刻地体会到作为一名教师，务必有丰富的文化底蕴，才能在工作中游刃有余、得心应手。向身边优秀的教师学习管理经验、教学艺术和教学技术，及时反思教育教学工作中的成功与失败，总结经验，吸取教训，争做一名宽严相济、受学生欢迎的教师。作为一名班主任，应该有班级全局意识，与任课老师齐心协力，构建班级良好的氛围。同时，应该将班主任工作和学科教学有效融合，认真总结班级管理中的经验，及时调整管理策略和管理方法。

随着时代的发展和科技的进步，教学内容和教学培养目标不断更新，教师需要掌握的知识越来越多。教师不仅要扮演传道、授业、解惑的角色，更要担当教学的组织者、设计者、合作者。为了满足教学和工作的需要，我需要不断学习，不断更新自己的知识结构。在工作室的研修过程中，我加强学习，广泛阅读教育教学的专著、报刊，进一步提高研读教材的能力，同时使自己能较科学地、系统地对教学资料进行规划。

(10) 薛佳老师的研修体会。

参加工作室三年来，我认真学习新的教育理念，努力提高自身素质。这三年也正是新冠疫情的三年,真是感慨万千。回顾在工作室学习的历程,我充实并实践着、思考着。

我有计划地认真学习、研读高中数学新课标,充实自己,努力做到与教学实践相结合。在我的成绩单中,有教学案例、学习体会、读书心得、教学设计等等,可谓收获满满。这些都是我的学习成果,是我"学习—实践—反思—再学习"的过程。名师工作室为我的专业成长提供了很好的实践机会,并为我搭建了展示自我、体现自身价值的舞台。通过学习,我深深体会到"学然后知不足"。通过反思,我发现想要成为一名专业化的研究型教师,还有很长的路要走。

加入了名师工作室后,我积极参加各项实践交流活动,获得了很多向同行学习的机会,进行了很多理论上的探讨,积极探索了新的教学方法,旨在不断完善自我,促进个人专业知识的提升。我平时认真阅读有关资料,钻研新教材,研究教法,体会新课程的性质、价值、理念,总结经验,逐步形成了自己的教学风格。

课堂教学是教师成长的主要载体,是提高教师专业水平的有效途径。在岗期间,我认真研读关于课堂教学的专著,努力打造简单而实在的高效课堂。积极探索在数学课堂中,如何把二者结合起来的路径,力争开创出一种崭新的课堂教学方法。每一次工作室活动都让我收获颇丰,一次次的活动记载了我成长的足迹。成员们共同参与各项活动,深深感受到了工作室浓厚的研讨氛围。

回首三年来走过的道路,我深感充实与快乐,内心充满感激。在今后的工作中,我将继续扎实地学习、反思、实践,沿着"学无止境、教无止境"的方向前行。

(11)于学敏老师的研修体会。

本人自进入名师工作室以来,感觉自己一直是在快乐中成长。回想在名师工作室的这段日子,我感触颇多。有句话说得好:找到努力的方向比努力更重要。我与徐涛老师及十几位来自不同学校的同仁们相处至今,徐老师的和蔼谦逊、厚重大气令我深深钦佩。他说:"作为教师,我们要做一个有思想的人,一个勤学的人,一个不断创新的人",这让我印象深刻。工作室的李青老师,她虽然很年轻,但她那独特的教学技法令我深深钦佩,她那与人真诚谦逊的品质深深地感染着我。还有陈虹老师的内蕴和才学也为我将来的努力奋斗指明了方向。与他们相处的这段时间,我终于明白了他们之所以能够成为名师,成为年轻教师中的佼佼者,是因为他们有明确的奋斗方向,并且能够坚持不懈地为之努力,在努力的过程中,能不断地自我反思,在反思中不断地进步。我很庆幸自己能够加入这个团队,在他们的熏陶和感染下,我的思想也开始活跃起来了!

人生像一杯茶,经过生活的洗礼时,要学会沉淀自己。在名师工作室的引领下,我们增长了前进的动力,激发了自己的潜力。在这一段时间,我不断地学习、反思,沉淀自己,让自己在一定程度上得到了提高。同时作为学校的骨干教师,我深知自己肩上的担子很重,师德要模范,班级管理要优秀,教育教学成绩要突出。在不断地学习中,我时常感到自己的不足。因此,我积极利用空余时间,阅读学习先进经验和新的教育理念,不断地充实自己,争取更好地进行教育教学实践。

通过积极地参与名师工作室的各种学习,我利用网络及时与徐老师和各位同仁们交流。通过参与同课异构,我找到了自己与名师们的差距。在名师工作室的各种活动当中,我更近地接触了先进的教育教学理念。各种各样的教育教学活动,也让我开阔了教育教学的视野,为以后的发展奠定了基础。同时,我将在工作室中获得的教学理论,用于我的课题和教学中,并积极进行探索,不断地分析、讨论,总结出了一套适合我们自己学校学生特点的、实用有效的教学方法,让孩子们喜欢学数学,乐于学数学。

(12)周旋老师的研修体会。

时间如白驹过隙般走过,我参加名师工作室已经三个年头了。这期间,我参与了工作室开展的各项研讨活动,聆听了来自各地教育前沿的专家的宝贵经验分享和培训,观摩了众多来自各地优秀教师的课堂。在这个过程中,我吸收了许多前沿教育思想和先进的教学理念,也学习到了很多宝贵的教学方法,同时也开阔了个人的视野,认识到了自己的很多不足。

充实与忙碌并存,学习与成长并进,快乐与苦涩并存。作为一名中年教师,我无疑是幸运的,有幸进入工作室成为其中的一员。在徐涛老师和伙伴们的指导和关心下,我在不断进取,不断进步,我为我自己能加入这样积极向上的集体而自豪。这是我真实的内心感受与写照。

卢锡娟老师的市级示范课"直线的倾斜角和斜率"、李青老师的"三新"改革示范研讨课"函数的奇偶性"、熊春华老师的市级示范课"函数的应用举例",三位老师的示范课教学给了我很大的启发,我从她们身上学习到很多东西。

在以后的工作中,我会不断总结反思,多向别人请教学习,取长补短,让自己不断进步。总之,我坚信,只要努力付出,定会有所收获,哪怕收获没有付出的多,只要每天是向上进步的,就是快乐的。

第三篇

贵阳市陈先睿名班主任(数学)工作室建设情况

第1章　工作室建设规划

　　名班主任工作室建设规划与建设思路是密切相关的。建设规划指的是对工作室建设的目标、内容、任务、时间、资源等进行规划并制定详细的计划。建设思路则是指在实际操作中的方法、策略、途径、步骤等。

　　建设规划是对工作室建设进行长远规划和计划，明确工作室的发展目标、定位以及实施路径。它涉及对工作室建设的整体布局、发展方向、标准要求等内容的界定和规划。建设规划的制定需要综合多种因素，如工作室的定位、学校的实际情况、师生的需求和资源等，以制定切实可行的目标和计划。建设思路则是在具体实施过程中的思考和行动方式。它强调的是操作性，即如何利用已有资源和条件，在规划的基础上，以最佳的方法和策略来推动工作室建设。建设思路要根据实际情况来灵活调整，不断积累经验和改进工作方法，以提高工作室的建设质量和效果。

　　建设规划和建设思路是相互依赖、相互作用的。建设规划为建设思路提供了指导和依据，而建设思路则是将规划转化为具体实施办法的手段。规划和思路的结合，能够使工作室建设更加有针对性和有序性，提高工作效率和效果。

　　可见，建设规划和建设思路，是名班主任工作室建设过程中不可缺少的两个环节，能够有效推动工作室的发展并提升工作质量。

1.1 工作室建设思路

　　工作室以促进班主任和教师专业发展为目标，以名班主任工作室活动为载体，充分发挥名班主任的引领作用，在工作室学员间的团结合作下，开展班主任教师专业化、学生管理的理论探讨与实践研究，从学校和班级特色建设与提升入手，以班主任专业引领为抓手，努力打造特色和优秀的班主任团队。会得真理，以开真智——觉悟教育是工作室的理念。

　　工作室坚持以理论学习与实践锻炼、引领示范与主动参与、个体研修与团队合作、共同提高与个性发展相结合为原则。以觉悟教育为理念，以个人提升（主持人和学员提升)、集体发展(学生学习力、教师教学力、学校影响力)为目标,以课堂示范、课程建设、课题研究为抓手,探寻促进师生觉悟的路径和方法。以人为本,促进师生共同觉悟,回归教育的真谛,全面提高工作室学员的政治素养、理论水平及管理能力,促进学员带班思想形成及教育教学质量提升。

在活动开展过程中,工作室始终围绕一个理念——觉悟教育,也就是自我教育。正如叶圣陶先生强调的"教,是为了不教"。我们坚持明确两个方向——一是坚持社会主义方向,二是坚持素质教育方向。通过落实立德树人根本任务,强化学科素养与关键能力培育。最后,我们注重培养法治意识、资源意识和活动意识。

1.2 工作室工作方案

为了更好地促进工作室实际教育教学工作的开展,工作室制定了切实可行的工作方案。名班主任工作室建设规划和工作方案之间存在着密切的关系。建设规划是在整体层面上,对工作室建设的目标、任务、时间、资源等进行规划并制定详细的计划,它是指导工作室建设的总体框架。而工作方案则是在具体实施层面上,根据建设规划的要求,制定相应的具体操作步骤和行动方案。

具体来说,建设规划的制定需要综合多种因素,如工作室的定位、学校的实际情况、师生的需求和资源等,以制定切实可行的目标和计划。而工作方案则是在建设规划的指导下,针对具体的任务和时间节点,制定相应的具体工作计划和实施方案。工作方案要具体详细,包括具体工作内容、责任人、时间安排、工作步骤等,以便工作室成员按照计划有序地进行工作。

建设规划和工作方案之间的关系是,建设规划为工作方案的制定提供了指导和依据。工作方案是在建设规划的基础上,进行具体细化并实施的,它是根据建设规划中确定的目标和要求,将抽象的规划转化为可以操作和实施的具体工作步骤和方案。因此,建设规划和工作方案之间是相互联系、相互补充的。

总体来说,建设规划是对工作室建设进行全面规划,确定工作室的目标和任务;而工作方案则是在建设规划的指导下,制定具体的工作步骤和方案,实施工作。建设规划和工作方案的结合能够使工作室的建设更加有条理和有针对性,有助于提高工作室的运行效率和工作质量。

1.2.1 背景分析

根据《贵阳市教育局办公室关于做好贵阳市第三批"三名"工作室建设相关工作的通知》(筑教办发〔2020〕33号)、《贵阳市教育局关于印发贵阳市"三名"工作室考核办法(试行)的通知》(筑教办发〔2017〕133号)要求,按照《贵阳市"三名"工作室管理办法(修订)》的文件精神与要求,为了更好地发挥市级名班主任工作室主持人的辐射、引领、示范作用以及进一步加快市级名班主任工作室建设的引领导向,工作室严格依据贵阳市教育局的相关安排,制定出贵阳市陈先睿名班主任工作室三年工作方案及发展规划。

1.2.2 理念及宗旨

本市名班主任工作室以促进班主任和教师专业发展为目标,以名班主任工作室活动为载体,充分发挥名班主任的示范引领作用。通过学员间的团结协作,工作室重点开展以下工作。一是聚焦班主任专业化发展、学生管理策略等议题,结合学校和班级特色建设,深化理论探讨与创新实践;二是以名班主任专业引领为抓手,努力打造特色鲜明的优秀班主任团队,培养一批专业素质高、管理水平强、创新能力强的班主任;三是秉持个性化班主任培养、特色化班级建设理念,通过赋能班主任团队成长,促进班级管理和学校发展,积极探索唤醒教育理念指导下的觉悟教育新模式。

1.2.3 总体目标

提升自我,培育骨干,形成特色。以培养具有教育家精神的班主任为目标,依托觉悟教育主题研究体系,通过"找准自己的问题、开展个人研究、发表自己见解、提升专业素质、优化管理方式、形成独特理念"这一思路,促进自主研究、共同发展、成果转化、带班理念的形成,以及区域教育事业又好又快的发展;使本工作室成为集学习、科研、培训等职能于一体的合作共同体,为班主任提供相互学习、交流与提升的机会,共同进行研究、实验和实践。

1.2.4 特色目标

以班级管理为研究领域,以教师专业发展策略为研究对象,以班级特色的建设与提升为研究课题。通过专家引领、课题研究、实践考察、学术交流、互动提高等方式,围绕觉悟教育的特色目标,探寻促进学生觉悟的路径和方法,以人为本,促进师生共同觉悟,回归教育的真谛,全面提高工作室学员的政治素养、理论水平及管理能力,促进学员带班思想形成及教育教学质量提升。

具体目标如下:

1. 个人成长:提升修炼个人素质

提升个人的道德修养、带班理念、管理能力、业务水平,提升工作室团队的学习、研究、实践、交流能力。通过线上线下的方式,探讨解决工作室学员发展过程中的难点和焦点问题,努力带动工作室学员向研究型、智慧型班级管理者转型。

制定学员培养目标和计划,学员有个人学期研修计划和总结;每年至少有两周在领衔人学校进行影子跟修;开展听课、评课活动,学员互听互评不少于十节;每年至少读两本教育教学类书籍,并有读书笔记不少于两篇。

2. 团队提升:培育优秀的班主任队伍

为优秀的中青年班主任和教师搭建发展平台,以培养市、县级名班主任为目标,在学员校不定期举办送培送课、专题研讨、教学专题反思和研讨、影子跟修、听课评课等活动。每学年,学员校或学员校组队至少承担一次主题展示活动,主动指导并帮助结对学校提升班级管理水平和教学质量。我们致力于打造一支勤于学习、善于实践、肯于研究、富有理念的名班主任团队,促进每一所学校的班主任队伍健康、快速、可持续发展。工作室学员应切实制定好个人发展规划,逐步形成自己独特的管理风格和带班理念,力争三年内按贵阳市教育局的要求,完成培养任务,确保数量和质量并重。

3. 理念提炼:累积经验,形成系统办学思想

依托工作室的平台,引领学员逐步解决自身在教育教学工作中的问题,特别是班级管理中遇到的挑战。通过总结自身经验,并借鉴先进的教育教学和班级管理经验,运用优秀的带班成果,凝练出带班特色,追求教育的真谛。秉持以人为本的理念,用心践行觉悟教育,逐步形成属于自己的实施路径。

4. 实践带动:辐射引领,带动全体共同提高

工作室不定期组织安排学员观摩、学习、参与学校班主任教育教学活动和工作会议,使学员全面了解学校的教育教学和班级管理。学习结束后,将组织一次专题汇报或交流会。指导学员准确把握所在岗位职责,正确处理教育教学工作中的问题;同时,对学员工作中遇到的疑难问题给予适时指导和解答。此外,还将完成市、区(县)教育行政部门下达的有关培训任务。

1.2.5 阶段目标

第一阶段：基础准备和常规建设阶段（2020年1月—2020年12月）

1. 规章制度建设

建立健全各项规章制度，制定工作室工作方案，建立成员档案，明确分工，各负其责，做好各项工作的部署；完成学员的个人发展规划制定工作。

2. 研究主题理论建设

确定以"觉悟教育"为主题，在各学员学校教科研和德育部门的层面进行设计，能够对学员校及相关教师起到启发、引领作用；以学科教学与德育融合的课堂教学和主题班会课为研究方向，进行课题研究的准备工作；完善各学员校与觉悟教育相适应的校本研修，构建校本研修创新模式和良性运行机制；转变教师教育教学观念，提高教育教学能力，提升教育教学理念，促进教师专业化发展，使校本研修有效开展。

3. 研究平台建设

完善名班主任工作室网络研修QQ群和微信群建设，实现主题式的、深度的、以人为本的觉悟教育研究互动交流。

第二阶段：实践研究阶段（2021年1月—2021年12月）

1. 研究主题活动建设

开展与各学员校相适应的、与觉悟教育主题内容相配套的、各具特色的、理论与实践相结合的班主任工作研究实践活动，将主题内容与各学员校的特色充分融合，凸显特色带班理念。工作室学员进行专题调研和考察活动，促进班主任工作能力的提升，同时聚焦班级文化建设、班级管理制度和班级成长特色，孵化优秀的班级管理方法，实现带班理念的创新。

2. 工作室的研究模式建设

（1）理论学习。围绕工作室确立的研究主题，每位学员每学期必须深入研读一本以上教育管理专著。通过班级管理和教育教学理论知识的学习，提升工作室学员的专业素质和意识，增强其管理思想和管理艺术，促进工作室学员向学者型班主任发展。

（2）专家引领。工作室积极与其他名校长、名师、名班主任工作室联合研究活动，通过资源共享等方式，邀请省内外专家和本工作室指导教师，给学员们提供理论指导和意见咨询，帮助学员开拓思路、提高认识。同时，不定期拜访教育专家，邀请他们作专题报告，分享办学经验。

（3）走访考察。在三年内，工作室将组织学员走访省内外各类特色学校，实地感受优质学校的办学思想、理念、校园文化及班级文化,深刻领悟各类卓尔不群的特色学校内涵。

(4)学习培训。通过学习研修、学校诊断等提升管理经验,形成特色;并且通过沙龙研讨、案例分析会、主题论坛等形式,组织工作室学员开展各项学习培训活动。

(5)反思提炼。学员积极反思与跟进,结合课题研究和本校实际,努力探索自身特色,进行课题研究。结合个人成长经历,凝练自己的管理特色和带班思想。

(6)课题研究。工作室将课题研究作为培养名班主任的重要手段之一,针对学校班主任工作发展的重点、难点或热点问题确定研究课题。通过课题研究,进一步提高自己的科研水平和理论素养,进而在管理水平和专业能力等方面,均能踏上一个新的台阶。同时,将多年教育办学所积累下来的宝贵经验转化为教育理论,从而影响辐射到更多的层面,促进教育均衡化发展。特别是将以觉悟教育为主题的课题研究,进行总结和归纳,做好课题结题的验收工作,力争编辑出版。

第三阶段:研究总结阶段(2022年1月—2022年12月)

1.工作室的综合评估建设

工作室由贵阳市教育局实行统一管理,负责工作室建设考核管理、监测与评估。根据《贵阳市"三名"工作室管理办法(修订)》对工作室管理与考核的要求,制定针对工作室建设、指导工作成效、主持人和学员的研究成果的自我评估机制。

2.对主持人自评

从工作室建设、活动开展情况、辐射引领、自我提升、培养成果等方面,结合《贵阳市"三名"工作室考核标准(试行)》开展自评,具体从组织、制度、经费、硬件保障、培养方案制定,以及日常工作推进、引领和成果等方面进行。

3.对学员评价

做好工作室结业的各项工作,开展工作室优秀学员和个人成果的评比活动。与个人发展规划比照分析,进行个人发展性评估;结合《贵阳市"三名"工作室学员年度考核标准(试行)》从目标制定、遵守纪律、研修任务和加分项开展量化评价。具体有:检查个人三年发展规划;每年拟定1—2个需要解决的问题,制定年度计划、目标以及实现路径、方式;服从工作室管理和主持人安排,在主持人的引导下,与工作室其他成员团结合作,探讨交流,共同成长;按照主持人制定的理论学习计划和推荐书目,每年阅读教育专著不少于2本,撰写读书笔记、教育随笔或心得体会不少于1万字;积极参加主持人组织开展的教育教学研究活动、学术交流等,每年至少承担一次公开课教学,撰写2篇教学设计或教学反思;积极参与工作室的教研或科研工作,完成好主持人分配的教研或科研任务;在主持人安排下,每年跟岗学习时间累计不少于30天(其中脱产学习时间累计不少于2周);三年周期结束时完成1份个人成长报告或1篇学术论文。

4.对工作室建设评价

对于每一阶段的活动和建设,主动邀请教育行政部门和省内外知名教育专家、名班主任工作室专家对工作室进行诊断和评估,积极整改并完善工作室建设制度;不定期地开展名班主任工作室之间的交流互评活动,以促进工作室开放、健康、创新的发展。开展工作室学员间的互评、考核活动,评价考核学员的现实表现和工作业绩,提出等次建议,对不胜任和不合格的学员,适时向上提出调整和撤换建议,对评价考核优秀的学员,建议对其重点培养并将推荐考核材料报送上级。

1.2.6 工作措施

(一)核心人员架构

本工作室核心人员如下:

序号	人员	姓名	性别	单位
1	专家	龙文	女	贵阳市教科所
2	专家	钟祥	男	贵阳市民族中学
3	主持人	陈先睿	男	贵阳市第二中学
4	助理/学员	杨先松	男	贵阳市第二中学

(二)制定个人发展规划

工作室全体人员都要制定个人三年发展规划,明确自己的发展方向和目标,为自身发展注入动力,并以此引领自己的日常管理工作。

(三)研修具体措施

1.名著名篇研读

以理论学习为支撑。努力使每位成员、学员养成良好的学习习惯,逐步提高自身的教育理论素养和业务水平。工作室实行集中学习和自主学习相结合的模式,要求学员每天至少学习一小时,并确保每月阅读一本关于教育理论与实践的书籍。学员坚持做阅读批注,撰写学习笔记和反思,每学期完成一篇论文。工作室每月组织一次读书交流活动(含线上和线下),每学期举行一次班主任学习交流会。

2.教育教学指导和校本课程开发

每学期,各学员要将研究体现在对本校的班主任工作和教育教学工作的实践中,并组织指导教师开发校本课程。作为学校最基层的管理者,其最基本的能力在于指导教育教学和开发校本课程。因此,工作室所有人员必须首先实现自身的专业成长,成为有思想的研究型和专家型教师。在此基础上,他们还需要指导学校教师的教育教学工作,帮助教师们充分利用校内外丰富的教育教学资源,开发出体现觉悟教育理念的校本课程。

3.专家引领和研修访学

围绕觉悟教育,以提升办学质量和班级特色为主题,请有威望的专家学者来工作室与学员交流并提供指导,建立友好合作关系,促进学校和班主任工作发展。

在工作室主持人的引领下,通过专家讲座、社区合作、蹲点学习、撰写论文、课题研究、考察访学等多种形式,开展主题鲜明的实践活动,不断提高每位学员的教育教学研究能力和实践能力。工作室学员在工作周期内,至少开展3次考察访学活动,至少要有6篇论文发表或获奖。

4.网络研培和在线研讨

(1)每半年筹备组织1次区域内管理者专题管理经验交流,让工作室学员轮流开展主题发言或典型案例介绍,带动区域学校间共同研究解决班主任工作和班级管理中的问题,逐步提高每位学员的管理水平和交流展示能力。

(2)依托网络,发挥名班主任工作室的辐射作用。利用"贵阳市第二中学"微信平台内"三名工作室"专栏,及时向区域内各学校和社会各界展示本工作室的工作动态、学员的研究近况和成果及学校的典型经验,形成有效的网络对话和交流展示平台。这不仅使该平台成为名班主任工作室的一个动态工作站、成果辐射源和资源生成站,还确保每月更新,充分发挥示范引领作用。

(3)每年编印4期工作简报,通过简报及时发布重要信息,增进主管部门对工作室日常工作的了解,促进成员校、学员校之间交流和合作。

(4)工作室全体人员,要养成利用网络坚持学习、善于思考、勤于笔耕的良好习惯,积极撰写教育随笔、案例分析、教育论文等。

(5)加大宣传力度和辐射范围,充分发挥工作室的社会影响力。

5.特色发展和总结反思

经过周期内的学习实践,工作室逐步形成了独具特色的管理风格和带班思想,力争每个周期内培养出一批具有一定影响力的骨干班主任。工作室学员校将打造班主任师资队伍特色,在每个周期内至少培养1—2名师德高尚、业务精湛、特色显著,并在市、县有一定影响力的名班主任。同时,结合各自特点和学校实际,梳理、总结并提炼教育教学和班主任工作管理经验,形成各具特色的管理模式。

1.3 工作室制度建设

建设名班主任工作室涉及工作室的物理建设规划和工作室制度的建设两个方面。

首先,对于工作室的物理建设规划,需要考虑以下几个方面:一是选址。应选择一个适合建设工作室的地方,一般可以选择学校内的一个教室或办公室,确保充足的空间和良好的环境。二是设备设施。根据工作室的功能和需求,配置必要的设备设施,例如电脑、投影仪、打印机等。此外,也可以考虑添加一些特色的装饰,使工作室更加温馨舒适。三是材料资源。准备必要的学习和教材资源,例如图书、参考资料、报纸杂志等,可以利用书架、柜子等进行整理和分类,方便学生和班主任查阅使用。

其次,对于工作室制度的建设,需要考虑以下几个方面:一是运行机制。制定工作室的运行机制,包括工作室的开放时间、学生使用工作室的流程和规范等。可以设置固定时间段供学生自主学习,也可以安排班主任定期开展辅导和指导活动。二是管理体系。建立健全工作室管理体系,明确班主任和学生在工作室内的责任和权益。可以设立班主任工作室管理小组,定期组织例会,讨论和解决相关问题。三是活动安排。制定工作室的活动安排,包括组织讲座、研讨会、学科竞赛等。活动内容可以根据学生需求和班主任专业背景进行选取,提供有益于学生发展的机会和资源。名班主任工作室的建设,特别需要学校领导的支持和配合,与其他教师和学生的积极合作,这样才能共同推进工作室的建设和运营。

贵阳市陈先睿名班主任工作室管理制度

为保障工作室各项工作的有序开展,工作室助理、学员须遵守以下制度。

一、工作室工作制度

(一)常规工作看规划。工作室主持人、指导专家、助理共同制定、完善好本工作室的工作方案和发展规划,并科学有序认真实施;按规划定期开展教育教学和学术活动,促进各助理、学员理论素养和教育管理水平的提升。

(二)高级交流常开展。工作室每年不定期邀请省内外教育名家、专家、顾问到工作室开展各种形式的辅导、培训和讲座,或组织工作室学员及所在学校骨干教师外出交流学习,以"请进来、送出去"的方式,开拓各成员、助理和学员的眼界,培育优秀的教育思想。

（三）线上引领及时新。工作室的网络、QQ、微信等网络交流平台，要求助理和学员经常关注、及时更新，经常上传工作动态、管理案例、经验总结、论文课题、学习笔记、课例设计、报告材料、活动图片、专家点评等，努力实现学员学有所得、学有所悟，发挥工作室"专业引领"作用。

二、工作室会议制度

（一）常规会议制度。每学期召开一次工作室计划会议，讨论本学期工作室计划，确定工作室学员、助理的阶段工作目标，教育教学研讨观摩、专题讲座和教育科研课题等；每学年召开一次工作室总结会议，汇报、分析工作小结确定本学年工作室需要展示的成果内容和形式，梳理问题、总结经验、制定方法，并研究下阶段工作。

（二）专题会议制度。每学期，根据主持人和学员所在学校的具体现实困惑、发展需求等，以本工作室或联合几个工作室有针对性地召开专题会议，集中解决具有代表性的问题。

三、研修学习制度

（一）集中和分散学习相结合。工作室的学员和助理，可以根据工作室的规定集体开展学习，也可以根据自己的研究方向，自己确定主题开展研修。

（二）线上和线下学习相结合。工作室根据年度计划，每学期开展网上研修学习至少一次，要求学员线下自学，线上反馈。原则上每学期主持人或邀请指导教师进行一次专题讲座，学员作一次心得报告。

四、工作室考核制度

（一）过程记录考核。在学习期内，按照个人发展规划和学习计划，认真完成学习任务，及时上报材料，达成学习目标。积极主动参加工作室各项活动，工作室将严格考勤制度和学习任务达标统计制度，并将其作为过程评价的重要依据。

（二）周期评价考核。培养期届满，全面整理资料，总结管理经验，考察课题等工作室交代的各项任务的完成情况，结合个人发展规划写出总结性发展报告，经自评、他评和专家组评价等，形成综合评价。

（三）考核处理结果。对于考核不合格者，将调整、淘汰出工作室，或采用延期毕业的方式处理，但最多不超过两期。

1.4 工作室文化建设

除了工作室的物理建设规划和工作室制度的建设,工作室文化建设也是名班主任工作室建设的重要组成部分。建设工作室文化需要注意以下几点。

(1)定位工作室文化。明确工作室的定位和核心价值观,例如培养学生的综合素质、激发学生的学习潜能等。根据这一定位,制定工作室文化的目标和方向。

(2)建立积极向上的氛围。营造积极、乐观的工作室氛围,鼓励和支持学生在工作室中进行自主学习和探索。班主任可以通过定期分享成功案例、鼓励学生互相学习分享等方式来传递积极向上的价值观。

(3)培养团队合作精神。工作室可以是一个集体合作的平台,班主任可以组织一些团队合作的活动,促进学生之间的交流与互动,培养学生的团队合作精神和沟通能力。

(4)建立学习分享机制。鼓励学生在工作室的学习过程中,进行分享和交流。可以采取定期组织学生汇报、开展小组讨论等方式,促进学生之间的学习互助和共同进步。

(5)倡导创新思维。工作室能够为学生提供一个培养和发展创新思维的平台,班主任可以引导学生开展创新性的项目研究,并为他们提供必要的资源和支持。

(6)鼓励参与社会实践。工作室为学生提供了参与社会实践的机会,班主任可以组织学生参观考察、社区服务等活动,帮助学生拓宽视野,培养他们的社会责任感和公民意识。

工作室文化建设需要班主任的引领和实践,班主任可以结合自身的理念和方法,营造积极向上、充满活力的工作室文化,为学生的进步和发展提供良好的支持环境。

为更好提升工作室成员的凝聚力,共同促进工作室建设,工作室注重共同维护和传承工作室文化。文化是一种共同的信仰和行为方式,要成功塑造工作室文化,每个成员都应认同并践行这种理念,共同建立一个积极友爱、合作共赢的文化氛围。每个成员都应该积极地帮助同事,倡导团队内部定期沟通。在一起工作期间,成员之间的分歧不可避免,若不及时沟通,则可能会导致矛盾和误解。因此,定期组织成员互相交流,增进相互间的了解是非常必要的。作为班主任工作室,为了更好地服务于学生,我们需要不断提高自己的专业能力,为成员提供学习资源和机会,促进其成长和发展。同时,工作室领导应掌握团队管理技巧,了解如何调动团队成员的积极性,控制团队风险,树立良好风气,请成员给予支持和帮助,并在团队中建立信任关系等。

1.4.1 从工作室手册卷首语中意语工作室的文化团队定位

工作室手册卷首语

为什么我们的学校总是培养不出杰出人才?

——钱学森

学习是由三种对话实践——同客观世界的对话、同伙伴的对话、同自己的对话构成的。

——佐藤学

因为共同的教育梦,我们朝同一方向耕耘;因为特别的缘分,我们融合为学习共同体,在市教育局搭建的平台上展开共同的教育实践,愿我们在探寻培养什么人、怎样培养人、为谁培养人的道路上,为促进学生德智体美劳全面发展贡献团队的智慧和力量!让我们与学生共同成长!

——陈先睿

1.4.2 从工作室研究核心主题中彰显在育人目标上共同的价值追求

下面,以2022年5月工作室的一次市级交流汇报为例展示。

"觉悟"教育主张下的班主任工作交流汇报

一、关于教育主张——会得真理以开真智

(1)"会得真理以开真智"即觉悟,所有教育的关键都在于教育者和被教育者在真理启迪下的"体会而得""启智开悟",这才是有效的教育。

(2)真理的历史性,决定了每个时期,教育工作中需要觉悟的真理内容的时代性。这就要求我们德育工作者(如班主任)必须顺应每个具体时期的德育工作的时代性、科学性和实效性来开展工作,以开启师生的智慧之光。

工作室图标(黑白效果图)

(3)每一个时期德育内容的历史沿革。

①新中国成立初期:"五爱"和"三好";

②改革开放:"五爱"、"三好"和"四有"新人;

③全面现代化建设:原有基础上增加"四个面向",内容丰富;

④新时代:依据《中小学德育工作指南》,构建全面的德育体系,极大丰富了德育工作的内容和形式。

二、关于德育培养目标与活动

(一)两项目标

当前,班主任需要带领学生,从体悟真理到觉悟真理,深入贯彻落实立德树人根本任务,大力培育和践行社会主义核心价值观,发展好中国特色社会主义意识形态教育。

1.教师成长目标

(1)个人成长,提升修炼个人素质;(2)团队提升,培育优秀班主任队伍;(3)理念提炼,累积凝练带班理念;(4)实践带动,引领带动,共同提高。

2.德育培养目标

(1)教育和引导学生爱党爱国爱人民,拥护中国特色社会主义道路;(2)弘扬民族精神,增强民族自尊心、自信心和自豪感,增强公民意识、社会责任感和民主法治观念;(3)学习运用马克思主义基本观点和方法观察问题,分析问题,解决问题;(4)学会正确选择人生发展道路的相关知识,具备自主、自立、自强的态度和能力,初步形成正确的世界观、人生观和价值观。

(二)两个维度看活动

(1)从内容上看,有中华优秀传统文化教育、理想信念教育、生态文明教育、心理健康教育、社会主义核心价值观教育。如工作室学员曾桃红老师以"拒绝过洋节,回归传统节,感受冬至日"为主题开展班会活动,继承发扬了中国传统节日与文化;胡登禄老师在班内开展国学评读活动,陶冶学生情操,渗透中华传统文化教育;杨先松、陈先睿老师借学校党史学习教育的机会,积极开展理想信念教育;曾桃红老师开展"垃圾分类,让城市更文明"主题班会活动,落实生态文明教育;杨先松老师开展"建设和保护地球村""生态文明进课堂"等主题班会活动,落实生态文明教育;李凤远老师以"弱水三千,但为今后一瓢饮"为主题,开展关于早恋问题的主题班会;吴登强、杨先松等老师,注重对学生考试前后的情绪进行疏导。工作室各学员老师将社会主义核心价值观潜移默化地融入班级干部选拔与培养、班级管理和班级活动中。通过这种方式,学生们在感恩活动中释放情感,在表彰活动中受到激励,并通过每日"历史上的今天"活动回顾历史,培育人文素养。

(2)从形式上看,有课程育人、文化育人、活动育人、实践育人、管理育人、协同育人等形式。课程育人是指在学科课堂教学、综合实践活动课程中体现意识形态教育;文化育人涵盖校园、教室、班级和网络等方面;活动育人涉及节日纪念日、重大节庆日、重要纪念日、仪式教育活动、升挂国旗、特殊意义的仪式活动、校园节(会)活动、学生社团、志愿者服务、课后服务等;实践育人包括各类主题实践、博物馆参观、环境保护教育、安全教育、关爱教育、健康教育、研学旅行等;管理育人致力于建立班级民主管理制度,优化班集体管理、加强家校沟通,帮助学生熟知学习生活中的基本行为规范,并开展心理辅导;协同育人强调家校社会共育。

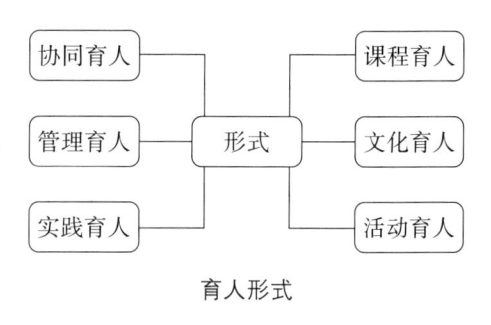

育人形式

工作室各学员老师积极践行管理育人、协同育人的理念,关注学生的全面发展,紧密联系家长。以下样表涵盖多个方面:包括学生综合素质过程性评价,以及学生的常规管理等。

贵阳市第二中学学生综合素质及操行分评价表 时间:												
组别	姓名	性别	道德品质		公民素养		学习能力		交流与合作		运动与健康		审美与表现		大考		总成绩及排位			
^	^	^	爱祖国、爱人民、爱劳动、爱科学、爱社会主义;遵纪守法、诚实守信;关心集体、团结互助;保护环境		自信、自尊、自强、自律、勤奋;具有文明习惯;积极参加公益活动;具有社会责任感		有学习的愿望与兴趣,学习态度端正,完成规定的学习任务;有良好的学习习惯和自学能力;具有初步的研究与创新能力		能评价和约束自己的行为,善于尊重并理解他人;养成倾听和反思的习惯;能综合地运用各种交流和沟通的方法进行合作		热爱体育运动,养成体育锻炼的习惯;具备锻炼的能力和坚强的意志品质;具有一定的运动技能、强健的体魄、健康的心理;形成健康的生活方式		能感受并欣赏生活、自然、艺术和科学中的美,具有健康的审美情趣;积极参加艺术活动,用多种方式进行艺术表现		个人大考	大考平均分				
^	^	^	个人细分	小组总分	个人细分	小组总分	个人细分	小组总分	个人细分	小组总分	个人细分	小组总分	个人细分	小组总分	^	^	个人	小组总分	操行总分	小组排位

续表

| 贵阳市第二中学学生综合素质及操行分评价表　时间： |

值日班长一日常规管理任务检查情况表					
值日班长		时间	年　月　日　星期_____		
项目	负责人	完成情况及描述	负责人签字	执行情况加减分	备注
一、卫生					
1.值日生到位					
2.卫生巡查					
3.检查或提交《个人卫生检查情况登记表》(含全班统一校服)					
4.抬餐、分餐、用餐和还餐规范和节约情况					
二、考勤					
5.迟到					
6.未到(含病、事假)					
7.到医务室晨检登记情况					
8.课间操					
9.午餐到位					
10.午休及质量					
11.眼保健操					
12.晚餐到位					
13.晚自习到位					
三、学习常规					
14.作业提交					
15.手机提交					
16.早读					
17.课前准备					
18.静心练习					
19.晚读					
20.晚自习纪律（即二晚到位）					

续表

值日班长一日常规管理任务检查情况表					
四、寝室管理					
21.按要求回寝					
22.按时完成洗漱					
23.按时上床					
24.按时熄灯					
25.安静休息不违纪					
26.卫生保洁					
五、健康管理					
27.晨检午检					
28.周日健康码					

值日总结:

三、工作室研修统计与特色

(一)研修统计

姓名	理论学习读书笔记心得体会	专题研讨及学习培训	走访考察送课送教	听评课及反思提炼	课题研究	教学设计获奖及论文发表	获奖荣誉(校级以上)	主题研讨主讲
杨××	6	12	3	36	参与2项	8	8	8
李××	6	11	2	30	参与1项	6	6	7
熊××	6	12	3	36	参与3项	6	5	3
黎××	6	12	2	32	参与1项	5	4	3
曾××	6	12	3	36	参与1项	4	3	5
王××	6	12	2	32	参与1项	4	4	3
吴××	4	10	2	30	参与1项	4	3	4
陈××	4	10	2	28	参与1项	3	4	4
胡××	5	10	2	30	参与0项	4	3	3
牟××	3	7	1	18	参与1项	3	2	4
陈××	6	12	2	38	参与1项	6	5	5

续表

姓名	理论学习读书笔记心得体会	专题研讨及学习培训	走访考察送课送教	听评课及反思提炼	课题研究	教学设计获奖及论文发表	获奖荣誉（校级以上）	主题研讨主讲
周××	5	12	2	36	参与1项	5	4	5
贺××	4	11	2	38	参与1项	5	5	4
罗××	4	10	2	37	参与1项	6	3	5
王××	4	9	2	36	参与1项	6	4	4
蒲××	3	3	0	21	参与0项	3	2	1

（二）突出研修主题

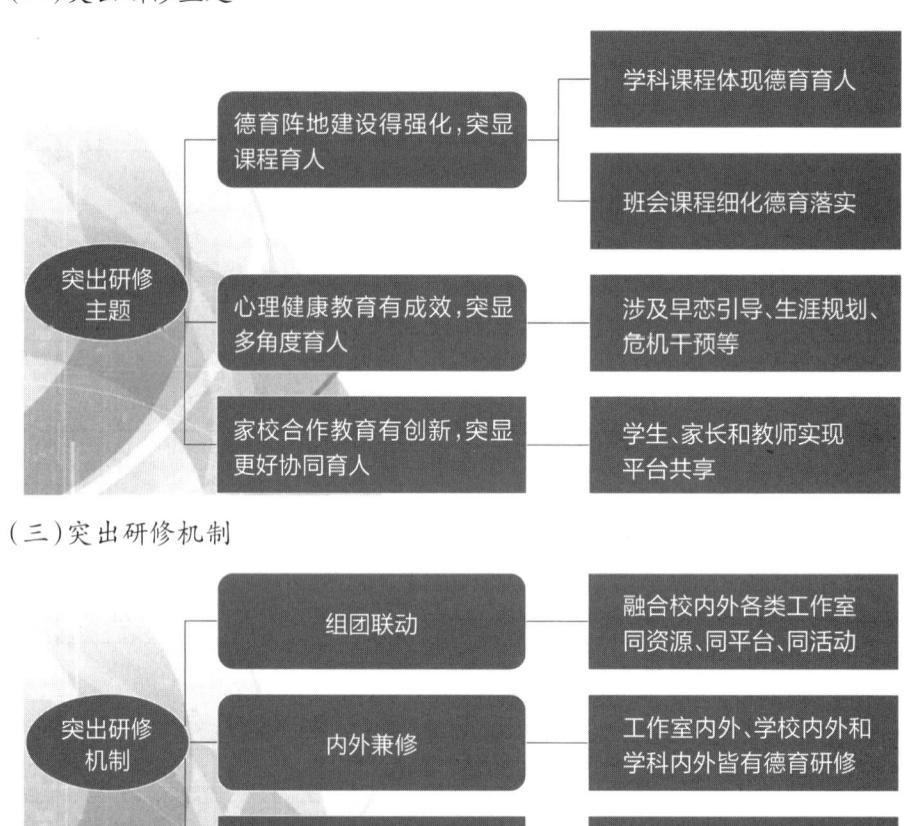

突出研修主题
- 德育阵地建设得强化，突显课程育人
  - 学科课程体现德育育人
  - 班会课程细化德育落实
- 心理健康教育有成效，突显多角度育人
  - 涉及早恋引导、生涯规划、危机干预等
- 家校合作教育有创新，突显更好协同育人
  - 学生、家长和教师实现平台共享

（三）突出研修机制

突出研修机制
- 组团联动
  - 融合校内外各类工作室同资源、同平台、同活动
- 内外兼修
  - 工作室内外、学校内外和学科内外皆有德育研修
- 双线齐进
  - 线下集中指导和线上专题研讨结合研修

每月21日至27日开展线上"一月一主题"活动,希望各位老师提前准备相关的材料文件和主题讲解的PPT。请将研讨的材料和PPT提前一天准备好。大家可以根据自身的情况和学习对主题进行更改,以便围绕工作室的研究方向。因特殊情况不能进行主题讲解的老师和记录、简报的老师,须提前一周告诉助理。

主题研讨主讲人必讲3个内容:

(1)分享展示(即介绍阅读过的与研讨主题有关的思想指导类的文章、书籍或相关的学习视频等);

(2)设计和实践展示(即介绍在上述的思想指导下的与研究主题相关的教学案例设计、课堂实践实录或视频等);

(3)收获与反思(即介绍设计完成或课堂教学完成后的心得体会、课后测试、问卷和数据分析等)。

例如工作室确定的"一月一主题"研讨活动计划表:

序号	教师姓名	讨论问题	记录及简报
1(7月)	陈××	学科教学与德育深度融合的路径和方式	李××
2(8月)	陈××	德育在学科教学中的分层渗透(考虑不同学段学生思想道德水平发展的差异)	吴××
3(9月)	熊××	高中数学教学中德育渗透的几点尝试	贺××
4(10月)	曾××	开学第一课数学与德育融合教学	罗××
5(11月)	蒲×	学科文化与德育教育的融合	杨××
6(12月)	周××	高中数学教材中德育渗透点有哪些	王××
7(1月)	贺××	高中生德育在数学教学中的几点体现	熊××
8(2月)	杨××	高一教材函数部分情景材料与德育的融合	蒲××
9(3月)	李××	数学教师在担任班主任的过程中如何将理性和感性更好地结合	杨××
10(4月)	罗××	数学学困生的德育工作如何开展和实施	曾××
11(5月)	黎××	新高考背景下中学生生涯规划如何在班级中开展	王××
12(6月)	吴××	学科教学与班级建设的有效融合	陈××
13(7月)	王×	如何挖掘英语阅读理解文本中的正能量	黎××
14(8月)	王××	团辅活动在班级建设中的运用	周××
15(9月)	陈××	怎样加强班集体建设	胡××
16(10月)	胡××	怎样加强班集体建设	陈××

（四）突出三全育人

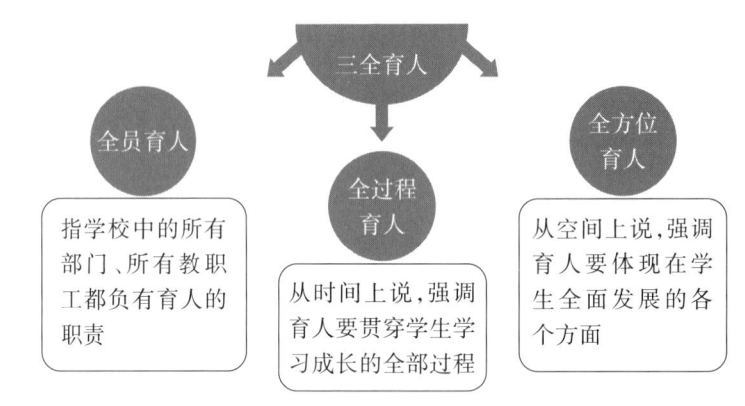

```
            三全育人
   ↙          ↓          ↘
全员育人    全过程育人    全方位育人
```

- **全员育人**：指学校中的所有部门、所有教职工都负有育人的职责
- **全过程育人**：从时间上说，强调育人要贯穿学生学习成长的全部过程
- **全方位育人**：从空间上说，强调育人要体现在学生全面发展的各个方面

四、寄语与希望

班主任，作为对青少年学生进行思想洗礼、实践锻造的首要导师，有责任和义务做好德育工作，为党和国家的希望——青少年的茁壮成长，不断努力，智慧引导。

正如习近平总书记在庆祝中国共产主义青年团成立100周年大会上讲话中谈到："青年犹如大地上茁壮成长的小树，总有一天会长成参天大树，撑起一片天。青年又如初升的朝阳，不断积聚着能量，总有一刻会把光和热洒满大地。党和国家的希望寄托在青年身上！""引导广大青年在思想洗礼、在实践锻造中不断增强做中国人的志气、骨气、底气，让革命薪火代代相传！"

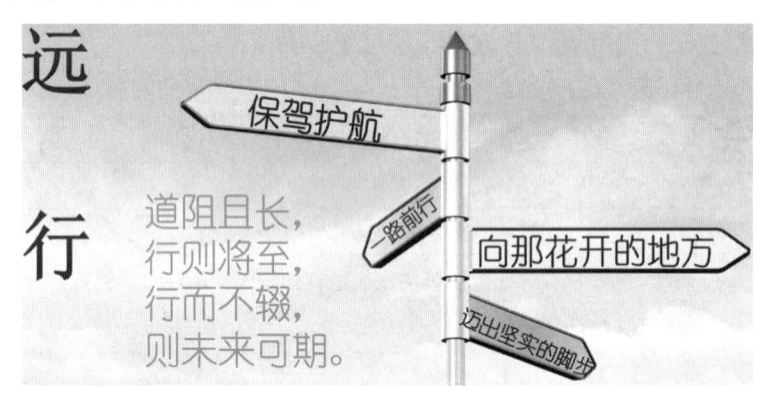

道阻且长，
行则将至，
行而不辍，
则未来可期。

保驾护航　一路前行　向那花开的地方　迈出坚实的脚步　远行

第2章 工作室活动展现

2.1 启动会

名班主任工作室可采用启动会展现自身的特色,通过介绍名班主任工作室的设立目的和职责,确定工作室的组织结构和职责分工,讨论工作室的工作计划和目标,确定未来工作室的运作方式和沟通渠道,鼓励团队合作和成员互相支持。根据会议内容,设计并制定名班主任工作室的工作计划和目标,确保工作室顺利运作。及时跟进工作进展并进行必要的调整,以达到工作室的使命和学校的教育目标。

下面以工作室第一次启动会的活动方案和简报为例,为大家展示工作室的活动开展。

2.1.1 启动仪式活动方案

关于举办贵阳市"三名工程"陈先睿名班主任工作室启动仪式活动方案

为加强工作室建设,使工作室能健康有序地开展工作,根据《贵阳市教育局办公室关于做好贵阳市第三批"三名"工作室建设相关工作的通知》(筑教办发〔2020〕33号)要求,贵阳市"三名工程"陈先睿名班主任工作室将举办正式启动活动。特制定如下活动方案:

一、时间安排

签到时间:2020年6月5日13:00

活动时间:2020年6月5日13:30开始

二、活动地点

启动仪式:贵阳市第二中学南一楼阶梯教室

破冰行动:贵阳市第二中学东三楼智慧教室

三、参加人员

1.专家

贵阳市首批名班主任,贵阳市第一、二批名班主任工作室主持人,全国百佳语文教师,各级教育专家库成员 钟祥

贵阳市教科所德育教研员 龙文

2.其他贵阳市陈先睿名班主任工作室学员

四、活动主题

1.贵阳市陈先睿工作室启动仪式

2.名班主任工作室建设推进会

五、活动议程

(一)启动仪式

时间:2020年6月5日　13:30

地点:贵阳市第二中学南一楼阶梯教室

活动内容:

(1)贵阳市第二中学校长、党委书记段丽英致欢迎辞;

(2)贵阳市人民政府督学、"三名"工程顾问于和平对工作室建设作指导讲话;

(3)名教师工作室主持人张霞及名班主任工作室主持人陈先睿表态发言;

(4)学员代表李青分享感悟;

(5)参会人员合影;

(6)主题讲座——引领互助共谋发展工作室建设的几点意见

(主讲:钟祥　　　　时间:14:00—15:10)

(二)破冰行动

时间:2020年6月5日　15:20—18:00

地点:贵阳市第二中学东三楼智慧教室

活动内容:

(1)学员自我介绍并作学习表态发言(20 min);

(2)主题讲座一——怎样上好一节主题班会课

主讲:龙文　　　　时间:15:40—16:45

主题讲座二——工作室方案及三年规划解读

主讲:陈先睿　　　时间:16:50—18:00

六、后勤服务(负责人　略)

1.电教设备

(1)多媒体设备使用及调试、活动录像。

(2)照相。

2.会务安排

(1)会议通知及参会回执统计；

(2)会场及安排(布标、发言台、主席台、花、座位牌)；

(3)会务资料准备：①工作手册；②资料发放。

3.活动引领(略)

七、信息撰写报送(略)

八、联系信息(略)

九、经费预算(略)

贵阳市"三名工程"陈先睿名班主任工作室
2020年6月4日

2.1.2 启动仪式简报

"会得真理　以开真智"
——贵阳市陈先睿名班主任工作室启动会简报

2020年6月5日下午，贵阳市"张霞名师工作室""徐涛名师工作室""罗静名班主任工作室""陈先睿名班主任工作室"四个工作室启动仪式在贵阳市第二中学举行。贵阳市人民政府责任督学、贵阳市"三名"工作室专家顾问于和平，贵阳市第九中学副校长、贵阳市徐涛名师工作室指导老师卢焱尧，贵阳市教科所高中数学教研员、贵阳市徐涛名师工作室指导老师邱云峰，来自贵阳市民族中学的贵阳市首批名班主任工作室主持人、贵阳市罗静名班主任工作室及陈先睿名班主任工作室指导老师钟祥，贵阳市张霞名教师工作室特邀专家、清镇一中刘相老师等出席了本次启动仪式，四个工作室全体学员及贵阳市第二中学的部分青年教师共60多人参与了本次活动。会议分为两个阶段，第一阶段是工作室联合启动仪式，第二阶段是工作室工作专项研讨，贵阳市第二中学副校长冷枫主持启动仪式。

首先，贵阳市第二中学校长、党委书记段丽英致辞。她强调，每一个工作室就是一个教育精神的传承地和传播地，需要对学生、对自身、对周围的教师进行陪伴、唤醒、引领；让教育真正发生，继而形成教育正能量，携手共进。贵阳市人民政府督学于和平老师对工作室提出两点希望,一是希望工作室主持人带好队伍,行中思,思中学,学中行,按照"一室一策"的要求量身打造和制订计划,并且积极推进,付诸行动,互相合作,带好队伍,做好工作,共同研究,形成特色;二是希望学员珍视荣誉,积极参与,完成任务,充实自我,完善自我,提升自我。

名班主任主持人陈先睿在启动仪式上讲道:作为一个名班主任工作室主持人,身上多了一份沉甸甸的责任,同时增加了一种特殊的荣誉。陈老师从三个方面谈了自己的感悟和设想。

一是表达了深深的感激之情。感谢贵阳市教育局及"三名"工作室,为班主任的学习和成长搭建了平台;感谢贵阳市第二中学的校领导,特别

贵阳市名班主任陈先睿发言

是段校长在各方面的支持和前行中的引路,使得个人在教育教学中取得了一定成绩;感谢工作室的指导教师和专家,希望他们能够在工作室的建设和学员的专业水平提升上多提意见,多多帮助并指导工作。

二是感觉到作为名班主任的责任和担当。表示务必带好学员,搞好工作室的建设,提高班主任的业务水平。

三是勉励工作室,希望通过三年努力,做到四个能够。能够组织一次大型的班主任研讨活动,能够撰写出与班主任相关的教育论文集,能够承担班主任教育的专项课题,能够将工作室的班主任学员工作能力和水平推向一个新的台阶。

启动仪式后,各工作室进入专项研讨环节。在别开生面的破冰之旅中,来自10个县(市、区)12所学校的15位工作室学员,分别进行自我介绍和表态发言;随后,工作室指导老师和主持人分别为工作室的学员作了专题讲座。

(1)贵阳市首批名班主任,贵阳民族中学语文高级教师钟祥,作为陈先睿名班主任工作室的指导老师,为大家作了题为"引领互助共谋发展工作室建设的几点意见"的精彩讲座。钟老师提出,整合资源,互助合作,共同建设促进班主任专业化发展自觉的文化平台。分别从主持人职责、学员研学、全员合作共同成长、工作室成果等方

面对工作室的全体成员提出了建设性意见和要求。在讲解的过程中,钟老师列举了生动有趣的案例与大家分享。他特别强调,希望在工作室三年的学习和研讨中,学员们能够形成有价值、接地气的成果,并整理成论文集,作为工作室成长的见证。

(2)工作室指导专家、贵阳市教科所德育教研员、中学语文高级教师龙文,为学员们作了"怎样上好一节主题班会课"的讲座。龙老师从概念解读、策划与实施、评价原则三个方面,对如何上好班会课进行系统讲解。同时,对于班主任关心和困惑的问题,如怎样撰写主题班会方案,班会课设计的关键要素和核心内容等,辅以优秀的主题班会案例分享,与学员们展开生动的交流。

(3)作为名班主任工作室主持人,陈先睿为学员们作了专题讲座《工作室方案及三年规划解读》。陈老师先从做有家国情怀的班主任教师入手,谈到"钱学森之问"和当前国内外形势,以及德育教育现状对班主任工作的迫切需求;接着从教育局有关"三名"工作室考核相关文件及要求进行分析,又对工作室年度目标和三年规划与学员们进行沟通、交流和详细解读。并对工作室学员提出几点意见:按照要求参加工作室组织的线上、线下教研活动,积极报名参加学员校组织的班主任示范课、观摩课展示和交流,做好"一月一主题"交流活动,加强班主任教育和管理学习,提高专业水平等。希望工作室的学员通过三年的学习,能够上一堂县级以上示范班会课,制作一份优秀的班会课教学设计,参与一项课题研究,工作室出一本班主任论文集。同时对近期工作室的工作进行了说明和布置。

工作室主持人陈先睿作专题讲座

最后，学员们分享和交流了今天活动的感受和收获。大家表示，将努力提升自己对班主任工作的认识，努力在今后三年时间认真学习，促进自己的专业化发展，为贵阳教育奉献自己的力量。

2.2 推进会

名班主任工作室还可采用推进会的方式，通过汇报工作室成员的工作进展和成果、讨论遇到的问题和困难，共同寻找解决方案、更新工作计划和目标，确保与学校的教育目标相一致；鼓励成员之间的合作和互相学习，根据会议讨论的结果，更新工作室的工作计划和目标。确保每位成员清楚自己的工作任务，并能够在团队中协同合作。定期进行推进会议，及时评估工作进展，并提供必要的支持和帮助，以确保工作室能够顺利推进，并实现学校的教育目标。

下面以工作室的一次推进会的活动方案和简报为例，为大家展示。

2.2.1 推进会活动方案

关于举办贵阳市"三名工程"陈先睿名班主任工作室建设推进会暨九月主题研讨活动方案

为加强工作室建设，使工作室能健康有序地开展工作，根据《贵阳市教育局办公室关于做好贵阳市第三批"三名"工作室建设相关工作的通知》（筑教办发〔2020〕33号）要求，贵阳市"三名工程"陈先睿名班主任工作室将举办工作室建设推进会暨九月主题研讨活动。特制定如下活动方案：

一、时间安排

签到时间：2020年9月27日7:50

活动时间：2020年9月27日8:00开始（全天）

二、活动地点

贵阳市第二中学南一楼阶梯教室

三、参会人员

1.特聘专家

教育部第二期中小学名校长领航工程成员、贵州省首批名校长、省级智库专家、

省级教师发展指导专家、特级正高级教师,贵阳市第二中学党委书记、校长 段丽英

中学数学特级教师、正高级教师、省级教学名师、贵阳市市管专家、贵州省高中数学名师工作室主持人,贵州省实验中学校长、党委副书记 卢焱尧

工作室指导专家:贵阳市首批名班主任,贵阳市第一、二批名班主任工作室主持人,全国百佳语文教师,各级教育专家库成员 钟祥

2.其他参会人员

贵阳市"三名工程"陈先睿名班主任工作室学员

四、活动主题

1.工作室特聘专家引领讲座

2.名班主任工作室主题建设活动

五、活动议程

(一)专家主题引领讲座

时间:2020年9月27日上午

地点:贵阳市第二中学南一楼阶梯教室

活动内容:

1.工作室主持人致欢迎辞;时间:8:00—8:05

2.主题引领讲座

讲座1:树德立人 立德树人——关于德育及其学科渗透的思考

主讲:钟祥 时间:8:05—10:05

讲座2:以唤醒内驱陪伴 成长引领发展

主讲:段丽英 时间:10:15—12:15

3.参会人员合影

(二)午休

(三)主题建设活动

活动内容:

1.主题讲座

时间:13:00—15:00

地点:贵阳市第二中学南一楼阶梯教室

讲座内容:且教且研,且行且歌——我的专业成长之路

主讲:卢焱尧

2.主题研讨

(1)课堂展示。

时间:15:05—15:45

地点:东三楼地理教室

内容:幂函数

主讲:熊春华

(2)评课及研讨。

时间:15:45—16:00

地点:东三楼地理教室

参加人员:工作室特聘专家、主持人和学员

(3)主持人讲座。

时间:16:00—18:00

地点:东三楼智慧教室

讲座内容:学科教学体现德育的思考

主讲:陈先睿

六、后勤服务(负责人 杨××)

1.电教设备

(1)多媒体设备使用及调试、活动录像:杨××;

(2)照相:黎××。

2.会务安排

(1)会议通知及参会回执统计:杨××;

(2)会场及安排:杨××;

(3)会务资料准备与发放:李××。

3.活动引领会场引领:(杨×× 熊××)

七、信息撰写报送(贺×× 杨××)

八、联系信息(略)

九、经费预算(略)

贵阳市"三名工程"陈先睿名班主任工作室

2020年9月16日

2.2.2 推进会活动简报

读书树人重德育　唤醒内驱促发展

2020年9月27日早上,贵阳市陈先睿名班主任工作室、徐涛名师工作室、罗静名班主任工作室等三个工作室的九月主题研讨活动在贵阳市第二中学举行。

贵阳市徐涛名师工作室指导老师卢焱尧,来自贵阳市民族中学的贵阳市首批名班主任工作室主持人、贵阳市罗静名班主任工作室及陈先睿名班主任工作室指导老师钟祥,贵阳市第二中学党委书记、贵阳市首批名校长段丽英出席了本次活动,并作了精彩的讲座。三个工作室全体学员及贵阳市第二中学部分青年教师参与了本次活动。会议分为四个阶段,第一阶段是陈先睿老师作简短的欢迎词;第二阶段是钟祥、段丽英、卢焱尧三位专家依次进行精彩的讲座;第三阶段是工作室全体学员听贵阳市第二中学优秀青年教师熊春华老师的授课;第四个阶段是工作室工作专项研讨,及接下来的工作室任务安排。

首先,陈先睿老师作为活动主持人对大家的到来表示欢迎。他特别提到,大家能这么早到达活动现场实属不易,同时也感谢幕后许多工作人员为准备此次活动的付出。因此,希望大家能抓住这来之不易的机会,好好学习,提升自我!随后,他宣布了本次活动的四个议程,专题讲座也就顺利开始了。

贵阳市首批名班主任,贵阳民族中学语文高级教师钟祥,作为陈先睿名班主任工作室的指导老师,为大家做"树德立人　立德树人——关于德育及其学科渗透的思考"的专题讲座。钟老师首先就提问"什么是德育?你是否清楚德育的内涵与外延。若想不明白,德育就是假把式。"这简单的问题,使得在场的老师都陷入了沉思,大家不禁反思自己这么些年来一直挂在嘴边的德育,是否真的理解对了。钟老师还强调:要谈德育,首先自己要德厚。他指出师德与师风的区别,使大家从源头上分清道与德。其次,他还强调德育要分年龄层次,要分对象,要看自己学生的具体情况,而不能用传统的思想与眼界对待现在的学生,整日唠叨,无时无刻不想证明自己的存在。接着,他指出要根据习近平总书记的指导,从意识形态出发进行德育,重视劳动教育,创造精神和物质财富,把功夫下在课前。点点滴滴,时时刻刻地渗透德育,不要生搬硬套,让学生觉得太过牵强。

贵阳市首批名校长工作室主持人,贵阳市第二中学党委书记、校长段丽英为学员们做"以唤醒内驱陪伴　成长引领发展"的专题讲座。段老师主要从三个方面提出了建议。

第一，对教师职业的几点思考。她指出，教育是一种心灵的转向，希望我们教师能把教育当成一门事业，这样不仅能成全他人，也能成全自己。教育自觉与教师专业成长息息相关。她以遇到一位好老师是一生的幸运切入，指出好老师是学校发展的财富与不竭动力。因此，她为我们解读怎样才能算是一位好老师，怎样才能成为一位好老师，并且用二中（贵阳市第二中学）的真实案例为我们生动阐释，让我们对自己的职业有清晰的规划，对自己的未来教育生涯树立明确的目标。她希望每个老师记住自己的职责：为国育才，为党育人。结合贵阳市第二中学的团队成果等，她指出教师要有个人目标，要成为专家型教师，强调团队的重要性，希望大家能学习毛竹的精神，默默扎根，厚积薄发，在专业上不断成长！

贵阳市徐涛名师工作室指导老师卢焱尧为学员们做专题讲座"且教且研，且行且歌——我的专业成长之路"。卢老师从以下三个方面和老师们分享了他自己从教这些年来的经历和感悟。首先，他指出一个教师应该多读书，提升自己的生命成长质量。他说要让读书成为生命成长的必备。同时，他还分四类为大家推荐了一些好书，鼓励大家无论多忙都应该坚持读书。只有这样，才能让我们的言谈更加丰富有内涵，使课堂生动有趣，并加速自己的专业能力提升！其次，他还结合自己这些年来在教学课堂不断改进和自己教学观念不断转变方面的经验，指出课堂是一段师生共度的生命历程。他给我们分享了自己的课堂故事，在有趣课堂—有序课堂—优质课堂—生命课堂—激活课堂—课堂观察……的不断实践与探索中，取得的成果和发现，这让我们不得不佩服卢老师的敬业与奉献精神。最后，他呼吁老师们，关于课堂改革，千万不要去排斥，要深度学习。他让我们明白，我们既是研究者，也是参与者。正如主持人所总结的一样：有想法付诸行动；有行动，并加以反思。学习就是越走越近，并永无止境！

下午，来到了贵阳市第二中学青年教师熊春华老师的课堂。本节课，熊老师讲的是高一年级的数学第三章第三节"幂函数"部分内容。熊老师在课堂上娓娓道来，引导学生一步步思考，逐步发现知识，并合作探索知识，最后得出结论。在其中，她巧妙地引入数学史和数学文化，得到了在座老师的认同。熊老师的短暂说课后，就是两个工作室的两名代表成员的评课。大家从不同方面提出了自己的一些见解与想法，特别是两位工作室主持人,从一些专业的角度进行了点评,在场的老师们都受益匪浅。

最后一个议程,就是各工作室单独研讨。陈先睿老师对今天的活动作了总结并安排了近期的工作,介绍了自己近期的工作计划。各位学员获得了各科的新课改教材。陈老师希望我们每个学员能立即行动,走在前面,开始着手研究一些自己的东西。最后,陈老师再次分享了如何在学科教学中体现德育的思考。

最后,学员们分享和交流对今天的活动的感受和收获。大家表示,将努力提升自己对班主任工作的认识,从现在开始行动,充分利用小组合作,着手研究新教材,思考并内化所学内容,将其运用到自己的教学中去,为后续的研讨积极做准备。

2.3 教师技能培训

名班主任工作室可采用教师技能培训活动,通过理论讲座、案例分析、小组讨论、角色扮演、实地观摩等形式,提升教师的教学能力,帮助他们更好地履行班主任职责;增强教师的沟通与协作能力,加强与学生、家长和其他教师的互动;培养教师的心理调节与情绪管理能力,以更好地应对工作压力和与学生的情感交流;强化教师的专业发展意识,提升教学质量和学生的综合素养。同时,设立反馈机制,收集教师对培训效果和需求的反馈意见,以便及时调整和优化后续支持措施。通过定期评估培训成效,我们能持续改进和优化培训方案,以确保真正提升教师的能力和素质,促进名班主任工作室的发展。

下面以工作室一次针对教师基本功"三字一话"(即毛笔字、钢笔字、粉笔字和普通话)的规范字书写微技能培训活动方案、简报为例,为大家展示。

2.3.1 教师技能培训活动方案

关于举办贵阳市第二中学和"三名"工作室"三字一话"技能培训活动方案

为弘扬中华优秀传统文化,展示祖国语言文字的魅力,进一步贯彻落实《中共中央 国务院关于全面深化新时代教师队伍建设改革的意见》和全国教育大会、全国语言文字工作会议精神,依据《中华人民共和国国家通用语言文字法》、《贵州省国家通用语言文字条例》和贵阳市2021年教师"三字一话"大赛的要求,为提高我校及工作室教师的基本素质,更好地服务于教育教学工作,工作室联合学校决定开展教师"三字一话"微技能培训。现拟定活动方案如下：

一、时间安排

签到时间：2021年4月21日8:50

活动时间：2021年4月21日9:00开始

二、活动地点

贵阳市第二中学南一楼阶梯教室

三、参会人员

1.专家

王世鹏——贵州师范大学文学院副教授、硕士生导师、中国书法家协会会员、贵州省书法家协会理事、贵阳市书法家协会副主席、贵州省文史研究馆特约研究员。

2.其他参会人员：贵阳市第二中学校级领导、部分教师，贵阳市陈先睿名班主任工作室全体学员

四、活动主题

工作室特聘专家引领讲座和现场指导

五、活动议程

(一)专家主题引领讲座

时间：2021年4月21日上午

地点：贵阳市第二中学南一楼阶梯教室

活动内容：

1.工作室主持人陈先睿致欢迎辞，时间：9:00—9:05

2.主题引领讲座

题目：语言文字规范与中学生文字书写

主讲：王世鹏

时间：9:05—11:05

(二)专家现场指导

毛笔字、粉笔字现场指导

时间：11:10—12:10

地点：贵阳市第二中学书法教室

指导专家：王世鹏

六、后勤服务(负责人 杨××)

1.电教设备:(1)多媒体设备使用及调试、活动录像:教学处;

(2)照相:黎××。

2.会务安排(1)会议通知及参会回执统计:杨××;

(2)会场及安排:教学处(布标、发言主席台、花、座位牌);

(3)会务资料准备与发放:杨××。

3.活动引领会场引领:(熊××、李××)

七、信息撰写报送(杨××)

八、联系信息(略)

九、经费预算(略)

贵阳市第二中学教学处

贵阳市"三名工程"陈先睿名班主任工作室

2021年4月12日

2.3.2 教师技能培训活动简报

提升教师专业水平　加强教学的规范化
——贵阳市第二中学和"三名"工作室"三字一话"技能培训

"三字一话"被称为教师的基本功,被视为教师的看家本领。为了加快培养教师的步伐,进一步提升教师的业务技能,促进教师磨炼教学内功、提高业务水平,以适应新课程对教师教育教学工作的要求,牢固树立爱岗敬业思想,夯实基本功,在这花香盈满飘溢的时节,陈先睿名班主任工作室的学员于2021年4月21日在南一楼阶梯教室参加了"三字一话"技能培训活动。

本次活动特邀贵州师范大学文学院副教授、硕士生导师、中国书法家协会会员、贵州省文史研究馆特约研究员王世鹏老师作为培训专家,贵阳市第二中学副校长张霞、副校长冷枫、副校长曾拥和纪委书记杨玲等校领导参加了此次培训活动。

此次培训活动主要分为两个部分,一是关于语言文字规范与中学生文字书写的讲座,二是"三字一话"比赛的开笔仪式。王教授的讲座分别从六个方面进行展开,即国家语言文字规范的内容,简化字由来,汉字简化的九大原则,现实生活中的语言文字规范问题,语文教育中书写面临的问题和规范的试卷对学生书写的要求。课程内容通俗易懂,实例典型,上课方式多样,王教授为培训老师呈现一场精彩的讲座。他将书法和学生在平时作业、考试中常出现的突出问题相结合,从文字规范作答和书写方面进行了详细讲解,使教师能够有针对性地对学生进行教学和指导。

讲座完后,王教授与教师代表移步至书法教室进行开笔仪式。仪式上,王教授为教师代表的书法作品进行了精辟的点评,并耐心细致地给予了指导与示范。针对各位老师在教学过程中提出的板书相关问题,王教授一一进行了解答,并在黑板上进行了直观展示。在毛笔书法的学习方面,王教授提供了一些非常实用的学法指导,将复杂的问题采用简单方法处理,让老师们能够迅速掌握基本书写要领。王教授尤其强调字体的布局定位、规范书写与个性书法之间的关系。

在王教授的讲解过程中,各位老师现场学习了毛笔的书写要求。王教授对各位老师在粉笔常规教学中的常见问题进行了现场指导,这极大地激起了大家学习毛笔和板书的热情。老师们不断提出教学中遇到的各种问题,展开了热烈的讨论。我校参加比赛的李青和石德臣两位老师,带来了他们准备好的书法作品,请王教授点评。王教授对两位老师的作品给予了充分肯定,认为他们在书写的基本要素和布局合理方面处理得当,都具备一定的基本功,同时也指出了一些需要改进的地方。

通过这次活动,老师们既感受到了基本功的重要性,也了解了自己的不足,锤炼了基本教学技能,为打造一支专业技能过硬的教师队伍奠定了良好的基础。

2.4 主题研讨活动

名班主任工作室主题研讨活动的选择应紧密联系工作室自身的定位、目标和需求。其主要内容包含:

(1)班主任的角色与职责:深入探讨不同年级、不同学科班主任的具体职责和角色,分享成功的班主任经验,激励与启发其他成员;

(2)学生管理与班级管理:分享有效的班级管理策略,包括规则制定、纪律管理和班会组织等,探讨学生问题解决的方法,如行为问题、学习困难等;

(3)家校合作与家长沟通:探讨与家长建立良好合作关系的方法,促进家校沟通,分享与家长开展有效沟通和解决问题的经验;

（4）学生心理健康与情感关怀：了解学生心理健康问题并提供解决策略，分享如何提供情感支持，增进学生的幸福感和自信心；

（5）教学方法与策略分享：探讨多样化的教学方法与策略，以满足学生的个性化学习需求，分享科学有效的评估方法，提高教学质量；

（6）班主任的专业发展：探讨继续教育的途径和机会，如研修班、学术会议等，分享专业发展资源和经验，激励成员追求教师的专业发展；

（7）班主任工作室效能评估：分析和评估班主任工作室的工作效果和成果，收集成员的反馈和建议，以改进工作室的运作和发展。

下面，以工作室协办贵阳市新教材新课改新高考改革主题研讨活动的方案和简报为例进行展示。

2.4.1 主题研讨活动方案

关于协助举办贵阳市新教材新课改新高考改革主题研讨活动方案

今年，贵州省将实行高考综合改革，为贯彻落实全省教育事业高质量发展工作会议精神，推进贵阳市新教材新课程新高考（以下称为三新改革），探索落实新修订普通高中课程方案和新课标的实践路径，促进贵阳市普通高中教育高质量发展，经研究，市教育局与国家教育行政学院教育管理杂志社共同举办贵阳市新教材新课程新高考改革主题研讨会。工作室将协助承办方贵阳市第二中学，积极参加各项活动。现拟定活动方案如下。

一、活动时间及活动主题

时间：2021年9月25日（周六）—9月26日（周日）

主题：三新改革和教师专业发展

二、活动地点

贵阳市第二中学

三、参会人员

1.讲座专家和授课教师

代蕊华——教育部中学校长培训中心主任

陈先睿——贵阳市"三名工程"名班主任工作室主持人

胡丹——成都市第七中学语文高级教师

訾慧——贵阳市教育科学研究所语文教研员

2.其他参会人员

贵阳市部分校级领导、贵阳市第二中学部分教师、贵阳市陈先睿名班主任工作室全体学员、贵阳市罗静名班主任工作室全体学员、贵阳市徐涛名师工作室全体学员。

五、活动议程

1.主题引领讲座

讲座1:"十四五"高质量教育培训体系的构建

主讲:代蕊华

时间:2021年9月25日　13:30—16:30

地点:贵阳市第二中学南一楼阶梯教室

讲座2:责任担当,最美教师

主讲:陈先睿

时间:2021年9月25日　16:40—18:40

地点:贵阳市第二中学南一楼阶梯教室

2.优质课观摩

内容:议论文如何实现论证的深刻

执教教师:成都市第七中学语文教师胡丹

时间:9月26日　14:00—15:30

地点:贵阳市第二中学地理多功能教室

六、后勤服务(负责人　杨××)

1.电教设备

(1)多媒体设备使用及调试、活动录像:教学处;

(2)照相:黎××。

2.会务安排

(1)会议通知及参会回执统计:杨××;

(2)会场及安排:教学处(布标、发言台、主席台、花、座位牌);

(3)会务资料准备与发放:杨先松。

3.活动引领会场引领:(熊××、李××)

七、信息撰写报送(杨××)

八、联系信息(略)

九、经费预算(略)

贵阳市"三名工程"陈先睿名班主任工作室
2021年9月22日

2.4.2 主题研讨活动简报

参加主题研讨活动 提升教师专业能力

2021年9月25日下午,贵阳市第二中学举办了"最美二中人,最美二中情"为主题的大讲堂活动。贵阳市"三名工程"陈先睿名班主任工作室组织了新教材新课程新高考改革的研讨培训活动。

上午,教育部中学校长培训中心主任代蕊华作了"'十四五'高质量教育培训体系的构建"讲座。他强调,目前要从新时期国家对教育培训的要求和展望出发,思考问题,阐述了构建"十四五"高质量教育培训体系的新内容和新要求。希望大家要立足"三新"的教育使命,进一步把握好学校发展中面临的机遇和挑战,瞄准"十四五"学校高质量发展的突破点和创新点,谋划落实并共同推进贵州基础教育工作高质量、专业化发展。

随后,贵阳市"三名工程"陈先睿名班主任工作室主持人陈老师谈到,新时代下,以段丽英校长为首的贵阳市第二中学拼搏团队,把自己的温暖和情感倾注到每一个学生身上,助力他们健康成长,并让每一个学生都能享受成功的喜悦。团队将对教育的爱,倾注到师生红色基因的传承之中,倾注到学生的成长和教师的专业化发

陈先睿老师作报告

展中,倾注到新的教育发展中。只要祖国需要、人民需要,二中人定当义不容辞!大至生死相托,小至脱贫攻坚,涌现出许多的"最美二中人"。他强调,新时期我们相信,在段丽英校长以及唤醒陪伴引领的办学理念的引领下,贵阳市第二中学坚持"学校始终与时代与祖国共命运,始终传承着一种生命自觉、主动作为"的优良传统,争当"最美二中人",继续谱写"最浓二中情"。最后,陈老师特别讲到,作为教师我们一定要用好身边的党史学习教育资源,让党史学习深入课堂、深入课程、深入课题、深入教师、深入学生、深入家长",真正做到"四个正确认识",真正实现为党育人、为国育才。

下午,由贵阳市教育科学研究所语文教研员訾慧老师组织各位老师参加听课学习并做上课前后的主持。成都市第七中学语文教师胡丹在地理多功能教室给大家上了一节内容为"议论文如何实现论证的深刻"的观摩课。胡老师先进行了课前交流,对高三(9)班同学有了初步了解,之后进行高考阅读课例分析,并提出了深刻阅读的要求。胡老师利用考场作文展示,分析了如何才能对问题进行深刻论证,并提供了相关的方法和策略。现场氛围非常活跃,同学们在胡老师的引导下,积极回答问题,教学活动效果较好。在说课环节,胡老师首先对课程标准、教材内容进行分析。在谈到教学理念时,他强调要尊重学生,学会反思;立足思维,提升思维;立德树人,培育新人。专家点评:选题有价值,教学语言凝练,小口切入,深度挖掘。各位点评老师对这节课进行了细致的点评,不仅对授课和说课给予了肯定和好评,还给胡老师提出了一些教学方面的改进意见。

本次活动,进一步提升了工作室成员和学员在"三新"改革中的理论水平及实践能力,为实现高端引领、深入培训、拓宽视野、更新观念、提升能力、激发动力发挥了积极作用。

2.5 专家讲座学习研讨

名班主任工作室的专家讲座学习研讨,可以为班主任提供专业知识和经验分享,促进他们的专业发展。其主题可以有:

(1)教育心理学与班主任工作:讲解教育心理学在班主任工作中的应用,如了解学生发展特点、学习困难及解决方法等;

(2)班级管理与班主任技巧:分享班级管理的核心原则和技巧,如制定班级规则、激励学生、处理纪律问题等;

(3)学生情绪管理与心理健康:探讨情绪管理的重要性,介绍学生常见情绪问题及相应的心理健康支持策略;

(4)教学策略与个性化教育:分享灵活多样的教学策略,帮助班主任满足不同学生的学习需求,实现个性化教育;

(5)家校合作与家长沟通:提供有效的家校合作模式和沟通技巧,以促进家长参与并支持学生发展;

(6)班主任自我管理与职业发展:探讨班主任的自我管理方法和职业发展途径,鼓励他们不断提升自己的专业能力。

工作室可定期组织讲座及研讨活动,并在每次活动后进行总结和评价。此外,通过激励班主任参与专业发展活动,如提供相应的学习证书或制定成长计划等,鼓励他们持续学习并提升自己的工作能力。

2.5.1 专家讲座学习研讨方案

关于开展11月专家讲座学习研讨活动方案

百年大计,教育为本;教育大计,教师为本。为深入贯彻落实党的十九大和《中共中央 国务院关于全面深化新时代教师队伍建设改革的意见》《省教育厅关于实施"强师工程"的实施意见》(黔教发〔2021〕25号)文件精神,落实立德树人根本任务,工作室根据自身的发展需要,为进一步提升学员专业发展水平,制定如下方案:

一、活动时间及地点

时间:2021年11月16日

地点:贵阳市第二中学

二、活动单位、人员

1.讲座专家

段丽英——贵阳市第二中学党委书记、校长

龙文——贵阳市教科所德育教研员

邓昌柯——贵阳市第二中学副校长

2.授课教师

杨先松——贵阳市第二中学数学教师

曾桃红——贵阳市白云区第二高级中学数学教师

3.参加人员

贵阳市陈先睿名班主任工作室全体成员

三、活动议程

1.签到

时间:2021年11月16日(周二)上午8:20

地点:东四楼会议室

2.专家讲座

(1)8:30—10:30,东四楼会议室。

《提高站位　转变方式　促进发展—助力名班主任工作室成长》　　　主讲:段丽英

(2)14:00—16:00,南三楼党员活动室。

《德育写作例谈》　　　　　　　　　　　　　　　　　　　　　　　主讲:龙文

(3)16:10—18:10,南三楼党员活动室。

《三尺讲台守初心　立德树人勇担当》　　　　　　　　　　　　　　主讲:邓昌柯

3.工作室学员展示主题班会课例

(1)10:40—11:20,东三楼地理教室。

《建设和保护我们的地球村》　　　　　　　　　　　　　　　　　　授课:杨先松

(2)11:30—12:10,东三楼地理教室。

《奋斗的青春》　　　　　　　　　　　　　　　　　　　　　　　　授课:曾桃红

四、后勤服务　负责人　杨××

1.电教设备

(1)多媒体设备使用及调试、活动录像:教学处;

(2)照相:黎××。

2.会务安排

(1)会议通知及参会回执统计:杨××;

(2)会场及安排:教学处(布标、发言台、主席台、花、座位牌);

(3)会务资料准备与发放:杨××。

3.活动引领会场引领:(熊××、李××)

五、信息撰写报送(杨××)

六、联系信息(略)

七、经费预算(略)

贵阳市"三名工程"陈先睿名班主任工作室
2021年11月12日

2.5.2 专家讲座学习研讨简报

趁"三新"改革之势 提升专业发展水平

2021年11月16日,工作室开展了以"趁'三新'改革之势 提升班主任专业发展水平"为主题的研修活动。

活动第一阶段,是专家集中讲座。

首先,贵阳市第二中学段丽英校长为工作室全体学员作了一场以"提高站位 转变方式 促进发展——助力名班主任工作室成长"为题的讲座。主要内容分别从以下三个方面展开。

一是由培识己—由己而思—由思至行。由中心引路、导师领航、明志笃行;陪伴是最长情的告白,最美的爱是陪伴;唤醒心理与心智,认识自我、发现自我、激发内在驱动力;牵引并引发内心认同的方向与目标。

二是提高站位—转变思想—改进方式。教育理念是对教育规律的本质思考,是对教育价值的根本追求。不同的教育质量观与教学观来源于对教育不同的理解和认识。

三是主动发展—健康成长—且行且思。提升学校的文化品质,强化课程意识,培育时代新人。薪火相传,后继有人;星星之火,可以燎原;健康心态,阳光成长;自主发展,茁壮成长。

立足育人目标,在理解做什么教育的基础上,把握学科核心素养,改革育人方式,促进深度学习的发生,这是育人方式改进的起点和终点。

其次,贵阳市教科所龙文老师为工作室全体学员作了一场题为"德育写作例谈"的讲座。龙老师从以下几个方面进行讲解。

一是德育文章的撰写,需要明确写作要求,驾驭不同文体。关于教育随笔,其特色就在"随"——随便,随时,随心。它一般题目小、篇幅短,层次和结构比较简单,内容单纯,涉及面较窄,写作材料便于收集、整理和使用。关于教育案例,即教育实践过程中实际发生事件的故事性描述,其叙述的是教育实践过程中意料之外、情理之中的事。

二是关于案例,分解为基本结构和案例类型。其中,基本结构描述教育教学活动的背景,提供问题产生的情境,包括:时间、地点、人物、课程、教材、学校、班级、学生等基本情况,不需要面面俱到,重要的是说明故事的发生是否有什么特别的原因或条件。而案例类型一类偏重教育学生、转化学生,另一类偏重课程教学的组织、实施与评价。

最后,贵阳市第二中学邓昌柯副校长为工作室全体学员作了一场以"三尺讲台守初心 立德树人勇担当"为主题的讲座。主要内容分别为以下几个方面。

一是心存感恩,做到爱岗敬业;甘于奉献,坚持锐意进取。大多数人都希望单位能够给予自己一定的发展空间和展示平台,以便最大限度地发挥自己的才能,实现自己的人生价值。

二是三尺讲台守初心,做人民满意的好老师。吃苦在前,享受在后,克己奉公,多作贡献,是人性中真善美的集中体现,也是对优秀教师的基本要求,是共产党员道德品质中最本质的特征。党员不同于一般群众,应当甘于奉献。当前,学校各项工作都相当繁重,作为教师,特别是党员教师,应淡泊名利,志在奉献。奉献是党员身上不可或缺的品质。我们一定要树立奉献意识,规范自己追求利益的行为,自觉维护集体利益和国家利益。

三是立德树人勇担当,为党育人、为国育才。对于我们每个教育人来说,初心是什么?很简单,就是作为一名老师,我们的初心就在那三尺讲台。唯有唤出师者的初心,方能让我们牢记作为老师的使命。

活动第二阶段,是主题班会课交流。

为了更好地进行"三名工程"名班主任交流周的课例展示,工作室学员杨先松老师,上了一节"保护和建设我们的地球村"的生态文明主题班会课,曾桃红老师上了一节"奋斗的青春"励志主题班会课。课后,主持人陈先睿老师不仅给予了高度评价,还提出了一些建设性的意见。工作室的指导老师也对这两节课进行了点评,为两位老师提供了一些好的改进意见。此外,工作室的其他老师也分享了他们的见解并给出了指导性的意见。

通过本次活动,工作室成员在"三新"改革方面进一步提升了理论水平及实践能力。大家在班主任主题班会的设计、授课方面获得了切实的指导,这不仅有助于实现高端引领和深入培训的目标,也为拓宽视野、更新观念、提升能力以及激发动力起到了积极作用。

第3章　工作室主题思想研讨与课题研究

名班主任工作室建设的一个核心关键,是需要对工作室的主题思想展开研讨。可以考虑以下七个步骤:第一,确定工作室的目标与理念,明确工作室的宗旨和愿景,确定工作室的定位和工作重点;第二,拟定工作室的工作计划,包括工作室的长期和短期计划,涉及组织主题思想研讨、开展活动和推动班级发展等;第三,定期举办主题思想研讨会,选择与班主任工作相关的热点议题,组织内部班主任之间的讨论与分享,鼓励成员提出问题和解决方案;第四,邀请专家参与指导和培训,邀请教育专家或优秀班主任的实践者,参与指导和培训,分享实践经验;第五,提供资源支持,为班主任提供相关的教育资源、文献参考和数据分析工具,帮助他们深入研究并实践;第六,促进交流与合作,鼓励工作室成员之间的相互交流和学习,共同解决班级管理和教育问题;第七,评估工作室的成效,及时反馈评估结果,了解工作室的进展和改进空间,为下一步的工作提供参考。也就是说,名班主任工作室的建设与主题思想研讨应设定清晰的目标和计划,同时营造成员间良好的交流和合作氛围。

3.1 学科体现意识形态相关研究

这里,以工作室主持人2020年11月22日在毕节开展教师培训的专题讲座为例,展示如下。

意识形态教育在数学学科教学中的体现

一、背景

(一)新时代的要求

能做好意识形态工作,事关党的前途命运,事关国家长治久安,事关民族凝聚力和向心力。

(1)建设具有强大凝聚力和引领力的社会主义意识形态;

(2)意识形态关乎旗帜、关乎道路、关乎国家政治安全;

(3)意识形态领域形势依然复杂、挑战依然严峻;

(4)牢牢掌握意识形态工作领导权;

(5)坚决打赢网络意识形态斗争。

(二)新的高考评价体系的要求

2020年高考工作全面落实习近平总书记关于高考的重要指示精神,按照政府工作报告中关于有序组织中小学教育教学和中高考工作的要求,赢得疫情防控和命题工作双胜利。

高考命题坚持以习近平新时代中国特色社会主义思想为指导,落实国务院高考内容改革专题会议精神,遵循"方向是核心,平稳是关键"的原则,依托高考评价体系,在落实立德树人、促进德智体美劳全面发展上下功夫,在体现时代性上下功夫,在聚焦关键能力考查上下功夫,在保持试卷结构和难度稳定上下功夫,加强与高考综合改革和高中育人方式改革的协同,在更高水平上推进高考内容改革和命题质量的提升。

(三)意识形态教育历史渊源

德国教育家赫尔巴特首次提出教育性教学。如果把学科看作是使儿童认识社会活动的情况的一种工具,那么,任何一门学科就具有三种不同的价值:知识的价值、训练的价值和文化修养的价值。知识只有在提出被置于社会生活背景中的材料的明确形象和概念时,才是名副其实的或有教育性的。训练只有在它代表把知识反映到个人自己的能力中去、使他将能力服务于社会目的时,才是名副其实的有教育性的。如果文化修养要成为名副其实的有教育性而不是外表光泽或人为的装饰,就要代表知识和训练的生动的联合。它标志着个人的人生观的社会化。因此,真正有教育意义的学科教学本身就具有道德教育的价值。

首先,不同学科蕴藏着丰富的道德教育资源,挖掘教学内容和形式中的道德教育素材,可以培养和增进师生对人文道德价值的敏感度和敬仰之情;能够激发师生的兴趣和情感投入,在培养学习能力的过程中实现知行统一;还能加深对学科素材所承载的道德教育价值的理解和认同。其次,学科学习奠定人的知识体系及方法基础。最后,学科学习的过程无时无处不体现道德学习,因为其中既包含个体生命能量的投入、积极情绪的感受、自我尊严的确认,又包含群体交往中的合作与分享、奖励与惩罚、信守与承诺、纪律约束与意志磨炼等要素。所以说,在中小学阶段,除了直接通过德育课程来传授一定的道德知识外,应把道德内涵的教授和尊重学生的理性能力和自主意识有效结合起来。正如北京师范大学朱小蔓教授所说,在学科教学中渗透德育是一条不可忽视的重要途径。

二、必要性与可行性

1. 必要性

《中共中央国务院关于深化教育改革全面推进素质教育的决定》中指出,进一步改进德育工作的方式方法,寓德育于各学科教学之中。现行数学教科书中,蕴含着丰富的辩证唯物主义观点和爱国主义教育的素材,只要努力挖掘,巧妙渗透,就能把爱国主义教育、辩证唯物主义教育、高尚品格教育有机结合起来。在数学教学过程中,如何对学生进行德育教育,是每位数学教师无法回避的问题。

2. 可行性

通过解构数学中的真、善、美,形成科学认知、现实应用、情感认同的螺旋上升机制,为构建结构化育人体系提供学科支撑。

三、对"体现"的深度思考

1. 对德育渗透与德育融入的理性审视

一是"渗透"与"融入"意在两物之交融;二是德育渗透与德育融入将德育与学科教学"二分";三是德育与学科教学"二分"的危害。

2. 学科德育是德育与学科教学的"一体共在"

首先,学科中蕴含德育元素;其次,德育应在学科教学中体现出来;最后,德育如何在学科教学中实现。

教师要将学科中蕴含的德育资源挖掘出来,在教学中融入德育内容,并引导学生在学习过程中感悟和体会。

学科教学不能没有德育,只有在教学中体现德育,才能真正完成学科教学的任务。

四、具体操作

1. 主要内容

(1)以中国数学的光辉历史和杰出成就,激发学生的民族自豪感;(2)以我国数学家们的光辉事迹激发学生的学习热情;(3)充分利用教学活动进行德育教育;(4)在教学中注意学生个性品质教育。

2. 在数学教学中进行德育的原则

(1)适度性原则;(2)渐近性原则;(3)以情动人的原则;(4)持之以恒的原则。

3. 案例分享(略)

五、思考与建议

1. 转变数学学科教育价值观

2. 数学课程中渗透德育的途径

(1)创新调整数学学科课程结构;(2)充分挖掘数学教材中的德育素材;(3)建构以人文价值为内涵的数学精神;(4)在小组合作学习中渗透德育。

3.2 学科体现意识形态具体抓手

学科意识形态要能真正作用于学生,需要通过优化教师教学行为来干预和引导学生学习行为。以工作室承担的市级课题"新考改背景下中学校本研修促进教师优化干预学生学习行为行动研究"为例,具体展示如下。

一、学生课堂学习行为问题研究

1. 教师优化干预学生课堂学习行为的重要性和必要性

在新的国际人才观条件下,新高考改革对培养学生综合素质的客观要求,强调了对师生教与学方式的转变。《中国高考评价体系说明》中讲到,新时代高考在助力课程教学方式和学生学习方式的转变、加强教学内容与社会生活的紧密联系等方面大有可为。《国家中长期教育改革和发展规划纲要(2010—2020年)》中明确指出:高中阶段是学生个性形成、自主发展的关键时期,对提高国民素质和培养创新人才具有特殊意义。注重培养学生自主学习、自强自立和适应社会的能力,克服应试教育倾向。2018年,习近平总书记在全国教育大会上强调,要在增长知识见识上下功夫,教育引导学生珍惜学习时光,心无旁骛求知问学,增长见识,丰富学识,沿着求真理、悟道理、明事理的方向前进。要在培养奋斗精神上下功夫,教育引导学生树立高远志向,历练敢于担当、不懈奋斗的精神,具有勇于奋斗的精神状态、乐观向上的人生态度,做到刚健有为、自强不息。《教育部关于做好普通高中新课程新教材实施工作的指导意见》中提出,学校要健全以校为本的教研制度,鼓励和支持教师创新教学方式,关注学生个体差异和学习过程,促进学生自主、合作、探究学习,不断提高教学质量。可见,提升学生学习力、提高教学有效性需要关注和研究学生学习行为,注重学生自主发展、推进教师积极开展针对学生学习行为的校本教研是适应国家政策、发展高质量教育之需。

从教育研究现状来看,现有教学论意义上的教学行为研究过多地关注了教师教导行为和师生互动行为研究,对学生学习行为的研究涉及较少。反观当前教育教学实践,学生学习负担过重已是一个不争的事实。学生学得多、学得苦、学得累却学得被动、学得不好,甚至不愿去学,在很大程度上与学生学习行为的单一、片面以及机械行为的大量重复使用有关。只有对学生的学习行为进行科学研究和优化指导,才能从根本上解决学生学习负担问题。

同时,我校支教帮扶的初高中学校由于所处地域面临的生源类似,迫切需要对学生共有的不良学习行为展开有效干预,切实关注学生学习行为优化,提高学生自主学习能力,这不仅有助于促进学生学习力的提升,也有助于教师专业化水平的发展。为此,各校共同联合研修,开创了校本研修的新研修模式。因此,优化干预学生学习行为,既是校际发展的需要,更是国家教育发展的必然要求。

2.校本研修对教师教学行为的影响

要真正有效实现对学生学习行为的优化干预,离不开教师教学行为的积极引导。长期以来,大部分教师通过不断的教育教学实践,各自都积累了不少切实可行且富有成效的优化干预的策略和方法。但是,这些策略和方法往往比较零散化、个性化、片面化,不够系统化、共性化和全面化。相比之下,校本研修较好地解决了这类问题,同时更好地促进了教师团队化和有效教学行为的形成。实践证明,通过研修制度的建立健全、研修活动的多样化开展,特别是主题式、分层化、专家引领式、课题推进式等方式,切实开展好校本研修,可以有效地促进教师个体的知识、能力、品行的发展和学校教师团队的发展。校本研修有利于教师教育教学理念的转变和教学行为的变化,提升教师专业教学能力、专业发展动力和自我约束能力,激发教师专业发展意识,增强自我概念和职业认同感,提高批判性思维和表达能力。最终,校本研修能够实现教师教学行为的专业化,学生学习行为的优质化,学校发展的持续化。

3.本校(地区)现状及存在的问题

(1)师生校本研修优势与不足。

①校本研修中的优势:自2004年以来,贵阳市第二中学不断响应新课程改革要求,开展了学校层面的校本研修,促进了教学改革的稳步推进,如从生命课堂、激活课堂到课堂观察,再到学习目标达成与学习力提高的高效课堂等。特别是作为2014年贵州省中小学首批校本研修示范校以来,我校不断尝试教育教学的理念更新,并进行

教学行为的跟进,探索了以"六环节问题式常态教研""主题研讨式专题教研""分解协同式课题教研""论坛沙龙式移动教研"为主要形式的校本研修。我校教师以"明道、乐教、善研、协同、共赢"作为校本研修目标,以"教·研·训·建·评"为校本研修的核心,实现了立足课堂、问题驱动、抓实常规、提质增效的教学能力提升。每一次的转型期,都给学校的发展带来了机遇和挑战。在实施校本研修发展规划的过程中,我们意识到,学校要稳定健康和谐发展,需要激发师生内在的活力,而核心正是在教师的有效引导下,促进学生良好学习行为主动发生、发展迫切需求和行之有效的途径和方法。在多年校本研修的教学引导下,教师通过切实的教学活动体验、感悟,让学生在知识与技能的学习中,情感态度价值观的体验中,培育他们"重责任、善担当、自主发展"的核心素养,最终形成"着眼全体、关注个体、特色与个性协调发展"的生动局面。研修团队在课程建设的实施中得到了很好的发展。

②校本研修中的不足:校本研修还未能激发所有教师的研究潜力,还需要探寻个性化校本研修策略与行动;课题研究的实效性尚有较大提升空间,个别教师对研究课题存在畏难和惰性情绪,缺乏专业指导,积极性不高;线上研修还缺乏常态,需要在激励措施和研修形式上进一步改进;以教师立场为主而开展教师教学行为的研究较多,而以学生为主开展学生学习行为的研究较少。由此,这进一步激发了我们探索和思考如何在校本研修中有效干预学生学习行为的策略和方法。

(2)师生教学行为优势与不足。

①优势。教师层面:教师专业基本功较为扎实、教风学风良好、学科素养较高,教师教学行为干预基础较好。专业教师继续教育合格率为100%,研究生人数百余人并呈现逐年增加态势,学历层次较高,专业基本功扎实。全体教师团结协作,敬业爱岗,质朴执着,在学生"入口"成绩位于贵阳市城区示范性高中的中下水平的情况下,能通过教师专业化教学行为干预,特别是在合作探究、教学逻辑、教师提问(包括问题设计)、教师任务引导与点拨、阅读训练等具体教学行为措施上的深入研究,显著提升了学生的学习效果和纪律表现。整体上,学生的学习情况和守纪情况良好,教科研人文环境良好。教师专业教学人才培养梯队已初步形成。目前,学校已基本形成一支由特级、省市级名师、省市级骨干教师、教坛新秀和校级名师、学科带头人、教坛新秀等组成的人才梯队。常态化研修模式,如"三主教研""一备一研""青蓝工程",以及"每年一次教学月活动——团队技能大赛"等活动,助推教师队伍整体业务素质逐年提

高。教育教学质量监控机制运行良好,教学质量逐年提升。学生层面:学生学习行为的主体性意识较高,进校后,经过优化学习行为的教育,尤其是经历了衔接教育、养成教育的培训后,学生表现出较好的适应性、规范性。大多数学生能遵规守纪,执行力强,学生渴望高效课堂教学,特别是"无前无后"(当堂完成)的教学行为。同时,学生可塑性强,其学习行为的改善空间较大。基于前两个优势,学生"入口"成绩虽然不佳,但"出口"成绩在贵阳市普通高中"入口出口"成绩评估中位于前列。我校具有较好的教师有效优化干预学生学习行为的基础和氛围。

②不足。教师层面:教师队伍专业化发展不均衡,素养的差异导致部分教师教学干预意识薄弱,对学生学习行为干预的方法缺乏系统性和针对性。态度上,青年教师主动成长意识较强,而一部分(尤其是45岁以上)教师职业倦怠感较强,教科研参与积极性不高;方法上,苦干多于巧干,自我反思缺乏深度。教科研对教学实践、高效课堂、学生学习行为优化干预的作用尚有较大可为空间。少部分教师不敢放手,教法单一,缺乏解决问题的方法策略,反思停留在表面,校本研修的效率还有提升空间。教师教学行为中的研究对象整体观、微视角教学行为研究、教学行为评价及优化方面的理论与实践衔接等,仍需要大量研究,以适应新高考新教材新课程改革。各学科发展不平衡,因历史传统原因、教研组氛围以及教师的个人发展不均衡、师资配置上比较受限等,导致学科课堂教学干预实施效果不佳,教师的工作积极性、专业水平有待提升。学生层面:因生源多为独生子女,他们"知识改变命运"的主动学习动力不足,学习自觉性不高。学生"入口"成绩在贵阳市示范高中处于中下水平,这一类学生的学习毅力、学习能力明显不足,学习习惯也往往处于中下水平,缺乏主动解决和战胜困难的信心和勇气,也缺乏一以贯之、拼搏奋斗的恒心。他们在学习上自主学习的能力和意识薄弱,课堂教学中的倾听、表达、交流的能力有待提高。优秀的学习行为需要教师较长时间干预,才能真正习得。

在这样的现状下,我们认识到,促进学习行为的变革发展,是学校实现教学目标的关键,也是全面落实学校办学理念的需要。我们希望通过研究找到优化干预学生学习行为的路径与方法,提升主动发展的内涵和品质,助推学校全面发展。

4.学生学习行为研究的理论基础、实践依据和价值

(1)基本观点。

本研究聚焦学生的学习行为,试图在揭示学习行为研究价值和厘清学习行为及

其相关概念的基础上,提出学习行为研究的"对象—操作—结果"框架,并对当前任教班级的中学生学习行为状况进行分析,拟定调查问卷,然后基于调查结果进行分析,积极开展校本研修,进一步探讨针对学生学习行为发现的问题,提出促进学生学习行为变革的策略与方法,确定研究的各种主题清单,最后再通过教学行动的实践来优化对学生学习行为的干预。

(2)学习行为、教师干预、校本研修三者的关系。

学习行为,是学习者在主客观因素的影响下,在学习过程中表现出来的运动、动作和反应的总和,是学习者的思想、情感、情绪、态度、动机、能力等内在心理素质的外在表现。从构成要素上看,学习行为由具体行为的主体、对象、目的、过程、方式、手段、策略和结果等构成。学习行为具有明显的动作表现,与学习者的生理、心理活动密切相关,因此往往通过学习行为中的外显动作,来考察学习者学习生活状态和生存状态。

多年的教育教学实践证明,有效学习行为的产生,离不开教师合理的干预即教导行为的引导。许多优秀的教师,都有意识或无意识地在自己的课堂上实施有效干预,帮助学生了解和创造自己的最近发展区。学生也会发现有些活动是自己不能解决的,在教师的帮助下,才能得到进一步的提升,从而实现高效、有效的学习。特别是那些学习困难的学生,他们往往更需要教师的干预,即修复认知结构的缺陷、建立积极的学习情绪、强化学习策略的指导等,以达到学习困难学生的转化,凸显教师的有效干预,实现教师的专业化发展。

校本研修是以学校为基地,教师为主体,教师专业发展为主题,校长自主组织,以教师在实际教学工作中发现问题,通过专业引领、同伴互助互动交流等方式解决问题,并有针对性地开展教育专著和专业知识等学习提高教师的理论素养,促进专业发展的一种学习、工作、研究三位一体的学校活动和教师行为。校本研修是在新的教师专业发展形势下产生的新的教师培养形式,是为使教师尽快适应新课程改革而产生的促进教师专业发展的新理念、新思想、新方法和新技术。校本研修可以解决教师教育教学中的许多问题,其中对于教师教学共性和学生学习共性的问题,往往可以依靠校本研修得到系统化的解决。因此,对于学生不良学习行为这一学习困难学生的共性问题,迫切需要系统化地开展校本研修。教师采取优化的干预策略和手段,以达到教师教育教学水平的提升和学生学习能力的提高。

总之,对学生学习行为的调查研究和教师教学观察所发现的问题,为校本研修提供了探究分析的素材。基于此,学校可以确定校本研修和支教学校的共同研讨的主题,以形成教师干预的策略和措施。最终,在实际教学中落实这些行动,力争切实解决问题。

(3)概念界定。

①教学干预。

教学干预,通常是指各科任课教师借助各自课程的课堂教学平台,运用心理学知识,帮助学生了解自我、改变自我的教学操作模式。它以提高学生的自主学习能力为目标,通过专题辅导、学科指导、个别咨询辅导和家庭间接辅导等途径和方式,精选科学高效的教学干预策略,围绕学习的自我效能感、认知策略、自我调控和资源管理策略等方面内容,为学生提供全面系统而有效的指导和训练。基于混合式学习模式的教学干预被界定为:为了帮助学习者克服学习困难、顺利完成学习,以基于网络学习平台的学习过程数据的收集和分析为基础,针对每位学习者的具体学习状态而实施的各种支持性策略和指导性活动的综合。

②校本研修。

校本研修,是指立足于本校工作实际,根据教师自身专业发展需要,开展自主、合作、探究性学习和锻炼,以提高教师专业修养水平,促进教师专业化的一种教师继续教育形式。具体来说,就是在学校的领导下,以教师自身及其所在学校的特点和需要为基础,以提高教师的专业修养水平为目的,以不断深化教育改革和优化学生成长环境为内容,以自主、合作、探究性学习为主要形式,以教师为主体的学习型组织为交流平台,在专业人士指导和专业信息的引导下,通过有目的、有计划、有组织、有系统的研究性学习和实践锻炼,促进教师自主成长的一种教师继续教育方式。

校本研修,是一种集学习、教学和科研三者于一体的学校及教师行为。它是学校特色发展中提高教师特殊素质和一般素质的培训,是一种有计划、有组织、持续开展的教师自主性学习实践活动。

③学生学习行为。

学习是指学习者因经验而引起的行为、能力和心理倾向的比较持久的变化。这些变化不是因成熟、疾病或药物引起的,而且也不一定表现出外显的行为。那么学习行为不仅指学习的外显反应,如回答问题、做练习、听讲、学生提问、做实验、做笔记、小组讨论等,也包括学习的思维、学习的问题解决和学习态度。

学习行为指的是学习者在学习活动中所采用的行为形式与方法,它是学习者的思想、情感、情绪、动机、能力及运作程序的具体行为表现,是学习者在特定情景下的学习活动的具体化和现实化。

④学生课堂学习行为。

国外对课堂学习行为的研究,主要聚焦在学生课堂学习行为中出现的各种问题,基本是在心理学领域。而国内因受传统行为主义学习心理学影响,对学生课堂学习行为的研究,是将课堂学习行为看成学生课堂中表现出来的外显行为,并按照倾听行为、言说行为、操作行为、朗读行为、课堂提问行为、练习讲解行为、课堂语言行为等不同类别进行划分和研究。

笔者认为,学生课堂学习行为,既要关注学生课堂学习行为外显的行为,又要关注学生课堂学习行为的心理内核——认知结构变化;不仅要注意,学生的自我意识是学习行为发生的主体,更要注重对教师、教材、环境、同伴等学习活动中的现实存在这一客体,特别是对主客间关系的研究。笔者认为的课堂学习行为,是学习者与课堂学习环境互动的过程中,以学习内容为中介,通过特定的学习过程,学习观察维度(集中表现在对象维度、操作维度、结果维度)发生变化的外在表现。

(4)实践依据。

①学校实践描述。

贵阳市第二中学作为省级二类示范性高中,从2004年开始不断开展教育教学改革,历经生命课堂、激活课堂、高效课堂及课堂观察、学习目标达成研究,思维可视化与学习能力、翻转课堂与"1+5+1"七环节教学研究,新时代"五育"并举实践研究,从周周清、知识清单到任务清单,从关注教师的教到关注学生的学,从重点关注教学到共同关注教学与教育,从更多关注智育到关注学生全面综合素养培育和成长等,积累了一定有效干预的经验和做法。这些年助推了学生的成长、教师的提升和学校的发展,促进了学生在自我认知、自我教育、自我管理和自我实现中的主动发展,促进了教师在职业认同、专业认同和价值认同中的专业化发展,促进了学校在课题研究的实效性、校本研修团队建设、课堂教学的质量提升方面较大程度的提高。学校多次荣获贵阳市普通高中学校"入口出口"成绩评估一等奖,先后荣获贵州省校本研修示范校、贵州省中小学幼儿园教师专业发展示范基地校等荣誉称号。

②国内成功案例。

通过查阅各类相关资料发现,国内许多大中小学的一线教育工作者,通过校本研修进行交流、研究、实践和分享多种教师优化、干预学生学习行为的教学策略,促进了学生、教师和学校的共同发展。

如在教师教学行为研究方面,有陈晓燕(2019)的《关注教师教学行为改进,让核心素养培养落地》、于传忠等(2018)的《课堂教学行为评价研究的起源与发展》、张汉学(2016)的《无效的数学课堂教学行为不容忽视》、张和柱(2017)的《新课改下课堂教学行为中存在的不足》、张宇(2021)的《优化教师教学行为 培育学生科学核心素养》等分析实践和研究。

如在教学干预方面,有郭红梅(2019)的《浅谈如何以学习小组干预教学管理工作》、朱琴(2015)等的《学习困难学生的认知特点及其教学干预探析》、姜珊(2013)的《浅谈最近发展区视域下教学有效干预对策研究》等分析实践和研究。

如在校本研修对教师专业化发展方面,有杨丽娜(2020)的《校本研修方式下如何促进教师专业发展》、张财慧(2021)的《以校本研修促进农村教师专业发展的探讨》、程昱华(2021)的《以校本研修助推教师专业成长》、吕星宇(2020)的《中小学校本研修中存在的问题与解决策略》等分析实践和研究。

如在学习行为研究方面,有代表性的范兆兰(2001)的《关于学绩和学习行为不良学生的个案研究》、计亚萍(2011)的《"教师课堂教学行为有效性研究"的实践和思考》、冀芳(2007)的《不同课程形态的课堂教学中学生学习行为现状的个案研究》、杨帆(2012)的《高中教师课堂教学反馈行为研究》、尤新兴(2009)的《关于改善学生学习行为的思考》、姚纯贞等(2009)《国内外"学习行为"研究综述》、高巍(2012)的《教师行为与学生行为的关系解析》、段星(2012)的《西北地区中小学学生数学学习行为研究》、肖雪(2014)的《新课程下基于学生学习行为研究的课堂观察》、张乐(2015)的《学生课堂学习行为的发生学研究》等分析实践和研究。

(5)研究价值。

①理论价值。

在教育教学实践的基础上,提炼出校本研修促进教师专业化成长在学生学习行为优化中的丰富内容和构成成分,明确不同层次的教师专业化成长中,对学生干预的不同的基本特征和表现;研究每个不同成长阶段的教师,应该掌握的专业的干预学生学习行为的手段和本领;归纳出每个阶段中,干预学生学习行为的创新教育方法和教育教学手段;探寻出一套行之有效的,能帮助学生在学习行为方面成长的理论规划方案。最终形成一整套校本研修促进教师专业化成长在干预学生学习行为中的理论指导策略。

②实践价值。

在校本研修促进教师专业化成长的理念方面,把唤醒教育作为学校育人的核心理念,并与学校主动发展结合,以提升教学学习力为切入点,研究促进教师专业化主动发展的新角度和策略,具有现实意义,是校本研修促进教师专业化成长的根和魂。在校本研修促进教师教学行为专业化成长中,离不开对学生学习行为的优化干预和教师教学专业行为对教学目标达成的案例研究,这是校本研修促进教师专业化成长的真正关键和切入点。在研究中,开展以新技术、未来课堂改革等创新干预实验研究为引领,开发体现校本研修促进教师专业化成长的优化干预学生学习行为的方法、创新手段和案例集。

通过干预实践活动的研究,可以实现教师专业化落到实处,积累和提炼切实可行的干预策略和科学方法,找到校本研修中促进教师专业化成长和学生学习行为优化的有效途径。

5.学生学习行为的相关文献综述

《深化新时代教育评价改革总体方案》明确提出将学生行为习惯纳入新时代教育评价过程;《国务院办公厅关于新时代推进普通高中育人方式改革的指导意见》(国办发〔2019〕29号)强调培养学生学习能力,促进学生系统掌握各学科基础知识、基本技能、基本方法,培养适应终身发展和社会发展需要的正确价值观念、必备品格和关键能力。可见,由学习行为带来的学习能力的研究尤为重要。

理论界对于学习行为的内涵,在不同的层面有着各自不同的描述,大概有5种不同说法。笔者在中国知网(CNKI)上以"中学生学习行为"为主题词进行高级文献检索,通过研读与中学生学习相关的25篇后发现,当中有14篇文献对学习行为定义进行了归纳和研究说明,其主要是侧重于对学科中的学习行为研究和学习行为类型研究,并且基本是对教师非系统策略的建议研究;而专门对教师干预中学生学习行为的研究较少,仅有1篇教师干预对学生英语成绩预测因素的影响的相关文献。以教师校本研修促进优化干预学生学习行为研究为主题的高级检索结果为零。[1]

---

[1] 此为课题研究时的检索结果,也从侧面反映出当时关于"中学生学习行为"的研究较少。

笔者在研读了这14篇相关文献后,结合教师干预学生学习行为的核心因素——中学生学习行为,以每篇文章为单位展开内容分析,以期对中学生学习行为研究提供相关参考借鉴。

(1)学生学习行为研究的计量分析。

①学生学习行为研究的时间分布。

如图1所示,有关学生学习行为研究的文献最早出现于2004年,2007年之后关于此研究的文章数量呈平稳趋势,而引证文献从2011年开始的10篇到2018年的20篇,呈波浪式起伏增加。原因是2010年《国家中长期教育改革和发展规划纲要(2010—2020年)》发布,提出注重培养学生自主学习;早在之前的《基础教育课程改革纲要(试行)》指出,改变课程过于注重知识传授的倾向,强调形成积极主动的学习态度,使获得基础知识与基本技能的过程同时成为学会学习和形成正确价值观的过程。现代学习论不仅研究学习的一般过程,而且分门别类研究不同类型的学习的特殊过程。因此,现代学习论可以为实现教学中结果和过程统一的理想提供理论支持。同样,各学科的最新课程标准,都指出新教材、新课程和新高考,那么更加需要改变学生学习方式,也将更大程度地要求教师对学生学习行为的研究向纵深推进。

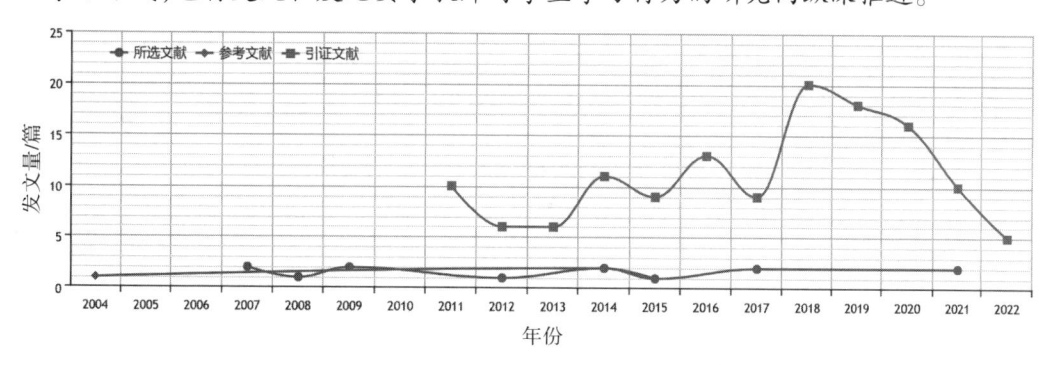

图1　学生学习行为研究的年代走势图

②学生学习行为研究的空间分布。

a.机构分布。

关于学生学习行为研究的机构分别有贵州师范大学、海南师范大学、陕西师范大学、天津师范大学、南京信息工程大学、东北师范大学、广西师范大学、东北师范大学附属中学等。可见,有关学生学习行为研究的主体集中在各大师范类高校,有少部分分布在高中一线,师范大学是研究学生学习行为的主阵地,而高中一线教师和管理人员对此的研究相对缺乏。

b.作者分布。

有关学生学习行为研究的作者分别为张雨婷、金阿宁、刁颖、姚纯贞、米建荣、冀芳等。通过对这些相关论文的背景调查可知,有11篇为高校硕士或博士开展的学位论文研究,仅有2篇作者为初高中教师。这说明,学生学习行为的研究人员大都集中在高校,且多数研究是围绕毕业需求而开展的,缺乏连续性,整体比较分散,不够深入。

c.来源分布。

关于学生学习行为研究的文献来源主要是大学学报(高校学术期刊)。这种分布特征既反映出高校科研团队在该领域的研究主导地位,也暴露出教育实践主体与研究载体的错位。

d.高被引论文。

关于学生学习行为研究,关注度较高的点:一是学者们对学生学习行为的研究度较高,在8篇高被引论文中均有关于此方面的研究;二是对课堂的学习行为关注度较高,8篇中有4篇是相关主题的研究;三是学界把眼光放在了关于学生不良学习行为的状况、影响因素、解决策略等方面。同时,非常可贵的是,不少硕博论文对学生学习行为进行研究,不仅有理论思辨角度的分析,更有到实地中学访谈、调查等实证研究报告,理论根基深厚,很好地指导了教育教学实践。(表1)

表1 学生学习行为研究的高被引论文统计

序号	高被引文献篇名	作者	文献来源	发表年份	被引频次
1	中小学学生学习行为研究——旨在改进学生生活与发展状态的学习行为分析	向葵花	华中师范大学学报	2014	135
2	国内外"学习行为"研究综述	姚纯贞;米建荣;王红成	教学与管理	2009	134
3	初中生学习行为研究	金阿宁	陕西师范大学	2008	68
4	学生课堂学习行为的发生学研究	张乐	西南大学	2015	39
5	高中生高效率数学学习行为特征的研究	刁颖	天津师范大学	2009	33
6	语文课堂学生学习行为的研究	陈霞	广西师范大学	2007	30

续表

序号	高被引文献篇名	作者	文献来源	发表年份	被引频次
7	高中化学课堂学生学习行为研究	刘林青	华东师范大学	2017	25
8	西北地区中小学学生数学学习行为研究	段星	西北师范大学	2012	10

(2)学生学习行为的内容研究。

①学生学习行为的概念。

学生通过阅读书籍、听他人讲授、与同伴探讨等行为获得的相应知识经验,使得学生个人的知识水平发生变化,其中学生阅读书籍等具体操作行为即为学习行为。学习行为是指学生在课堂的学习过程中所表现出来的、可被观察和测量的反应和动作。有学者认为,学习行为指在学习活动中所表现出来的反应或动作,包括内隐的反应、外显的反应和动作,即在学习活动中所表现出与知识相应的动作、反应或行动。也有学者认为,学习行为是指学习过程和学习活动,并且受个人学习目的、学习态度、学习方法、学习习惯等综合因素的影响。它是学生在学习中所表现出来的行为,包括积极的和消极的两个方面,涵盖注意力、学习动机、学习态度、策略运用等四个层面。

学生的学习过程是一系列学习行为的发生和发展过程,包含着由产生学习动机到实现学习目标这一过程中的一切行为活动。学习行为是学生和环境相互作用的产物和表现。学习行为是学生为达到学习目标而作出的一系列的行为,它的产生与持续首先基于学生对学习目标的价值判断及对学习结果的估计。学习行为通常指学习者在某种动机指引下,对所学内容进行吸收、内化并灵活运用而进行的活动总和。学生学习行为是指学生在获取和应用知识过程中表现出来的个性特征,这种特征在不同的学习阶段存在差异。

②学生学习行为的特征。

a.动作化。

学生学习行为有明显的动作表现。即便学习者进行思考或反省等内部思维学习活动,也会有可以观察到和测量到的外在表现,只不过其动作出现的时间(即时与延时)、形式、幅度和强度不同而已。外显动作是考察学习者学习生活状态和生存状态的重要指标。学生的生活与成人生活不同,主要是一种学习生活,是学生的一种特殊存在方式,反映了学生作为一个生命体的完整生存状态。

b.心理化。

外显动作并不孤立存在,与学习者的生理、心理活动密切相关。真正具有发展意义的学习行为,并不是简单的身体器官动作,也不是单纯的机械肢体活动。有意义的学习活动必然要求学习者身心整体参与,做到手脑并用。学习行为是一个复合性概念,外部动作表现并不能脱离学习者的内部生理、心理活动而孤立存在,它是学习行为的一个重要且基本的方面。因此,在对学习行为进行研究时,不能孤立地就行为论行为,要关注支撑学习行为的学习者的内部状态,尤其是心理状态,并借助对看得见摸得着的行为动作表现的考察、指导和优化,去了解、研究和改进当前学生的学习状态、生存状态和生活状态。

③学生学习行为研究的意义。

它是新课改发展的必然要求——多年来,从教学论中产生的教学行为研究,成果斐然。在其所含的教师教的行为、学生学的行为和师生互动行为这三个行为中,第一和第三种行为的研究相对较多,第二种行为的研究甚少。而新课程要求以学生跨学科和学科核心素养的培养为主线,通过问题式、项目式学习,开展体验、合作、探究或建构活动。这就迫切需要深入开展对学生学习行为的研究。

它是教师有效教学行为产生的决定因素——学习行为是决定教学是否有效的最为直接的控制变量,教师的教导行为要通过作用于学生的学习行为来影响学习的结果与效率。同时,为了减少过去教学行为与社会发展需要及学生学习行为培养等之间的脱节现象,新课程标准明确提出,要求教师能够创设各种贴近学生经验的、整合性的现实情境和真实性任务。这在客观上要求教师必须在洞悉学生各个阶段的学习行为的基础上,深刻反思所在领域的学科本质和育人价值,实现有效教学,推动学生学习方式和教学模式的变革。

它是学习方式深刻变革的行为载体——学习行为与学习方式间存在内在关联。学习方式也可称为学习行为的方式,是指学习者为实现某种学习目标,对某种学习对象所采取的具体路径,主要包括学习者参与学习活动的方式和在头脑中对信息进行加工的方式两个方面。学习方式总是存在于一定学习行为之中,并通过具体的学习行为得以体现或落实。学习行为相比于学习方式更具有实体性,而学习方式则侧重于刻画学习行为在具体展开路径方面的特征,显得较为抽象和概括。因此,要深入理解学习方式并进行学习方式的实践变革,首先必须深入研究学习方式落实或体现的学习行为,包括学习行为的特征、类型、结构等。

(3)学生学习行为的文献评价。

从研究对象来看,笔者搜索到的文献中,大多是对课堂学习行为的个体(个别班)性和浅表性阐述,而针对课堂学习行为的整体性和深层次的研究较少,即使有也是针对某一个学科比如数学、化学等学科的少量研究。

从研究内容来看,学者们对学生学习行为的研究,主要集中于对学习行为本质与特征的研究、学习行为类型的研究、学习行为与其他因素的关系研究、不良学习行为优化研究、网络学习行为研究等,研究缺乏系统性和统整性。学习行为的研究应上升到学生整体学科学习方法、模式的层次,用终身学习理念来统筹学生的学习行为研究。

从研究方法来看,关于学生学习行为的研究,学界既有理论思辨的文章,又有文献法、问卷调查法、课堂观察法、访谈法、行动研究法等实证研究,这也为后续的研究提供了较好的借鉴。

二、学科教师优化干预学生学习行为的主题、模式与策略

1.研究的具体主题措施

观察:聚焦学生学习状况不佳、锁定教学过程中推进困难等教学现象。研讨:找寻学生在各学科课堂教学中带有相似感的不良学习行为,开展共性分类,制定研究量表,发放问卷调查,梳理学生最主要的不良学习行为并加以分析。学习:通过各类培训活动进行学习,利用QQ群分享有价值的PPT和论文,收集学习心得和笔记。干预:针对不同状态的不良学习行为确定相应的干预策略,开展课内外干预措施,并收集相关资料。效果:学生写体会描述自己学习行为的改变情况,教师写心得报告评估在干预条件下,研究主题对学生学习行为的影响,还可以开展学生对教师教学满意度的调查。

2.各学科组确定研究的具体主题和措施

各学科组根据问卷调查情况,经过系统学习以后,对研究对象即学生的学习行为进行粗略分析和划分,并据此确定研究的主题清单。具体而言,各学科组将学生学习行为分为三大部分。

(1)对象维度,涉及的是"学什么"的问题,即从学习行为所指向的对象和领域来进行划分,包括符号性、操作性、交往性、观察性和反思性学习行为。其具体内容为①符号性学习行为是以用文字、图象、声音等符号形式承载的文化科学知识为加工对象的学习行为。主要表现为对符号性知识的听、说、读、写、算、记等。②操作性学习行为是以某种实际事物或学习者自身的身体器官为操作对象的学习行为,包括两种形

式:一是学习者以物质性工具为中介,作用于实际事物,如实验、游戏、雕塑、绘画、制作、器乐演奏、劳动等;二是学习者直接以自身身体器官为操作对象,如唱歌、跳舞、戏剧表演、各种体育活动等。③交往性学习行为是以他人为互动对象的学习行为。这类学习行为所指向的对象不是文字符号,也不是实际事物,而是具体的人。主要表现为与他人进行对话、交流、讨论、合作等。④观察性学习行为是以感官可见的实际事物、他人的行为表现及其结果为观察对象的学习行为。在观察学习中,学习者没有实地参与活动的行为表现,但可以借助两种方式进行观察:一是在活动现场进行直接观察,如考察、见习等;二是利用媒介进行间接观察,如观看电视、录像、影片等。⑤反思性学习行为是以学习者自身的生活经历、经验或身心结构为思考对象的学习行为。符号性、操作性、交往性和观察性学习行为均以外在于学习者的东西为学习对象,而反思性学习行为则以自我为对象,主要表现为自我反思、反省、评价等。

(2)操作维度,涉及的是"怎么学"的问题,即从学习行为的操作方式及其特性的角度来进行分类,主要考查点为学习行为操作方式的适切性、创新性、自主性、独立性和探究性,据此对学习行为作出进一步划分。其具体内容为①按操作方式的适切性划分为问题学习行为和良好学习行为。前者即消极或适应不良学习行为,是指对学习者的发展没有价值,甚至会起到消极阻碍作用的行为,问题学习行为可分为行为不足、行为过度和行为不适三种类型行为。后者即积极或适应良好学习行为,与问题学习行为相对,是指对学习者的发展有意义、能起到积极促进作用的行为。此类学习行为没有性质上的好坏之分,只存在功能和作用的差异而已,且因学习目标、学习内容、学习者特点的不同而具有特定的适应性。②按操作方式的创新性,划分为常规性学习行为和创造性学习行为。前者即学习者按照平常的惯例进行学习所表现出来的行为,此类学习行为具有一般性和例行性,缺乏创新元素。后者即学习者在学习活动中,突破常规所表现出来的积极、正向的行为。非理性、不理智、不计后果地突破常规的行为,不能称为创造性行为。创造性学习行为有两个特点:一是行为操作新颖奇特,二是行为结果富有实效。③按操作方式的自主性,划分为他控性学习行为和自主性学习行为。前者即被动应答性学习行为,是学习者在他人(教师、家长等)或外界环境影响和支配下,被迫发生和完成的学习行为。此类学习行为也可能在某种程度上实现学习目标和达到教学目标,但它并不是学习者自觉自愿发起和完成的,带有鲜明的外控性特征。后者即主动作答性学习行为,是指由学习者自愿、主动地发起、支配和完成的学习行为。此类学习行为带有鲜明的内控性(自我控制)特征,体现出强烈的个人参与意识和自我调控能力。④按操作方式的独立性,划分为个体性学习行为和合作性学习行为。前者即学习者独自进行学习活动所表现出来的学习行为。此类学习行为自始至终均由学习者孤身一人发起和完成,具有鲜明的个性特征,在水平上可能出现两种极端状况:一是行为水平过低,行为的发展价值不大,局囿于个体的单一经验,出现低层次行为的简单重复;二是行为水平较高,行为的发展价值较大,表现出复杂、精细、流畅和具有创新成分的高层次行为,体现个人的高品质思维和实践动手能力。后者即学习者与他人(如教师、同学、家长等)共同进行学习活动所表现出来的学习行为。此类学习行为因他人介入而显现出集体智慧的力量,且要与他人的学习行为相互协调、相互支持、相互配合和相互促进。⑤按操作方式的探究性划分为接受性学习行为和发现性学习行为。前者即间接性学习行为,是指学习者没有实地参与活动,而是通过其他途径,如他人讲授、观看录像和影片、观摩演示实验等,间接获取现成知识结论的学习行为。间接性的学习一般是由外在于学习者的人所主导的,一般是他人先呈现,学习者后接受。类似于"坐着学"的学习行为。后者即直接性或探究性学习行为,是指学习者通过亲身参与实践活动直接获取知识、发展能力的学习行为。类似于"做中学"的学习行为。此类学习行为的产生伴随着学习者直观、生动的直接体验,能够极大地调动学生学习的积极性,有助于培养学生的探究兴趣、研究意识和实践能力。

(3)结果维度。主要含体现知识掌握与获得的学习行为、体现单项技能习得的学习行为、体现情感、态度及价值观形成的学习行为和体现综合性问题解决的学习行为。具体而言,一是指行为负载的功能主要在于帮助学习者获取知识,发展认知能力,如语言智能、数理逻辑智能等。当然,也不排除此类行为能在一定程度上促进学习者在情感、态度、技能等方面获得某些发展,只不过这些发展都是附属性的。具体行为表现有:听讲、读书、写作业等。二是指行为负载的功能主要在于帮助学习者习得某项技能,旨在发展学习者的身体动觉智能。具体行为表现有:跳舞、踢球、弹琴等。三是指行为负载的功能主要在于帮助学习者形成良好的情感、态度和正确的价值取向。因为情感、态度和价值观的形成具有内隐性,不太容易观察,故此类学习行为往往依附于其他类别的行为而出现。具体行为表现有:欣赏文学作品、刻苦学习等。四是指行为负载的功能主要在于帮助学习者解决实际生活问题。此类行为体现出综合性和包容性,涵盖了上述三种学习行为及其具体表现,只不过其目标直指问题解决。

3.课题研究形成的主要模式

2018年以来,为了响应国家号召,以实际行动落实党的十九大及十九届二中、三中全会精神,学校积极参与贵州省委和省政府以及贵阳市委和市政府提出的后发赶超、决胜同步小康的发展战略,致力于促进革命老区、民族地区、边疆地区、贫困地区教育均衡发展,让这些地区的孩子也能享受优质教育资源,充分发挥名校的辐射引领作用。为了系统化推进我校对支教学校的校本教研,提高校际的教研合作水平,促进教育质量的共同提高,课题组教师积极响应学校要求,开展了到白云八中(贵阳市白云区第八中学)、望谟二中(望谟县第二中学)、边阳中学(罗甸县边阳中学)、龙里民中(龙里县民族中学)、景阳中学(贵阳市修文县景阳中学)等学校的支教及课题研究工作,先后采用问题解决模式、经验总结模式和实践变革模式开展研究。已形成的研究模式主要具有以下特点。

(1)形成了借助校本研修开展课题研究的方式。

经过多年来的研究,我校不断强化校本教研工作,极大提升了教师的教育教学水平。本课题研究聚焦学生课堂学习行为,目标直指学生的有效学习、教师的有效教学和学校的有效发展,这与校本研修的核心目标相契合。同时,为了更好将教师教学工作与课题研究工作相统一,本课题研究极大地借助校本研修工作来开展课题研究。

具体而言,强化措施有:①实施"1+5+1"课堂教学模式。通过课前"1"环节,即课前导学环节,掌握学生的学情;通过课中的"5"环节,即预习反馈、问题探究、精准点拨、达成检测和总结反思,完成以学生学习目标和生成状态为基础的课堂教学;通过课后的"1"环节,即课后作业巩固,完成对学生学习的检测、巩固和辅导。模式印制成教案,全员推行,允许和鼓励教师改进和创新。教研活动时集体研讨,形成一课一备成果,然后进行教学实践。②推行学习任务清单销号制。学习任务清单销号制旨在改变学生学习目标和任务不明的被动状态,让学生在目标清晰、任务明确的状态下,主动学习。任务清单由教师根据课标要求和学生学情拟定,在课前一周发放到学生手上,教师以任务清单内容安排教学内容,并在完成教学后进行检测,学生完成一个任务,该任务即销号,未完成的任务,须进行补习,直至检测过关。教研活动时,备课组需商讨任务清单内容,编写任务清单检测AB卷。③开展说真题教研活动。新高考试题发生了较大的变化,无论是否进入课改区,高考试题都表现出对新课改"一核四层四翼"的积极响应。高考改革倒逼教学变革,教师尤其是高三教师必须认真研究,才能紧跟改革时势,优化自己的教学。说真题教研活动以解说高考原题为基本抓手,推动教师深入研究高考的评价体系、课程标准、考试大纲和教材,理清课程、教材、教学、高考之间的内在联系,从而提升教学质量。说真题活动要求全员参与,各领专题,集中研讨,并请专家现场指导。活动效果明显,成绩喜人。④推广"三主"教研活动。所谓"三主"教研,即一次教研活动包含主讲、主教、主评三个环节的一种集体教研形式。三人为一个团队,分别承担一个专题的主讲、主教、主评任务。主讲者需讲清楚所选专题的理论依据、课程分析、学科核心素养培养要求,以及从教法、学法、教学流程、教学亮点和教学的原创解说教学设计;主教者除常规教学要求外,需要重点突显情境设置、任务驱动和支架搭建等新课改要求;主评者评价执教者课堂教学在"三新"理念上(情境设置、任务驱动、学习支架)的体现,并进行教学流程评析,教学目标解析,教学活动分析,目标达成分析等。"三主"教研模式,力争转被动为主动,变负担为担当,以促进新课改落地;转传达为传承,变精英为群英,以促进全员教研;转规定为规划,变零散为体系,以促进教研体系化;转活动为活力,变数量为质量,从而达到以研促教的目的。"三主"教研的推行,在很大程度上深化了教师们对新课程、新教材的理解,提升了教学技能,强化了研究意识,专业水平得到提升。

(2)形成了与帮扶支持的相关学校的课题式共研共进研修方式。

主要表现在对我校帮扶支持的兄弟学校开展课堂观摩(含优质课、观摩课、研讨课、同课异构展示)活动、备考策略研讨、到校跟岗研修(含参加教学月活动、三新改革研讨等)方面给予了强有力的支撑。随着研究的深入,课题组研究人员在研究分主题下,积极借助校内外各种平台开展研究成果展示,同时客观上对相关学校与我校的共研共进研修提供有力支撑,促进了我校和参与学校教师教学能力和学生学习能力的双提升,推动了教育和教学水平的全面提升。具体而言,课题研究以来,我校参加的各类共研共进研修情况统计如下。

表2　各类共研共进研修情况统计

共研共进研修活动	参加人员情况
贵阳市白云区第八初级中学支教活动暨市级课题推进会(计划研讨)	课题主持人及白云八中和贵阳二中的领导,全体课题组研究人员和白云八中骨干教师
在贵阳市白云区第八初级中学开展的课题研究暨支教研讨活动	贵阳二中"三名"工作室成员、学员,支教教师和课题组研究人员
贵阳市第二中学市级以上课题中期检测活动会	课题主持人、贵阳二中领导,全体课题组研究人员和边阳中学骨干教师
2019年"提升教学内涵促进师生成长"教学月活动	到边阳一中进行同课异构、交流研讨的部分课题组研究人员;参加团队技能大赛指导、策划、说课、上课、评课和观摩等活动的课题组研究人员
水城区教育局关于开展初、高中"同课异构"教研交流活动	省市级"三名"工作室专家、学员和课题组研究人员
贵阳二中、贵阳民中、广西金秀民高高三备考策略交流活动	市局、市教科所相关专家和领导、三校高三教师、课题研究人员
贵阳二中、边阳中学高三年级"同课异构"及"说高考真题"活动	贵阳市第二中学和罗甸县边阳中学的部分领导、干部以及教研组长备课组长、教师、课题组研究人员
贵阳市高中新任教师跟岗实践学习培训	作为指导教师的课题组研究人员
2022届高三二轮复习教学月活动	教科所专家、各兄弟学校学科指导教师、课题组研究人员

(3)形成了主题清单式课题研究模式。

课题研究初期参与人员较多,且包含多个学科的教师。为了激发教师积极性,充分尊重教师在课题研究中的兴趣和长处,更好地推进课题研究,我们在确定了学习→调查→策略→观察→实践→总结的研究路线基础上,在学习与培训阶段组织了对课题研究相关资料的学习和文献综述工作。在现状调查中,我们对学生学习行为进行了研究梳理,制作问卷调查表并分析结果。

根据调查情况,各学科初步制定了干预主题清单,并初步确定了12项干预策略作为研究主题:①以合作性学习行为中的小组学习为例;②以探究问题意识的培养为例;③以模块化教学促进学生对学科概念公式理解为例;④以教学训练学习反思(如新教学范式、考试反思、错题整理、思维导图等)能力促进有效学习为例;⑤以学科游戏或学科实验动手设计促进学科有效教学为例;⑥以同题再练优化安排的主题式研究为例;⑦以培养学生对学科公式和原理寻根求源的意识为例;⑧以最新教学理念新教研模式为例;⑨以提升高中课堂教学思维品质的策略研究为例;⑩以提升高中化学课堂教学思维品质的策略研究为例;⑪以项目式学习任务研究为例;⑫以跨校语文校本研修中阅读研究为例。

在第二轮研究中,最终确定了8项干预策略作为研究主题,即①以合作性学习行为中的小组学习为例;②以探究问题意识的培养为例;③以模块化教学促进学生对学科概念公式理解为例;④以学习目标确立与评价为例;⑤以学科游戏或学科实验动手设计促进学科有效教学为例;⑥以提升高中化学课堂教学思维品质的策略研究为例;⑦以跨校语文校本研修中阅读研究为例;⑧以学习任务驱动为例(如项目式学习任务、任务清单设计与实施、学习笔记优化整理、学生说题等)。这为课题研究的顺利进行,提供了一种切实可行且便于操作的方式。具体情况如表3所列。

表3 最终确定的研究主题情况统计

序号	研究主题名称	教师	所属主要大类	针对学生学习行为描述
1	新高考背景下基于中学校本研修教师优化干预学生课堂学习行为的行动研究——以合作性学习行为中的小组学习为例	陈××、王××	整体性和个体性学习行为干预	改善学生较少或不善于合作学习的问题
2	新高考背景下基于中学校本研修教师优化干预学生课堂学习行为的行动研究——以探究问题意识的培养为例	熊××、李×、陆××、张××	整体性学习行为干预	改善学生注意力不集中或不会表达等问题
3	新高考背景下基于中学校本研修教师优化干预学生课堂学习行为的行动研究——以模块化教学促进学生对学科概念公式理解为例	曾××	整体性学习行为干预	改善学生课堂教学自主学习性不高、适应他控性学习行为程度较高等问题
4	新高考背景下基于中学校本研修教师优化干预学生课堂学习行为的行动研究——以学习目标确立与评价为例	黄×	整体性学习行为干预	改善学生在课堂上不会学习、学习目标不明确等问题
5	新高考背景下基于中学校本研修教师优化干预学生课堂学习行为的行动研究——以学科游戏或学科实验动手设计促进学科有效教学为例	吕×	整体性学习行为干预	改善学生在课堂中不会学习、学习目标不明确等问题

续表

序号	研究主题名称	教师	所属主要大类	针对学生学习行为描述
6	新高考背景下基于中学校本研修教师优化干预学生课堂学习行为的行动研究——以提升高中化学课堂教学思维品质的策略研究为例	帅××	整体性学习行为干预	改善学生在课堂中不主动、思维能力单一或深度不够等问题
7	新高考背景下基于中学校本研修教师优化干预学生课堂学习行为的行动研究——以跨校语文校本研修中阅读研究为例	杨×	整体性学习行为干预	以提升教师教学和校本研修行为,改善学生不会阅读、阅读水平不高等问题
8	新高考背景下基于中学校本研修教师优化干预学生课堂学习行为的行动研究——以学习任务驱动为例	杨××	个体性学习行为干预	改善学生在课堂中不主动、兴趣不浓等问题

4.课题研究形成的主要策略

(1)以合作性学习行为中的小组学习为例。(代表学科:数学、通用)

本课题致力于通过校本研修促进教师优化对学生学习行为的干预。主要研究方向为合作性学习行为中的小组学习,主要研究集中于构建良好的学习监督体系,营造浓厚的班级学习氛围,以实现优质高效的课堂学习成果,从而推动学生高效合作学习的开展。具体而言,要做到:结合学生的学习给予有针对性的引导。在小组合作学习的过程中,问题往往会涉及多个方面。"学困生"因为学习水平不足,往往完成不了学习任务;"学中生"在学习时缺乏情感的支持,容易导致内容理解不深入;"学优生"完成了学习任务后,有时找不到学习的目标。这时,教师必须及时地发现学生的问题,然后有针对性地引导学习,应用启发引导的方式干预学生的认知。部分学生在学习知识时,会出现一些错误的认知,如果教师没有及时干预,学生容易多走弯路,学习效率降低。而教师直接干预,则可能让学生产生依赖心理,还可能会让他们认为教师发现了自己的错误,很丢脸,于是产生沮丧的心理。在遇到这样的问题时,教师可引导学生分析相似的错误案例,让学生从发现别人的错误中反思自己的错误。应用情感激励的方法鼓励学生探索。中学生在学习中往往需要情感的激励,在遇到挫折时,需要教师的鼓励,在完成任务后,需要教师的认可。因此,教师引导学生进行合作学习时,可给予一定的情感激励。

同时,本课题还开展了研究性学习中的科技实践团队的小组活动研究,明确了不同阶段、不同学校的活动目标,进行了任务的确立与分解、实施,取得了一定成果。在此基础上,我们总结并形成了相关教育教学论文和教学设计。课题研究教师通过长期而有效的教育教学实践,积累了宝贵的经验。

(2)以探究问题意识的培养为例。(代表学科:数学、物理)

本研究以高中数学概念课为载体,探讨了教师课堂提问的分类和设计、观察量表的构建,旨在优化干预学生课堂数学学习行为。在教学实践中,通过课堂观察,我们参考布鲁姆的观点把问题分成记忆、理解、应用、分析、综合以及评价六类,同时根据问题分类和回答形式的不同,制作了课堂提问观察量表,为后期课题研究提供了有效原始数据。

问题意识是学生主动学习行为的源头,老师有意识地培养学生的问题探究意识是非常有必要的,学生要通过发现问题、探究问题、解决问题来提高数学核心素养。在教学实践中,我们通过课堂观察、案例分析、教学研讨,尝试总结出学生问题探究意识的培养策略。

为提升学生提出问题的能力,我们遵循理论学习、问卷调查、建构问题水平层次分级、教学观察与分析、教学改进与实践的步骤进行。在此基础上,我们结合已有研究,基于布鲁姆教育目标问题分类的方法与学习进阶理论,建构了对问题水平层次分级体系,利用量化赋分的方式研究了学生提出问题的能力;通过大量的教学观察,结合同行评议、专家指导,总结出提升学生提出问题能力的情境具有真实性、关联性、可探究性、连续性等特征;利用实验对照的方法,进行了提升提出问题能力的教学改进实践,结果表明,改进后的教学对学生提出问题的能力产生了积极的作用。

(3)以模块化教学促进学生对学科概念公式理解为例。(代表学科:数学)

在"互联网+"时代,为了改善学生在数学学习过程中的消极被动学习行为,高中数学老师在教学过程中应采取各种行之有效的教学方法,充分调动高中生的创造性和主动性,促使其数学学习兴趣的提升。此外,高中数学老师还可以运用现代信息技术,结合每位学生的实际情况,进行模块化的教学,在课堂中给学生提出合理的问题,进而使高中学生能够感受到学习数学带来的快乐。

(4)以学习目标确立与评价为例。(代表学科:数学)

本研究旨在通过跨校校本研修,探索学习目标的确立与评价方法,促进教师优化学生的学习行为,主要围绕数学概念课、专题复习课中学习目标确立的依据和方法进行研究。具体而言,课题组开展了跨校的初三专题复习课及高中数学概念课、高三专题复习课学习目标的确立的教学活动,探讨了不同学校的课堂学习目标对象的确立与分解,并写出了相关的教育教学论文和教学设计。

(5)以学科游戏或学科实验动手设计促进学科有效教学为例。(代表学科:数学)

学科型教学游戏是在新课改特别是素质教育快速发展时代背景下,应运而生的一种新型教学方式,而数学是核心学科教育中重要但较为枯燥且难度较大的一门学科。学科型教学游戏在中学数学教学中的应用,可以很好地解决这一问题,它对于有效提高学生对数学学习的兴趣和学习效率,优化学生学习行为具有重要作用。

本案例研究的是高中教材中"正弦函数、余弦函数的图象"的内容,在研究之前,学生已经学习了任意角、任意角的三角函数等概念,在本节课之后还要针对三角函数性质进行研究,本节课的内容将为后面的学习奠定基础。在学情上,学生已经学习了三角函数的基本概念及几何表示,也有了基本的函数研究意识,但是在数形结合、化归转化等数学思想方面还有所欠缺,缺乏对数学直观的体验过程。基于以上的分析,确定了学习目标:

①能够确定点的坐标;

②能够通过实验,作出正余弦函数在$[0,2\pi]$内的图象;

③能够通过图象特征作出与之对应的图象;

④能够找出关键点,并会用五点作图法作图。

为了让学生能够直观地感知正余弦函数的图象,优化学生的数学体验和学习习惯,本研究确定由实验入手,让学生在自主操作过程中加深理解。在学法上,通过小组合作的方式,以问题引导,让学生在实验中带着问题操作,共同讨论和解决问题。最终在课堂效果的呈现上,学生能较好地完成正弦曲线的绘制,但是在绘制余弦曲线时有时不能很好地使用正弦曲线演示器,需要老师指导。

(6)以提升高中化学课堂教学思维品质的策略研究为例。(代表学科:化学)

教育的最终目的在于培养具有独立思考能力的创造者。学科的价值在于使学生养成相应的思维能力,学科的能力在于学生思维活动的发展,良好思维能力表征为思维品质。基于新的国际人才观、新高考改革对培养学生的综合素质的客观要求,提升学生学习力、提高教学有效性的具体载体在于最大程度地优化学生学习行为。提升高中化学课堂教学思维品质就是提升教师的专业素养,教师的化学课堂教学思维品质高,即具有了综合开发和利用教学资源的思维、以学生为本的利他性思维、拓展教学视野的发散性思维和综合认识教育教学的整体性思维。提升高中化学课堂教学思维品质,就是提升课堂教学质量,教师课堂教学思维品质影响教师的教学预设、教学实施、教学评价的质量,最终影响课堂教学质量,教学质量的高低最终决定学生的学业发展。提升高中化学课堂教学思维品质是促进学生思维发展的重要保障,因为教师在课堂教学中居主导地位,学生在课堂上能否得到高阶思维训练,取决于教师在教学目标拟定、教学内容选择和教学任务设置方面是否偏向训练高阶思维。教师唯有具备较高的思维品质,才能在课堂教学中落实促进学生思维发展的目标。

教学思维品质是指,教师在课堂教学中所表现出的思维特征。教学思维品质主要包含八个维度,即教学思维的利他性、教学思维的清晰性、教学思维的综合性、教学思维的灵活性、教学思维的深刻性、教学思维的辩证性、教学思维的创新性、教学思维的批判性。在课堂教学的特定环境中,教师在上课内容讲解、学生课堂行为引导以及师生交流方面会表现出不同的特征。在知识的把握与处理上表现出不同的深度,思维品质高、思维能力强的教师通常能理解知识间的内在联系,还能掌握知识迁移的规律;能有序地组织好教学内容和选择教学方法,确保教学过程具有完整性和系统性;在教学方法的选择与使用上,能根据学生的状态表现出灵活性和创造性;对学生的反映具有敏锐性,能及时处理,作出反应;对所使用的教材教辅能独立思考并进行辩证分析,表现出一定的批判性。

高中化学知识具有极强的实践性与综合性,因此,在教学过程中,教师的思维品质至关重要,与课程教学质量有着直接的关联性。这决定了课堂上能否有效地帮助学生构建完整的知识框架,并将化学知识应用于现实生活当中。因此,高中化学课堂教学内容集中体现着高中化学教师的思维品质,并且这些内容是开展教学活动的基础,决定了学生在课堂上能否有效地汲取知识养分,并在教师的引导下,进一步体会化学学科所蕴含的独特思想价值,获得价值观念的培养与发展。

(7)以跨校语文校本研修中阅读研究为例。(代表学科:语文)

基于新高考课程改革的挑战,我们的课堂中正在发生着什么?课堂教学行为是否发生了变化?怎样来判断课堂教学行为的变化?课堂教学行为的变化与新课程理念有多大的符合程度?为什么课堂中的教学行为会发生这样或者那样的变化?有规律可循吗?它们对课堂教学的效果会产生什么样的影响?课堂教学行为研究能否对课堂教学的效果有所作为？怎样才能使课堂教学行为更具效力？这一系列问题随着新课程改革进程的深入而不断萦绕在研究者的心头，伴随在课堂教学工作的实践过程中。本研究以阅读为抓手，通过干预学生阅读的实践活动，旨在将语文教师专业化校本研修落到实处，积累和提炼切实可行的干预策略和科学方法，找寻校本研修中，促进教师专业化成长和学生学习行为优化的有效途径。本研究以建构主义理论、情景教学理念、信息化教育理念为指导，依托音频媒介，展开语文校本研修之整本书阅读研究；记录朗读，重新认识声音的价值；立足课堂，进行跨校校本研修之用声音传播思想。由此，探究出了语文阅读与交流的实践活动与课型、提炼出了"开展思维发展训练，提高语文鉴赏与运用能力，提升学生媒介素养""多平台助力彰显跨媒介特点""确立多元评价体系"等教学策略，并通过支教等形式进行一定范围的辐射引领和影响，能较好地实现跨校语文校本研修促进教师优化干预学生学习行为的行动研究的开展。

（8）以学习任务驱动为例。（代表学科：生物）

21世纪以来，教育改革的浪潮席卷全国，教育理念全面革新。为顺应时代发展的新要求，贯彻落实立德树人的根本任务，达成学科核心素养的发展目标，为社会培养出高素质人才，教师需要深思自己的教学，不断地学习新的教育理念并改善自己原本的教学方式，承担起培养高素质人才的重任。然而，如何让学科核心素养落地，让课堂体现学生真正意义上的学，是一个至关重要的问题。同时，基于我们任教的中学生学习行为自主性、主动性差，迫切需要改变这一现状以优化学生的学习行为。项目式学习作为一种新型的以学生为主体的教育模式和教育理念，充分发挥了学生的主观能动性，为发展学生的学科核心素养提供了新的可能和思路。因此，本研究旨在通过理论分析以及具体的教学实践，从理论和实践两个方面，保证项目式学习在高中生物教学中发展学科核心素养的可行性，以此达到优化学生学习行为的目标。研究主要包括以下三个部分。

第一部分，分析整理国内外有关项目式学习、生物学科核心素养的相关文献，在现有研究的基础上，结合高中生物学科的特点，探寻具有生物课程特色的项目式学习教学模式。

第二部分，通过确立研究目标及整体思路，开发项目式学习教学模式在高中教学中的项目任务，并分析项目式学习对发展学生生物学科核心素养的作用。

第三部分,对教学案例实践进行分析总结。在进行了教学实践之后,通过对应用效果进行相应的分析,并得出相应的结论。总结出项目式学习教学模式的实施建议,以及为自己以后的教学积累参考经验。

本研究的创新之处在于:在教育理念不断革新的背景下,笔者结合高中生物学科的特点以及自己多年来的高中生物教学经历,将项目式学习与高中生物教学有机地结合起来,是对落实教育新要求的一次有意义的尝试。

3.3 学科体现意识形态具体课堂做法——数学教学设计目标性的认识

在工作室的学科研究中,我们一致认为,要达到学科体现意识形态,离不开对学科教学的目标性设计。以数学学科为例,数学教学设计的目标性认识是一个复杂且需要深入理解的过程,需要教师具备深厚的专业知识,以及对学生学习需求的敏锐洞察。在此方面,我们经历过三维目标的设定,即让学生能够识别、了解、理解、描述、运用、书写、计算,并能证明概念、性质、含义、定理、公式等知识技能目标;让学生能够体验并探索观察、猜想、动手操作、推理论证等过程,提高观察分析能力、解决问题的能力、逻辑推理能力、归纳总结能力、空间想象能力等,并培养数感、符号意识、模型思想、数形结合思想、分类讨论思想等过程与方法目标;通过学习培养学生的情感,如对学习的热爱、对知识的渴望等情感态度与价值观。在此基础上,又加入了对数学学科素养和关键能力培养等目标达成的要求。为此,需要注重以下几个方面的内容。

(1)教学目标的设计要注意层次性。心理学研究表明,数学知识的掌握要经过感知、理解、巩固和运用四个互相衔接的阶段,反映为教学目标中的要求就是了解、理解、掌握和灵活运用。

(2)教学设计是把教学原理转化为教学材料和教学活动的计划。教学设计要遵循教学过程的基本规律,选择教学目标,以解决教什么的问题。

(3)数学教学设计是一个系统工程,必须综合考虑数学教学系统中的各个因素。不论是哪一层次的数学教学,都是由教师、学生、教学内容和教学目标这四个目标要素组成的一个系统。

以下分别展示工作室学员老师的一篇教学设计案例及工作室主持人对"三新"背景下数学教学设计目标的几点认识。

函数的应用(一)教学设计

贵阳市第二中学　熊春华

一、内容和内容解析

1.教学内容

函数在生活中的应用广泛,客观世界中各种各样的运动变化现象均可表现为变量间的对应关系,这种关系常常可用函数模型来描述,并且通过研究函数模型就可以把握相应的运动变化规律。

2.内容解析

通过前面研究的函数的基本性质,本节课将研究两个实际生活中的问题。这两个问题都是给定数学模型的实际应用,教学中应引导学生体会应用函数知识解决实际问题的过程和方法。

例1前面已经探讨了应缴纳个税与应纳税所得额之间的函数关系,并通过一个具体例子,得到了已知个人综合所得收入、专项扣除比例、专项附加扣除金额、其他扣除金额,计算应缴纳个税的方法。本例是要将应缴纳个税写成综合所得的函数。

实际上,由"个税税额=应纳税所得额×税率-速算扣除数"这一公式可以将个税表示成应纳税所得额的分段函数,而应纳税所得额与综合所得收入的函数关系为

$$t = \begin{cases} 0, & 0 \leq x \leq 146\,700 \\ 0.8x - 117\,360, & x > 146\,700 \end{cases}$$

因此,对于任一个综合所得收入额都有唯一确定的应纳税所得额与之相对应,而每个应纳税所得额都有唯一的税率和速算扣除数与之相对应。这样,对于任一个综合收入所得额都有唯一确定的个税税额与之相对应,个税税额是综合收入所得额的函数。

事实上,将个税税额写成综合收入所得额的函数需要分段表述,难点在于如何将自变量x的取值进行分段。应引导学生通过解相应的不等式求得工资x的不同范围,从而得到个税税额关于综合收入所得额的分段函数。在教学过程中,应注意让学生体验上述数学抽象的过程。

例2需要利用图形中的信息及问题中的数据,建立数学模型。教学中仍然要让学生从分析题意入手,分析清楚问题中涉及的变量,它们之间是什么关系,通过这些关系是如何确定里程表读数与时间之间的关系的等,得到本题涉及时间t、速度v、行

驶路程S、里程表读数s等变量。时间t和速度v的关系由图给出,这是一个分段函数,$S=vt$,$s=2\ 004+S$.通过逐步抽象,就不难得到函数关系。

教学中,应引导学生读出图形中的函数关系,也就是在图形中,抛开阴影不看,实际上是一些平行于x轴的小线段,而这些小线段实际上就是平均速率关于时间变化的函数图象。在此基础上,再分析一个阴影矩形的面积的实际意义,然后得到整个阴影面积的意义。

本例中的问题(1),对于任意一个t的取值,$x=t$这条直线左边的阴影面积就是经过t时间的路程,它们之间满足函数关系。由于路程在不同时间段内随时间的变化规律不同,因此需要用分段表示这个函数。

二、教学目标与目标达成

1.教学目标

(1)例题1中,能够通过题目给出的函数模型,建立应缴纳综合所得个税税额与全年综合所得收入额之间的函数关系;

(2)能通过函数关系解释实际生活中的个税纳税问题,并解决例1中的问题;

(3)能读懂例题2中的关系图,能理解关系图实际就是速度关于时间的函数,并能通过题目提示,求解出给定的路程中汽车里程表读数与时间的函数解析式,并画出图象。

2.目标达成

(1)能够解决例题1中的问题,并能和同学交流,利用所得函数关系解释实际的个税纳税问题;

(2)能够解决例题2中的问题,体会函数在研究生活中各种问题中的作用。

三、教学重难点

重点:函数模型解决实际问题的数学建模的一般过程。

难点:利用给出的函数模型,写出具体的函数解析式,解决实际问题。

四、教学工具与手段

实际操作时,可以利用各种计算软件、图形计算器、科学计算器等工具进行探究和交流。

五、教学过程

师:各位同学下午好,本节课我们要学习的内容是函数的应用[①]。之前,我们已经

[①] 参考教材为2019年人教A版《普通高中教科书·数学(必修)》第一册。

学习了一次函数、二次函数、分段函数等,这些函数都与现实世界紧密联系。函数在生活中的应用十分广泛,现实世界中各种各样的变化现象均可表现为变量间的对应关系,这种关系常用函数模型来描述,并且通过研究函数模型,就可以把握相应的变化规律。今天我们通过一些实例来感受它们的广泛应用,并体会利用函数模型解决实际问题的过程与方法。课前,大家已经观看了依法纳税的相关视频。

师:逃税是一种违法行为。依法纳税是每个公民应尽的义务,如何计算个人所得税显得尤为重要。收入额不同,需要缴纳的个人所得税也不同,如果你是一名税务征收工作人员,你该怎么计算每个人应缴纳的个税呢?

环节一:给定年综合收入额计算个人所得税

税务人员小赵在某公司进行经济普查时,得知公司钱总年综合收入为100万元、李经理年综合收入为50万元、职员小孙年综合收入为249 600元。假如你是小赵,该如何分别计算3人应缴纳的个人所得税(个税)?

小组合作,问题引导

问题1:1和2组、3和4组、5和6组同学分别计算钱总、李经理、小孙3人的个税。

问题2:体会给定年综合收入计算个人所得税的过程,并分享你的计算过程。(生生互评)

问题3:将3人的年综合收入和缴纳个人所得税以列表呈现,你能从中得出哪些结论?在实际生活中有什么体现呢?

问题4:作为一名税务人员,谈谈你在计算过程中的感受。

公民依法缴纳的个税税额根据应纳税所得额、税率和速算扣除数确定。

计算公式为(板书)

$$个税税额=应纳税所得额\times税率-速算扣除数$$

应纳税所得额的计算公式为

应纳税所得额=综合所得收入额-基本减除费用-专项扣除-专项附加扣除-依法确定的其他扣除

设计意图:问题1中,让学生学会计算给定年综合收入的个人所得税,一方面加强对个税计算过程的理解,另一方面,与下一步计算任意年综合收入的个人所得税相联系,体现了特殊到一般的研究特征;问题2中,让学生学会交流,交流具体计算过程,初步形成解决个税计算的步骤归纳,培养学生的数学表达能力;问题3中,从数学结论到生活经验,懂得数学服务于生活,体会到收入越高纳税越多,所承担的社会责任越大,从而渗透德育教育;问题4中,让学生通过个税计算,体会到3人个税计算经历的步骤是类似的,但对税务人员而言重复做了大量工作,极为不方便。是否有办法让税务工作效率更高?(发现问题)

师:要实现全民个人所得税计算是一件必要且繁重的工作,假设你是税务人员小赵,如何提高个税计算效率呢?年综合收入与个人所得税之间又有什么样的关系呢?

环节二:探究年综合收入与个人所得税之间的关系

小组思考:问题引导

问题5:思考由综合收入计算个人所得税的过程中,存在哪几个变量?这些变量间的关系是什么?

问题6:年综合收入与个人所得税是否有关?类比我们已经解决过的应纳税所得额t和个人所得税y之间的关系,年综合收入x与个人所得税y的关系又该怎么表示呢?

设计意图:问题5中,让学生回归已知,从已有的公式中找到存在的变量以及变量的关系,利用已有的公式构建函数模型。问题6中,年综合收入与个人所得税的关系需要学生联系函数的特征(一一对应),提示学生用类比的方法去研究年综合收入x与个人所得税y的关系。

总结提炼(PPT呈现):对于任一综合所得收入额x都有唯一确定的应纳税所得额t与之相对应,而任一个应纳税所得额t也有唯一确定的个税额y与之对应。这样,对于任一个综合所得收入额x都有唯一确定的个税税额y与之相对应,根据函数的定义,个税税额y是综合所得收入额x的函数。

师:既然个税税额y是综合所得收入额x的函数,根据应纳税所得额t这个桥梁我们就可以求得这两个变量之间的函数解析式。

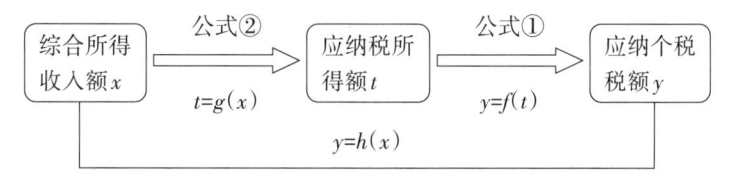

综合所得收入额x —公式②$t=g(x)$→ 应纳税所得额t —公式①$y=f(t)$→ 应纳个税税额y

$y=h(x)$

环节三:y关于x的函数解析式构建

解决问题的一般步骤:

第一步,根据公式②,得到应纳税所得额t关于综合所得收入额x的函数解析式$t=g(x)$;

第二步,结合已经得到的 $y=f(t)$ 的解析式,得出 y 关于 x 的函数解析式;

问题7:依据公式①,我们已经得到 y 关于 t 的函数解析式,如何求 t 关于 x 的函数解析式 $t=g(x)$?

结合公式②:

$t = x - 60\,000 - x(0.08 + 0.02 + 0.01 + 0.09) - 52\,800 - 4\,560$
$t = 0.8x - 117\,360$

问题8:有了 y 与 t 的函数解析式 $y=f(t)$,t 与 x 的函数解析式 $t=g(x)$,怎么求 y 关于 x 的函数解析式?

预设生:将 $t=g(x)$ 直接带入到 $y=f(t)$,……

问题9:请其他组同学评价他讲得对不对呢?同学们,在这里我们要先理解应纳税所得额 t 的实际含义。如果我们令 $t=0$,可以得到 x 的值为多少?当年综合收入 x 高于或低于所求值时分别有什么实际意义?

预设生:$t=0$ 可以得到 x 的值为 146 700,也就是说当 $0 \leqslant x \leqslant 146\,700$ 时,应纳税所得额为 0;当 $x>146\,700$ 时,应纳税所得额大于 0,t 的值为我们刚刚计算出的解析式 $t=0.8x-117\,360$。于是就得到 t 关于 x 的函数解析式为

$$t = \begin{cases} 0, & 0 \leqslant x \leqslant 146\,700 \\ 0.8x - 117\,360, & x > 146\,700 \end{cases}$$

师:既然不能直接代入,说明在分段函数代入的过程中我们一定要关注函数的定义域(无定义域不函数)。

再探究:

问题10:小王全年的综合所得收入额为 189 600 元,他全年应缴纳多少综合所得个税?并谈谈你又是如何计算的?

师:实际上,借助这样一个函数模型,我们可以在计算机中编辑运算程序,快速计算任意年综合收入对应的个人所得税,税务人员在实际工作中也是这样提高工作效率的。(下图为 Excel 简易操作过程)

	年综合收入	基本减除费用	专项扣除	专项附加扣除	依法确定的其他扣除	个人所得税
小王	189600	60000	37920	52800	4560	1029.6
钱总	1000000	60000	200000	52800	4560	153004
李经理	500000	60000	100000	52800	4560	39608
小孙	249600	60000	49920	52800	4560	5712
未来的你		60000	0	52800	4560	0

问题11：你能联系已经学过的方法画出 y=h(x) 函数图象吗？

师追问：借助计算机软件 GeoGebra，画出 y=h(x) 函数图象。你能从图象中发现什么？结合你发现的，谈谈它的实际意义是什么？

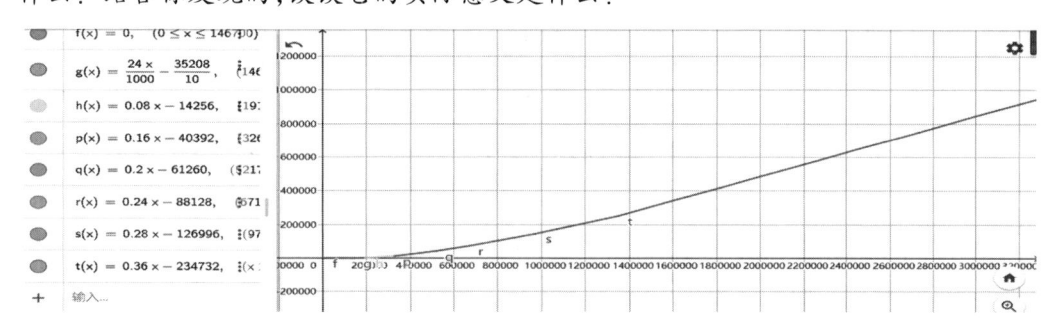

师总结：斜率是衡量 y 随 x 的变化快慢，这说明随着收入的增加，纳税额增加得更快，表示高收入人群的纳税比例要更高，也可以说高收入人群所承担的社会责任就越大。同学们虽然还不是纳税人，但是我们也可以履行公民义务，提醒我们周围的亲戚朋友依法诚信纳税的必要性。

师：好，我们来看另一个生活实例。一辆汽车在某段路程中行驶的平均速率 v（单位：km/h）与时间 t（单位：h）的关系如图所示。

(1)求图中阴影部分的面积，并说明所求面积的实际含义；

(2)假设这辆汽车的里程表在汽车行驶这段路程前的读数为 2 004 km，试建立行驶这段路程时汽车里程表读数 s（单位：km）与时间 t 的函数解析式，并画出相应的图象。

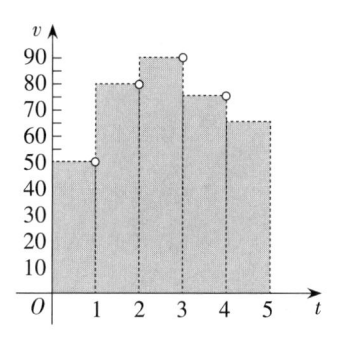

类比例1，尝试思考如下问题。

(1)从题目已知条件中，发现可以得到哪些信息？这些信息与例1中的信息有什么不同？

(2)本题中存在哪几个变量？这些变量间的关系是什么？

审题后，我们发现与例1通过文字表格等所呈现的主要信息不同，本题是通过函数图象给出了变量间的关系,经过同学们的思考与讨论,我们不难发现本题涉及时间t、平均速率v、行驶路程S、里程表读数s等变量;在图中刨去阴影部分不看,实际上是一些平行于x轴的线段,而这些线段实际上反映的就是平均速率v关于时间t的函数图象,这显然是一个分段函数。在审图时,还要关注时间t的取值区间,比如当$t \in [0, 1)$时,平均速率$v = 50$,当$t \in [1, 2)$时,平均速率$v = 80$。那么,阴影矩形的面积应由长乘以宽得到,也就是时间间隔乘以对应的平均速率,因此,阴影矩形的面积就代表了相应时间段内经过的路程。进而,整个阴影区域的面积就表示汽车行驶5 h内的总路程。这样我们来看第(1)问的解答。

解:(1)阴影部分的面积为
$$50 \times 1 + 80 \times 1 + 90 \times 1 + 75 \times 1 + 65 \times 1 = 360$$

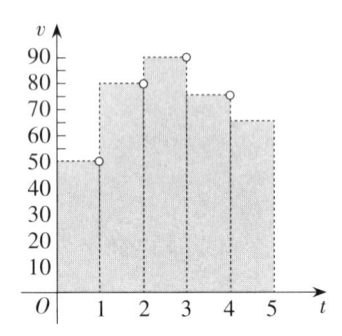

阴影部分的面积为360,它表示汽车在这5 h内行驶的路程为360 km。

好,我们再来分析第(2)问,如图$t=t_0$,结合图象,你是怎么理解经过时间t_0以后的路程?读数s与时间t的函数关系怎么表示?

由图我们知道当$t \in [0, 5]$时,任意的一个时刻t都有唯一的路程S与之相对应。在$x = t$的左侧阴影部分的面积就代表了经过t的路程。在每一个时间段内,我们的平均速率不同,因此每个时间段内里程表读数s关于时间t的变化关系就不一样,需要分段来表达。我们来看:

当$t \in [0, 1)$时,$s = 2\,004 + 50t$;

当$t \in [1, 2)$时,$s = 2\,004 + 50 \times 1 + (t - 1) \times 80$;

以此类推,我们可以得到:

当$t \in [2, 3)$时,$s = 2\,004 + 50 \times 1 + 80 \times 1 + (t - 2) \times 90$;

当$t \in [3, 4)$时,$s = 2\,004 + 50 \times 1 + 80 \times 1 + 90 \times 1 + (t - 3) \times 75$;

当$t \in [4, 5]$时,$s = 2\,004 + 50 \times 1 + 80 \times 1 + 90 \times 1 + 75 \times 1 + (t - 4) \times 65$;

这样我们就可以得到

$$s=\begin{cases} 50t+2\,004, 0\leqslant t<1 \\ 80(t-1)+2\,054, 1\leqslant t<2 \\ 80(t-2)+2\,134, 2\leqslant t<3 \\ 75(t-3)+2\,224, 3\leqslant t<4 \\ 65(t-4)+2\,299, 4\leqslant t\leqslant 5 \end{cases}$$

这里请同学们注意的 t 开闭区间应该与图中 t 的取值一致,注意到函数的解析式均为关于 t 的一次函数,因此我们不难求得函数的图象。如图所示:

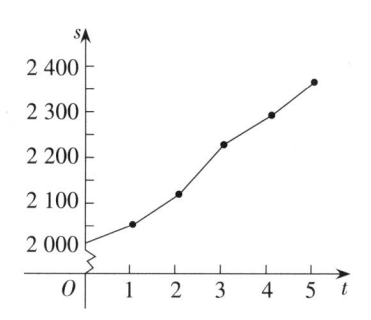

好,我们来小结下这道题。本题的解答过程再次表明,函数图象对分析和理解题意很有帮助。因此,我们要注意提高读图能力。另外,本题也用到了分段函数,解决现实问题时我们经常会用到这类函数。

课堂小结:

好,研究清楚这样两个实例以后,结合本节课所学,请大家思考以下问题。

(1)通过这两个实例,谈谈你对用函数解决实际问题的感受(一般过程)。

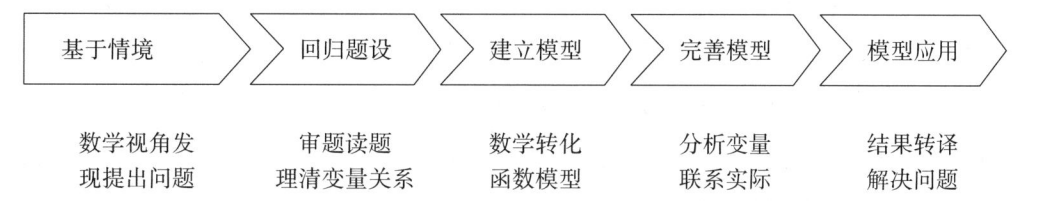

基于情境	回归题设	建立模型	完善模型	模型应用
数学视角发现提出问题	审题读题理清变量关系	数学转化函数模型	分析变量联系实际	结果转译解决问题

阅读审题:通过题目给出的文字、公式、图表等信息明确要研究的问题,理清变量间的关系;

数学转化:将实际问题中的变量关系转化为函数关系,并求出函数解析式;

解决问题:利用函数解析式、图象、性质等解决实际问题。

(2)谈谈函数的性质在研究实际问题中的作用。

实际问题数学化,数学问题生活化。

同学们,在今后的数学学习中,如果遇到更为复杂的数学模型,或者需要我们自己建构模型去解决的实际问题,也可以遵循以上步骤来处理。最后,请同学们完成课后练习(详细题目略),巩固我们今天所学的知识。这节课我们就讲到这里,同学们再见!

从阅读与思维视角看函数应用的教学
——新课程新课改新高考背景下的数学教学设计目标性的几点认识

贵阳市第二中学　陈先睿

最近,我校作为国家级"三新"(特指新课程新课改新高考)改革示范校,在高一年级开展了广泛的基于"三新"改革的课堂教学实践和听评课活动,目的是让更多教师的常态化教学顺应新一轮改革需求,实现教育高质量发展落到实处。在听取了几节带有明显新课改特征的数学课后,引发了我对数学课教学设计目标性的几点思考和感悟。

《普通高中数学课程标准(2017年版2020年修订)》指出,教学目标的制定要突出数学学科核心素养,要充分关注数学学科核心素养的达成;要结合特定教学任务,思考相应数学学科核心素养在教学中的孕育点、生长点。教学目标的确定,对正确运用教学方法、合理设计教学过程、充分挖掘教材内涵、最终实现课程总目标具有指导性的作用。下面就以听过的"函数的应用(一)"为例,分享几点感悟。

一、从课程理念、课程目标的准确性来看,本课能正确地把握课程的基本理念和课程目标

1.高中数学课程的基本理念

(1)构建共同基础,提供发展平台;(2)提供多样课程,适应个性选择;(3)倡导积极主动,勇于探索的学习方式;(4)注重提高学生的数学思维能力;(5)发展学生的数学应用意识;(6)与时俱进地认识"双基";(7)强调本质,注意适度形式化;(8)体现数学的文化价值;(9)注重信息技术与数学课程的整合;(10)建立合理、科学的评价体系。

2.高中数学课程的课程目标

(1)使学生具有必要的数学基础知识、基本技能以及其中所体现的数学思想方法,具有比较开阔的数学视野。

(2)提高学生空间想象、直觉猜想、归纳抽象、符号表示、运算求解、演绎证明、体系构建等诸多方面的能力,并在此基础上培养学生3种能力,即学习新的数学知识的能力,科学地提出、分析和解决问题的能力,数学表达和交流的能力;发展学生的3种

意识,即数学应用意识和创新意识,并希望能够上升为一种数学意识,自觉地对客观事物中蕴含的一些数学模式作出思考和判断。

(3)激发学生学习数学的兴趣,使学生树立学好数学的信心。认识数学的两种价值,即科学价值和人文价值,崇尚数学思考的理性精神,欣赏数学的美学魅力,形成批判性的思维习惯,从而进一步树立辩证唯物主义世界观。

本节课的教学历程,体现出了课程的基本理念,特别是在执教中对基本理念的(1)、(3)、(4)、(5)、(9)、(10)条的体现;基本实现的课程目标有3条,使学生掌握了基本的借助分段函数模型分析和解决实际生活问题,利用化归思想方法和数形结合方法,使学生掌握如何完善函数模型,培养了学生数学分析和解决问题的能力,形成建构函数关系的方法和步骤,体验函数模型解决问题的重要性和数学学习的实用性。在确定精准数据过程中,不断思考、尝试、再思考、再尝试,有助于学生科学精神和百折不挠精神品质的培养。如建立缴纳个人所得税新函数关系和确定自变量范围,利用图象分析建立路程 s 与时间 t 的关系及 t 值范围等。

二、从资源使用来看,本节课使数学课程的地位和作用能得到一定的展现

在教学资源方面,教师在例1的讲解中,利用学案在学生学习过类似问题的基础上,将新问题与旧知识进行改造创设为一个阅读材料。利用预习反馈,再通过一系列问题串设置,逐步引导学生从具体常量计算到变量关系建立,再到函数关系的建构和完善。借助 Excel 软件,学生可以体验个人未来收入与纳税额的关系,用计算机软件 GeoGebra 画出 $y=h(x)$ 的函数图象,从而获得直观的感受。在此过程中,教师引导学生识图、读图和分析图象,使他们能够顺利地将所学内容与例2实现前后呼应式的衔接。从具有关联的两个量的图象分析入手,逐步过渡到新的两个量的函数的解析式的建构及图象探索。整个过程,展现了对于数学思维方式的建立,对培养学生知、能、行综合素质的构建起到了重要作用,强化了逻辑思维的构建,凸显了数学课程的地位和作用。

三、从教学任务、教学目标的适切性来看,教学任务、教学目标的确定较为合适

作为课堂教学的微观性设计,它是一个师生围绕既定目标而进行的双边活动,教师为目标而教,学生为目标而学,教学目标是教学活动的出发和归宿。

1.知识与技能的目标较为清晰,所用的行为动词基本准确

如"能够通过题目给出的函数模型,建立应缴纳综合所得个税税额与全年综合所得收入额之间的函数关系""能通过函数关系解释实际生活中的个税纳税问题,并解

决例1中的问题(2)""能读懂例题2中的关系图,能理解关系图实际就是速度关于时间的函数,并能通过题目提示,求解出给定的路程中汽车里程表读数与时间的函数解析式,并画出图象"等。其中,教师用到了"给出""建立""通过""解释""理解""解出"等词汇;过程与方法适切,所用的行为动词能针对学生实际,如让学生"计算""交流讨论""谈谈""感受""说出""找到""得到""补充""讲讲""分享""补充";情感与价值的目标较为具体,所用的行为动词恰到好处,如在应缴纳综合所得个税税额 y 与全年综合所得收入额 x 之间的函数关系建立中,步步分析、分享,培养学生的科学精神、严谨意识;同时,强调依法诚信纳税,达成培养学生们的规则意识、法治意识的教育目标;

2.注重目标设计的整体性,符合全面整合与自然协调

特别是内容分析中,将本节课内容的所在大单元定位体现出来,并说明了本节课学习的作用和意义。本节课所在大单元关系图为:

初中方程、函数建模教学	函数应用(一)	函数应用(二)	函数建模
"用一元一次方程、二元一次方程组解决问题""用一元一次不等式(组)解决问题""用一次函数、反比例函数、二次函数、锐角三角函数解决问题"三大类建模教学	借用"分段函数应用",初步了解建立函数模型解决实际问题的过程,学习用函数描述客观事物变化规律的方法——分析变化,分析出常量与变量及关系;或者明确变化特征,确定变化类型	借用"指、对数型等函数及性质应用",更深入理解用函数构建数学模型的基本过程。学习应用模型思想发现和提出问题、分析和解决问题的方法	观察实际情景→发现和提出问题→收集数据→选择函数模型→求解函数模型→检验(不符合实际则返回选择函数模型;符合实际)→实际问题的解

3.凸显在核心素养、关键能力方面的培养目标

本节课分别体现了数学抽象、逻辑推理、数学建模等素养。在前奏阶段,通过集中分析问题、重构修改和完善模型环节的教学,帮助学生积累用数学模型解决实际问题的经验,即"用模"阶段。这一过程有助于促进学生数学运算能力、数据处理能力的形成。

四、几点教学反思和建议

当然,任何一节课堂教学都是"遗憾的艺术"。如果按照新课程、新教材、新高考的更高要求,来看对课程标准、教材内容和学生学情的分析,本节课,还需要在以下几个方面加以提升。

(1)在教学过程中,需要建立多元化评价,进一步关注学生的个性与潜能的发展,本节课中评价机制和环节还不够多元化。

(2)还需要进一步体现数学的人文价值,使学生树立学好数学的信心,提高学习数学的兴趣,充分发挥数学的育人功能。如本节课在数学的有趣性、学习小组合作等方面还可以有更全面、涉及所有组员的、更有深度的设计;本节课没有组内所有成员限定时间、限定角色的全方位展示和评价。

(3)时刻关注函数应用中,大单元整体结构化教学过程、教学目标的具体体现。本节课在教材教参中的要求虽然是了解函数解决实际问题过程,但是,在下一节内容函数应用(二)中则是更深入理解用函数构建数学模型的基本过程,这就需要我们搭建一定的、具有整体化的情境,创设高阶的思维问题。如课前视频,可以自然过渡到"如果你是一个税务人员,面对演艺公司的钱总、李经理和工作人员小孙分别收入为……如何认定他们是否有偷逃税行为?"这将更加有利于实际生活问题情境的创设,将数学有用性充分体现。在讲到高阶思维问题设计或作业设计时,可否设计如"该公司几个员工针对自己的纳税问题,提出以下线索,请据此给出他们的具体收入。甲:我的收入刚好不用交税。乙:我需要纳税48元。丙:我需要纳税240元。丁:我需要纳税5 712元。请两人一组展开研讨,解决问题"。

(4)在精讲点拨中,需要细化整理步骤,设计新的问题串来逐步引导学生,展示构建分段函数的过程与方法,形成年综合收入与个税之间关键环节的归纳要点或口诀。

(5)在总结中,希望能更具有开放性,如学生在谈用已知的函数模型解决实际问题的时候,可加入"有哪些自己觉得是难点的地方?你有哪些建议?"等开放性问题。

(6)作业布置,是否安排一些开放性、实践性的作业,让每个学生都享受成功的喜悦。对某些生活问题进行数学化(分段函数)解决,如对贵阳市出租车收费问题,对行驶路程x与收费y的函数关系进行探究等。

(7)在重点中,是否可以增加数学建模分析问题环节的一般过程和方法归纳,图示法表示函数的基本步骤归纳。

（8）需要引导学生独立举出一定数量的，用于说明问题的正例和反例，建立不同知识之间的联系，正确把握数学知识的结构、体系。

总之，教学无止境，为了追求教育的高质量发展，我们将在情境与问题、知识与技能、思维与表达和交流与反思方面继续开展顶层设计，使数学核心素养的培育在每一节数学课堂教学中落到实处。

第4章　工作室学员成果

4.1 学科体现意识形态教学——"课程思政"引领课堂教学研究

课程思政引领课堂教学研究是指，在教育教学过程中，根据习近平新时代中国特色社会主义思想和党的教育方针，以课程思政为指导，对课堂教学进行研究。课程思政，是指在课程教学中，通过渗透和融入习近平新时代中国特色社会主义思想和党的教育方针，引导学生形成正确的世界观、人生观和价值观，培养学生的道德操守、社会责任感和创新精神。

课程思政引领课堂教学研究的目的，是提高教学质量和教育效果。通过课程思政的引领，可以使课堂教学更加有针对性、有意义、有价值。研究的内容包括，如何将课程思政理念融入教学内容和教学方法的设计，如何通过课堂活动和讨论引导学生思考和认识，以及如何评价和反思教学效果等。课程思政引领课堂教学研究的意义，在于培养学生的综合素质和人文素养，促进学生的全面发展。只有通过课程思政的引领，我们才能更好地传承和发扬优秀的中华文化，培养学生的爱国情怀和责任意识。同时，还可以引导学生正确思考时代问题和社会问题，拓宽学生的眼界和思维方式，培养学生的创新能力和解决问题的能力。课程思政引领课堂教学研究，需要教师们不断学习和提高自己的教育理论和教学技能。只有不断更新自己的知识和教育观念，才能更好地引领学生，提高教学质量和教育效果。

4.2 学科体现意识形态教学PPT和导学案展示

课程思政和学科体现意识形态教学，既有联系又有区别。首先，课程思政是指在课程设置、内容选择、教学方法等方面融入习近平新时代中国特色社会主义思想和党的教育方针。它是跨学科的，可以在各个学科的课程中进行思政引领。而学科体现意识形态教学是指，在具体的学科教学中，通过传授和强调特定的意识形态观点、理论或价值观念,达到教育和引导学生。其次,课程思政着重强调的是培养学生的综合素质和人文素养,以及引导学生正确思考时代问题和社会问题。它的目标是培养学生的思想性、文化性和人民性,进而促进学生的全面发展。而学科体现意识形态教学,则更加注重学科知识的传授,并使学生了解特定的意识形态观点或理论。它的目标是培养学科专业素养和学科能力,如培养学生的科学思维、分析问题的能力等。

当然,课程思政与学科体现意识形态教学也有一定的交叉点。在某些学科领域中,课程思政可以通过学科的特点和内容,更加有针对性地引领学生形成正确的思想观念。同时,学科体现意识形态教学,也可以在一定程度上,体现课程思政的指导思想,使学科教育更注重社会效益和价值取向。总之,课程思政和学科体现意识形态教学是相互关联、相互促进的。本工作室在实际教学中,根据具体的学科和教学内容,合理地结合二者,开展了一定的研究,以期达到更好的教育效果。现展示如下:

一节初三数学优质课的展示——解直角三角形应用举例

环节一:课前引入

(1)课前暖场视频(2019年国庆"我爱中国"灯光秀);

(2)课前活动:分组安排(将支教班级全班学生分成8个学习小组,竞争"优秀学习小组",规则:每组学生积极回答给小组记1次5分);

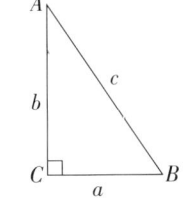

(3)复习引入:旧知展示(活动1:组组PK)。

问题1:直角三角形中除直角外,其他五个元素之间有什么关系?

(1)三边之间的关系 $a^2 + b^2 = c^2$;

(2)两锐角之间的关系 $\angle A + \angle B = 90°$

(3)边角之间的关系:

$$\sin A = \frac{\angle A 的对边}{斜边} = \frac{a}{c}; \cos A = \frac{\angle A 的邻边}{斜边} = \frac{b}{c}; \tan A = \frac{\angle A 的对边}{\angle A 的邻边} = \frac{a}{b}$$

问题2:学这些知识有用吗?

师:在我看来,关系到"天下大事"。

环节二:新课探究(构造直角三角形解题)

例题(对应教材中例3):2012年6月18日,"神舟"九号载人航天飞船与"天宫"一号目标飞行器成功实现交会对接。"神舟"九号与"天宫"一号的组合体在离地球表面343 km的圆形轨道上运行。如图,当组合体运行到地球表面P点的正上方时,从中能直接看到的地球表面最远的点在什么位置？最远点与P点的距离是多少（地球半径约为6 400 km，π取3.142，结果取整数）？

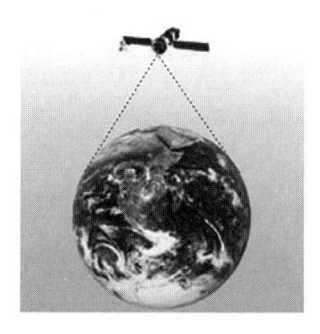

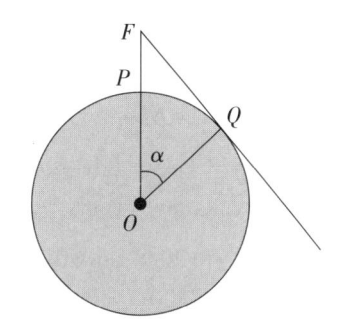

分析：从组合体中能直接看到的地球表面最远的点，应是视线与地球相切时的切点，如图中点Q。如图，用⊙O表示地球，点F是组合体的位置，FQ是⊙O的切线，Q为切点，则所求问题为求$\overset{\frown}{PQ}$的长。

本题知识点：

(1) 直角三角形边角关系 $\cos\alpha = \dfrac{OQ}{OF}$；

(2) 弧长公式：$\overset{\frown}{PQ} = \dfrac{\alpha \pi r}{180}$；

(3) 视线：指用眼睛或观测仪器看东西时，眼睛或观测仪器和物体之间的假想直线。

解：设∠POQ=α，在图中，FQ是⊙O的切线，△FOQ是直角三角形。

∵ $\cos\alpha = \dfrac{OQ}{OF} = \dfrac{6\,400}{6\,400 + 343} \approx 0.949\,1$，

∴ $\alpha \approx 18.36°$

∴ $\overset{\frown}{PQ}$的长为 $\dfrac{18.36\pi}{180} \times 6\,400 \approx \dfrac{18.36 \times 3.142}{180} \times 6\,400 \approx 2\,051 (\text{km})$

问题3：怎样解决问题的？（构造直角三角形解题）

思想方法：空间问题→平面化→三角化→特殊化→直角三角形①或等腰等边三角形等②生活问题→数学问题。

例题（类比解决）：某地搞国庆灯光秀，需测量高层建筑高度，以方便安装多媒体投射设备。热气球的探测器显示，从热气球看一栋楼顶部的仰角为30°，看这栋楼底部的俯角为60°，热气球与楼的水平距离为120 m，这栋楼有多高（结果取整数）？（由教材中例题改编）

（活动2：各组2 min讨论，选组展示）

本题知识点:仰角、俯角、直角三角形边角关系,与俯角、仰角有关的解直角三角形问题。

解:如图,α=30°,β=60°,已知AD=120。

∵ $\tan\alpha = \dfrac{BD}{AD}$,$\tan\beta = \dfrac{CD}{AD}$,

∴ $BD = AD \cdot \tan\alpha = 120 \times \tan 30°$
$= 120 \times \dfrac{\sqrt{3}}{3} = 40\sqrt{3}$,

$CD = AD \cdot \tan\beta = 120 \times \tan 60°$
$= 120 \times \sqrt{3} = 120\sqrt{3}$.

∴ $BC = BD + CD = 40\sqrt{3} + 120\sqrt{3}$
$= 160\sqrt{3} \approx 277 (\text{m})$。

因此,这栋楼高约为277 m。

问题4:你能概括出仰角、俯角的概念吗?

由视线与水平线所成的角中,视线在水平线上方时,视线与水平线所成的角叫仰角,视线在水平线下方时,视线与水平线所成的角叫俯角。如图中∠AOB为仰角;∠AOC为俯角。

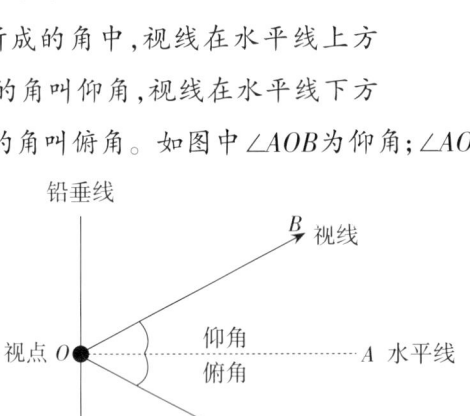

环节三:课堂练习(常规+拓展)

1.望谟二中某班开展"校园是我家"活动,需要知道校园旗杆的高度。在操场上一点A测得旗杆顶端的仰角为30°,再向旗杆方向前进20 m,又测得旗杆的顶端的仰角为45°,求旗杆的高度。(精确到1 m)

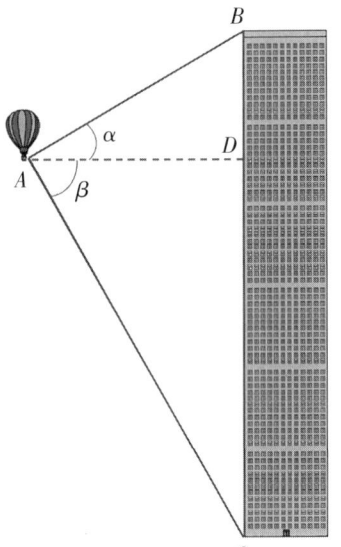

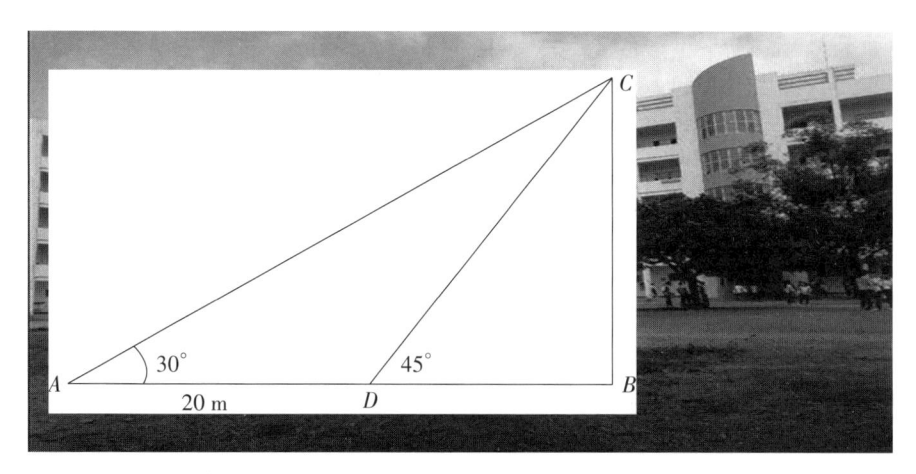

2.在望谟二中旁有一座移动铁塔CD,铁塔旁有一座五层楼AB(楼高可测)。现有工具:(1)皮尺;(2)测角仪;(3)1 m长木杆。用其中的一种或多种工具。如何测量计算铁塔CD的高。(请讲讲你的思路)要求:测量的线段长度用a,b,c表示;角度用α,β表示。

环节四:课堂小结(知识与思想)

1.通过本节课你学到了哪些知识？获得了哪些思想方法？

知识层面:复习了直角三角形边角关系;弧长公式、视线、俯角、仰角等基本知识;

思想方法:学习了将平面问题三角化,三角问题特殊化,感受如何将生活问题数学化。

2.学习这些,你觉得有用吗？谈谈你的想法。

师:的确如同学们所讲,我们学习的数学知识是非常有用的。正如今天我们所学的内容,虽然只是初中的解直角三角形的相关知识,却能够逐一解决一些我们学校身边如旗杆高度的"家事",也能够解决为祖国庆生的高楼灯光秀的"国事",还能够解决地球和太空中的"天下事"。

大屏幕,显示对联:

为国立学

以校为家(家事)

国庆××年(国事)

航天科技(天下事)

学好科学知识

报效伟大祖国

家事国事天下事事事关心

风声雨声读书声声声入耳

环节五:课后作业

完成课后练习中1、2题。

解直角三角形的应用举例(导学案)

贵阳市第二中学 陈先睿

一、复习引入:旧知展示(活动1:组组PK)

思考:直角三角形中除直角外,其他五个元素之间有什么关系?

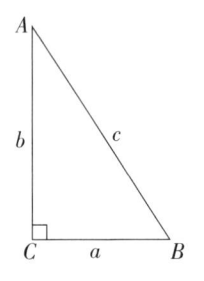

_____

_____

_____

_____

_____

_____

二、新课探究:构造直角三角形解题

2012年6月18日,"神舟"九号载人航天飞船与"天宫"一号目标飞行器成功实现交会对接。"神舟"九号与"天宫"一号的组合体在离地球表面343 km的圆形轨道上运行。如图,当组合体运行到地球表面P点的正上方时,从中能直接看到的地球表面最远的点在什么位置? 最远点与P点的距离是多少(地球半径约为6 400 km,π取3.142,结果取整数)?

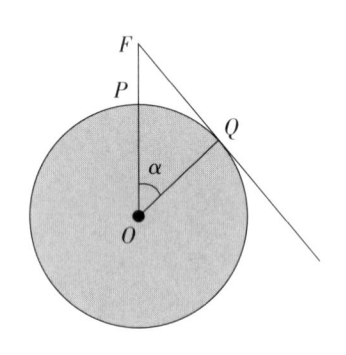

分析本题知识点:_____

_____

(板书)知识点1：_____

解答笔记：_____

_____

_____

_____

_____

反思：怎样解决问题的？

思想方法：_____

_____

_____

(类比解决)某地搞国庆灯光秀，需测量高层建筑高度，以方便安装多媒体投射设备。热气球的探测器显示，从热气球看一栋楼顶部的仰角为30°，看这栋楼底部的俯角为60°，热气球与楼的水平距离为120 m，这栋楼有多高（结果取整数）？

(活动2：各组2 min讨论，选组展示)

分析本题知识点：_____

_____

思想方法：_____

_____

(板书)知识点2：_____

解答笔记：_____

_____

_____

_____

_____

_____

三、课堂练习:常规+拓展

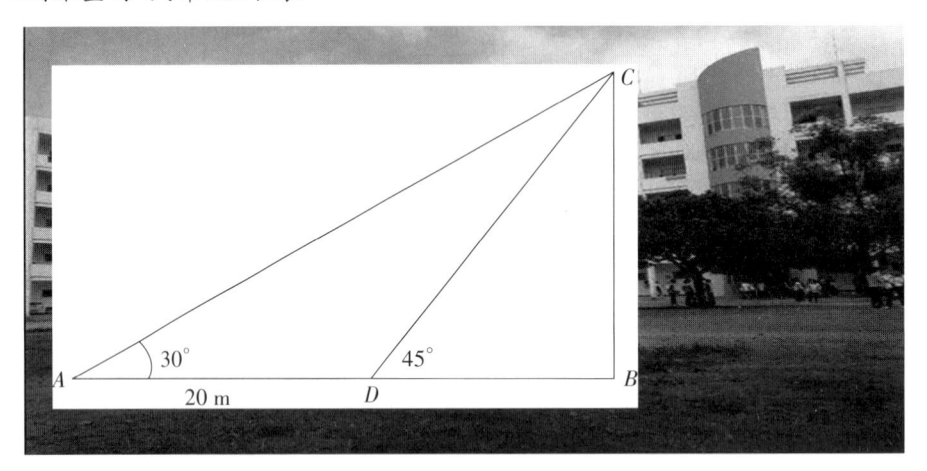

1. 望谟二中某班开展"校园是我家"活动,需要知道校园旗杆的高度。在操场上一点 A 测得旗杆顶端的仰角为 $30°$,再向旗杆方向前进 20 m,又测得旗杆的顶端的仰角为 $45°$,求旗杆的高度。(精确到 1 m)

解答笔记1:

解答笔记2:

四、课堂小结:知识与思想

1.通过本节课你学到了哪些知识?获得了哪些思想方法?

_____

_____

_____

2.学习这些,你觉得有用吗?谈谈你的想法。

_____

_____

_____

五、课后作业

完成课后练习中1、2题。

4.3 学科体现意识形态教学设计展示

4.3.1 "指数与指数幂的运算"教学设计

(贵阳市第二中学 陈先睿)

课题	"指数与指数幂的运算"教学设计	本节总课时	6
		第1课时	
课时教学目标	(一)在知识点上,了解指数函数模型的实际背景,理解n次方根概念及性质,理解根式概念及性质,了解有理数指数幂的含义,了解幂指数扩充的必要性;理解根式的化简与求值、根式与分数指数幂的互化,利用指数幂的性质解决化简求值、条件求值问题,并能运用相关知识解决实际数学问题。 (二)在学法设计上,阅读教材,依据预习单和学案,开展自主学习、探究和展示,合作探究,小组交流学习;通过理解方根和根式的概念,掌握根式的性质,会进行简单的求n次方根的运算;理解整数指数幂和分数指数幂的意义,并能熟练掌握根式与分数指数幂之间的相互转化;理解有理指数幂的含义及其运算性质;会根据已知条件,利用指数幂的运算性质、根式的性质进行相关求值运算。 (三)在能力素养上,培养学生的观察、分析、概括问题的能力,以及类比、分类、转化与化归等思想方法的应用能力;通过对预习单和学案问题的观察思考,培养学生归纳、逻辑思维、创新意识等能力,以及数学抽象、数学运算核心素养的培养,深化正确的意识形态教育,体验数学的应用价值。		

续表

课题	"指数与指数幂的运算"教学设计	本节总课时	6
		第1课时	

| 设计理念、设计思路和思维框架 | (一)设计理念:充分设计学生活动,特别是思维活动,让学生被情景设定、问题串引入探究中,自然过渡,形成教师主导教学流程,学生主体学习的状态。充分发挥学生在学习中的主体作用,教师运用适合的教学手段,彰显主导作用,调动学生学习的主动性和积极性。
(二)设计思路:1.课前引导学生观看新闻热点,思考数学应用价值,强化正确的意识形态教育,明确学习本节数学知识的必要性和重要性,解决为什么学的问题。2.课中,首先,导入本课在整章整节的基础位置,分析和初中知识的连接点、各组自主思考后的预习反馈,强化学生展示中的类比、归纳、分类能力,形成新知;其次,在问题探究中,对第一个新知展开练习检验,其中的填表检验为下一新知埋下伏笔;然后,在规律寻找中,进一步合作探究,突破难点,又在推理阶梯式练习中,实现从特殊到一般的思维升华,完成第二个新知教学;最后,再引导学生提炼新知口诀,解决课前问题,用新知解释前疑,前后呼应。整体上回答"怎么学"的问题:用联系观点学,用合作精神学,用自主探究学,用数学思想方法学,用逻辑思维和数据处理能力学,用类比、归纳、分类方法学等。3.在总结中,先从教师导语入手,保证总结方向的正确性,更为了强化对数学知识每一次发展的不易和需要付出的艰辛,产生共识。端正对数学学习的态度,增强对数学科学精神的敬仰,最终形成让学生既仰望星空又脚踏实地的培育目标。
(三)思维框架

教师: 创设问题情景 → 引导探索思路 → 多元评价 → 精准扫盲 → 理性概括
　　　　　　↓　　　　　　　↓　　　　　↓　　　　↓　　　　↓
程序: 预习反馈 → 问题探究(含精讲点拨和达标检测) → 总结提炼 → 课后巩固
　　　(提出问题) (分析问题)　(解决问题)　(操作训练)(理性归纳) (提出新问题)
　　　　　　↑　　　　　　　↑　　　　　↑　　　　↑　　　　↑
学生: 接受问题挑战　自主合作探究　汇报交流　知识迁移　自主建构 |

本课时教学重难点	重点:了解有理数指数幂的含义;理解根式的化简与求值、根式与分数指数幂的互化。	课型	新授课
	难点:理解根式概念及性质,利用指数幂的性质解决化简求值、条件求值问题。	教具	投影多媒体设备

学情分析	新高一学生在初中已经学习了整数、正整数指数幂、零指数幂、负整数指数幂、整数指数幂的运算法则、平方根、立方根以及二次根式、分式。因此,对于n次方根的定义、性质以及根式的概念较易接受。但对根式性质的推导和对正数的有理数指数幂意义理解还比较困难,需要更多的设计设问,引导学生采用类比、分类和数形(数表)结合思想方法去处理、思考、举例和研讨,逐步突破难点。

续表

课题	"指数与指数幂的运算"教学设计		本节总课时	6
			第1课时	
教学内容				
教学环节	教师活动	学生活动	教学效果(体现意识形态、核心素养和关键能力)	
课前热场 (3 min)	提前演示两则材料。提问:对于这两个材料你有哪些想法?(根据学生回答,引导学生明白以下几点,并顺势将学生分为8个组,要求学生做好课前准备——拿出教材、笔记本、导学案和草稿本) 1.将考古学作为国家战略基础学科。考古学是根据发掘出来的或古代留传的遗物来研究古代历史的学科。当代中国是历史中国的延续和发展。新时代坚持和发展中国特色社会主义,更加需要系统研究中国历史和文化,更加需要深刻把握人类社会发展规律,在对历史的深入思考中汲取智慧、走向未来。正所谓"明镜所以照形,古事所以知今"。 2.个人成长需要同国家发展需求相结合。爱国不是一句空话,学以报国方显真爱。高分学子钟芳蓉能将自己的兴趣和爱好投入到国家急需的考古学研究中,是值得敬佩和学习的。 3.今天我们将要学习的内容与考古学也有密切的联系。 (通过大家手上的预习单和昨天预习的教材,可以看出,考古学是最能够证明悠悠华夏上下五千年文明史的科学,是我们探寻古人智慧最直接的纽带,为此,我们有责任学习好考古学中的数学基础知识——指数函数,今天的内容就是学好这部分知识的基础)	观看材料一: 播放视频(1分30秒):新闻报道,湖南留守女孩钟芳蓉2020年高考以676高分报考北大考古学系。 观看材料二: 展示图片1:《北京大学2020年强基计划招生简章》中的专业招生计划表格,考古学、数学等专业就在其中。 展示图片2:生物体内碳14含量P与死亡年数t的关系: $$P=\left(\frac{1}{2}\right)^{\frac{t}{5\,730}}$$ 怎样理解它的意义? 思考:对于这几个材料你有哪些想法? (根据学生参与程度,确定学生自主回答或随机请学生回答)	1.以高考高分学生热点事件、强基计划为例,强调关心社会的重要性。 2.从考古学出发,讲述悠久中国历史,从个人成长谈到国家发展,强调爱国主义、个人与国家关系。 3.从考古学讲到碳14含量等数学支撑,强调数学学科的有用性、工具性和基础性。 4.要求课前准备,从细微处引导学生养成好的学风,获得教育;让学生做一个既有理想信念,又能努力奔跑的追梦人,做到仰望星空(目标),脚踏实地(过程)。 5.整个课前热场设计,强调了逻辑推理。 6.生物体内碳14含量P与死亡年数t的关系介绍,强调了数学建模。	

续表

课题	"指数与指数幂的运算"教学设计	本节总课时	6
			第1课时

| 环节一：预习反馈（形式：展示评价；时长：15 min） | 提前整理各组学生的预习单图片，收集典型问题；铃声响起，开始上课。
师：本节课，我们将要学习的内容是什么？
生：基本初等函数、指数函数、指数与指数幂运算等。
师：是的。在我们将要学习的基本初等函数中，将会对指数函数、对数函数和幂函数逐一开展研究。下面，我们先看以下框图，了解本课知识结构在本章本节中的定位。

基本初等函数
├─ 指数函数 ←反函数→ 对数函数
│   └─ 指数与指数幂运算
│   └─ 指数函数及其性质
├─ 对数函数
│   └─ 对数及其运算
│   └─ 对数函数及其性质
└─ 幂函数

由图可知，高中第一个新引进的基本初等函数即指数函数，学习的基础就是指数，而指数中与我们初中学过的根式有必然联系。可见，本课知识在本章本节知识结构中处于基础之基础的重要地位。大家务必严肃认真地对待，当然由于有初中的根式基础，我们仍然可以继续研究好根式。（开始板书：1.方根）
师：现在，我们回到大家的预习单进行预习反馈。这些内容有哪些关键词呢？和你初中学过的哪些内容有关？写出与这部分有关的初中知识点和相关公式。
思考1：描述整数指数幂及运算法则、平方根、立方根及二次根式知识点。
操作及要求：在8组所有成员预习并提交个人预习成果（PPT或图文或预习单）的基础上，小组推选出代表本组水平的优秀预习成果，课前抽签选择两组数学学习小组用PPT或图文展示。（要有自己的独立思考、归纳和总结） | 预习单内容：印刷章头和部分根式内容。回答下列问题：
1.阅读后，你觉得我们将要学习的内容的关键词有哪些？你觉得这一章将要学习哪些内容？和你初中学过的哪些内容有关？并写出与这部分有关的初中知识点和相关公式。
2.预习以后，你觉得根式的知识和初中相比有哪些不同？
【第一轮展示与评价】
基本要求：任务驱动。提前一天请大家限时写在学案或草稿上，并写上姓名拍照用QQ发给老师；或者课前让学生写在草稿上，教师巡视。
（一）展示组展示情况
学生展示：（口头竞答或小组上台展示） | 1.设计提前预习题单和强调本章本节知识结构，让学生提前自主学习，引导学生带着问题思考、阅读，分析问题，学会抓重点和关键，用联系和整体与局部的观点看问题，培养学生的辩证思维和抽象概括能力；
2.小组推选、完善、展示和评价，培养学生勤于思考的思想品质、尊重他人思想和成绩的意识、团结协作精神，培育集体荣誉感和批判创新意识；
3.引导学生理解平方根、立方根再到 n 次方根，培养学生用运动、变化的观点看问题； |

续表

课题	"指数与指数幂的运算"教学设计	本节总课时	6
		第1课时	

| 环节一：预习反馈（形式：展示评价；时长：15 min） | 师：下面，有请今天抽到展示签的小组，上台来进行展示。
（学生展示中……，允许学生补充）
师评生（随时开展点拨与引导）：教师观察、展示和评价有以下几个维度。
(1)在对指数函数、对数函数、幂函数、指数、指数幂、根式的描述中，是否对关键词进行说明；
(2)对初中的整数指数幂及运算法则、平方根、立方根及二次根式及性质是否说明；
(3)强调初高中在根式定义中的区别和联系。
（继续板书：1.方根(1)定义）
（针对学生展示中出现的问题，教师适时进行引导）
师：刚刚同学展示中，能发现大家学会通过具体的整数来描述和研究整数指数幂及运算法则、平方根、立方根及二次根式，还对容易混淆的根式进行了基本分类，这很好；但在介绍初高中在根式定义中的区别和联系时，大家要注意两点。一是初中只是学习了平方根、立方根的定义，高中阶段扩展到四次方根、五次方根到 n 次方根定义，根指数从2、3，扩展到整数 n，学习用变化的观点看问题；二是类比初中的平方根、立方根的性质，对高中的 n 次方根性质，开展深入研究和说明。下面，请各小组对刚才的展示小组进行评价，同时可以展示一下你们小组对预习内容的描述。（激发学生热情）
师：大家的评价和展示，越来越专业了。还有同学来举例说明吗？
生评展，师引导：
$2^3=8\to 8$ 的3次方根是2，记为：$\sqrt[3]{8}=2$
$(-2)^3=-8\to -8$ 的3次方根是-2，记为：$\sqrt[3]{-8}=-2$
$(-2)^5=-32\to -32$ 的5次方根是-2，记为：$\sqrt[5]{-32}=-2$
$2^7=128\to 128$ 的7次方根是2，记为：$\sqrt[7]{128}=2$ | 第3组代表勾××：本课内容讲到关键词分别有指数函数、对数函数、幂函数、指数、指数幂、根式；初中也有指数幂及运算法则，还学习了平方根、立方根（个别知识描述有遗漏）。
第1组代表杨××：我们在初中还学习了指数幂的运算，如
$2^2\times 2^3=2^{2+3}=2^5$；
$2^3\div 2^2=2^{3-2}=2^1$；
$(2^2)^3=2^{2\times 3}=2^6$；
$2^{-2}=\dfrac{1}{2^2}=\dfrac{1}{4}$。
学习了二次根式运算的乘法和除法法则，如
$\sqrt{2}\times\sqrt{3}=\sqrt{2\times 3}=\sqrt{6}$；
$\dfrac{\sqrt{2}}{\sqrt{3}}=\sqrt{\dfrac{2}{3}}=\dfrac{\sqrt{6}}{3}$。
高中的根式和初中的差不多；同学们可以自己阅读课本了解。（刚刚讲到关键点，没有继续往下深入。教师顿时感觉问题来了，必须进行必要的引导了） | 4.学生讲述与评价参与度高，情趣浓厚，能进行从具体数字到一般字母的归纳推理和描述。让师生眼前一亮，达到预期效果；体现了"教思考""教表达""教体验"，落实对学生类比、分类思想方法和全面而严谨的思维品质的培养；实现数学抽象、数学运算核心素养的培养。 |

续表

课题	"指数与指数幂的运算"教学设计		本节总课时	6
			第1课时	
环节一：预习反馈（形式：展示评价；时长：15 min）	$4^2=16$ $(-4)^2=16$ } 16的2次方根是4，-4，记为：$\pm\sqrt{16}=\pm4$ $3^4=81$ $(-3)^4=81$ } 81的4次方根是3，-3，记为：$\pm\sqrt[4]{81}=\pm3$ $2^6=64$ $(-2)^6=64$ } 64的6次方根是2，-2，记为：$\pm\sqrt[6]{64}=\pm2$ 思考2：通过以上实例，是否可以归纳什么结论呢？ 奇次方根：正数的奇次方根是一个正数；负数的奇次方根是一个负数； 偶次方根：正数的偶次方根有两个且互为相反数；负数的偶次方根没有意义。 师：还有什么数没有考虑？0呢？ （副板书：画数轴，利用数形结合提醒）		（二）评价组评价情况 学生评价：随机选择学习小组代表，评价展示的两组同学。（评价前面展示小组对预习内容的描述的要求：强调优缺点，并做适当补充） 第2组代表林××：刚刚的展示中，没有讲到在指数幂的学习中，我们学习了正整数指数幂、零指数幂、负整数指数幂，即： $a^m \times a^n = a^{m+n}$ $(m、n \in \mathbf{Z}^+)$; $a^m \div a^n = a^{m-n}$ $(m、n \in \mathbf{Z}^+)$ (当$m=n$时，得零指数幂，即：$a^0=1$；当$m=0,n=p$时，得负整数指数幂，即：$a^{-p}=\dfrac{1}{a^p}$) 第8组代表陈××：前面的关于根式及初高中对比的展示不够系统，我们组制作的PPT，在对比初高中对根式的	

续表

课题	"指数与指数幂的运算"教学设计	本节总课时	6
		第1课时	

| 环节一：预习反馈（形式：展示评价；时长：15 min） | 师：太精彩了，同学们的展示和评价逐步对过去的指数幂和初高中的根式以及性质都进行了较系统总结和归纳。关键是大家还学会将被开方数 a 分类为正整数、负整数和零，将根指数 n 分为奇、偶数来开展研究，这种分类思想很重要，有利于分散难点，化难为易，各个击破。同学们要努力提高这种抽象概括能力，这是学习力提升的关键能力哟！
师：根据大家的探究，我们可以这样理解：如果 $x^n = a$，那么
$$x = \begin{cases} \sqrt[n]{a}, (n = 2k+1, k \in \mathbf{N}^*) \\ \pm\sqrt[n]{a}, (a > 0, n = 2k, k \in \mathbf{N}^*) \end{cases}$$
a 的 n 次（奇次）方根用符号 $\sqrt[n]{a}$ 表示；
正数的 n 次方根用符号 $\pm\sqrt[n]{a}$ 表示（n 为偶数）
（继续板书：1.方根（2）性质（3）根式）
大家是否真正掌握了这些基本知识了呢？现在，我们通过以下问题，来检验一下吧！ | 定义基础上，通过具体的根式对比发现，虽然方根从二次方根、三次方根扩展到 n 次方根，但并不是每个数都有对应的方根，并且方根的个数还有不同。我们的结论是："正数的奇次方根是正数；负数的奇次方根是负数；零的奇次方根是零；类似地，正数的偶次方根有两个且是相反数；负数没有偶次方根；零的偶次方根是零。"
【学生小组讲述与评价】
注意：不提前告知学生怎么展示和评价，让学生充分暴露问题，再适时提出修正建议；根据展示和评价组表现情况，由各组进行打分，分值在5—10分。 | |

续表

课题	"指数与指数幂的运算"教学设计	本节总课时	6
		第1课时	

环节二：问题探究（含精讲点拨与检测）（16 min）	【问题设计1】（限时3 min，含学生讨论、展示、练习各1 min） 1.讨论：$\left(\sqrt[n]{a}\right)^n =$ ____；$\sqrt[n]{a^n} =$ ____。$(n>1, n \in \mathbf{N}^*)$ 师：各组继续通过具体实例进行研讨。大家可以用刚刚研究方程的类似方法，从数a的分类上进行，可分正数、负数和零去研究。 注意： （1）由$x^n = a$可知，x叫作a的n次方根。 当n是奇数时，$\sqrt[n]{a}$对任意$a \in \mathbf{R}$都有意义。它表示a在实数范围内唯一的一个n次方根，则有$\left(\sqrt[n]{a}\right)^n = a$； 当$n$是偶数时，$\sqrt[n]{a}$只当$a \geq 0$有意义，当$a<0$时无意义。$\sqrt[n]{a}(a \geq 0)$表示$a$在实数范围内的一个$n$次方根，另一个是$-\sqrt[n]{a}(a \geq 0)$，则有$\left(\pm\sqrt[n]{a}\right)^n = a$。 （2）$\sqrt[n]{a^n} = a$不一定成立， 当$n$是奇数时，$\sqrt[n]{a^n} = a$； 当$n$是偶数时，$\sqrt[n]{a^n} = \|a\| = \begin{cases} a(a \geq 0) \\ -a(a < 0) \end{cases}$ 2.展示（详见学生活动） 3.练习1 求下列各式的值： （1）$\sqrt[3]{(-8)^3}$；（2）$\sqrt{(-10)^2}$；（3）$\sqrt[4]{(3-\pi)^4}$；（4）$\sqrt{(a-b)^2}$。 【问题设计2】（限时10 min，含完成表格与思考、推理、练习） 1.完成表格并思考 | 指数x | ... | -4 | -3 | -2 | -1 | 0 | 1 | 2 | 3 | 4 | ... | |---|---|---|---|---|---|---|---|---|---|---|---| | 幂2^x | ... | | $\frac{1}{16}$ | | | | | 2 | | | ... | 思考3：（1）观察表格，当指数变化时，幂有什么变化规律？（指数减1，幂折半，反之亦然；随着指数从正整数扩充到0、负整数，幂值从正整数扩充到正分数，即2的整数指数幂是正有理数）	【探究方式】学生分组（或分桌）讨论，研讨和展示并总结方法，讨论以后形成自己或本组解答记录；表现情况得分仍由各组打分，分值在5—10分。 【第二轮展示与评价】 基本要求：学案驱动。提前发放课堂学案，各组研讨，自发（或选取之前未展示或评价的小组）展示；教师巡视。 （一）展示组展示情况 学生展示：口头竞答或小组上台展示。第一轮未发言的第4、5、6、7组积极抢占展示机会。 对【问题设计1】进行讨论，第5组发言代表张××：对讨论问题能够在黑板上正确书写，但是对理由表述不能做到精细化，由本组秦××补充、完善。	1.小组讨论、展示和评价，培养学生勤思考、团结协作精神，培育集体荣誉感和质疑、批判创新意识；落实对学生思维素养、数学抽象的培养； 2.练习1采用教材内容，尊重教材考虑由易到难的阶梯式设计，符合学生认知规律，再次培养学生细致严谨态度和分类讨论思想方法的培养； 3.完成表格和思考3问题设计，注重学生抽象概括、推理论证、数据处理能力和创新意识； 4.在推理中，引导学生利用旧知解决新问题，体会分数指数幂扩充的合理性，体现联系观点；两个数的平均数为分数，指数幂扩充到3个数，寻找分数指数幂与根式的互化规律，强化逻辑思维能力和创新意识的培养；		

续表

课题	"指数与指数幂的运算"教学设计	本节总课时	6
		第1课时	

| 环节二：问题探究（含精讲点拨与检测）（16 min） | (2)如果考虑扩充指数范围到有理数，即增加分数，在指数0和1之间插入平均数$\frac{1}{2}$，那么对应的幂$2^{\frac{1}{2}}$是会是什么数？它与0对应的幂2^0和1对应的幂2^1有什么关系？（通过引导学生观察相邻3个整数指数幂之间的关系，让学生发现：当中间的指数是左右的指数的平均值时，它所对应的幂是左右指数所对应幂的乘积的算术平方根。故0和1的平均数，所对应的幂$2^{\frac{1}{2}}$，应该等于$2^0=1$和$2^1=2$的乘积的算术平方根，即$2^{\frac{1}{2}}=\sqrt{2}$）
2 推理：(1)由1中研究可知$2^{\frac{1}{2}}=\sqrt{2}$，那么，由根式的定义，$(\sqrt{2})^2=2$，是否就应该有$\left(2^{\frac{1}{2}}\right)^2=2$，如果整数幂的乘方运算仍然适用的前提下，如何理解$\left(2^{\frac{1}{2}}\right)^2=2$？利用公式$(a^m)^n=a^{mn}$，可理解为$\left(2^{\frac{1}{2}}\right)^2=2^{\frac{1}{2}\times 2}=2^1=2$。(2)类似的，我们可以有：$\sqrt{2}=2^{\frac{1}{2}}$；$\sqrt[3]{2}=\_\_\_$，$\sqrt[4]{2}=\_\_\_$；$\sqrt[n]{2}=\_\_\_$；$\sqrt[n]{a}=\_\_\_$（利用根式定义和整数幂的乘方运算仍然适用的前提下可得）。
(3)根据前面发现的规律完成下面填空：
$2^{\frac{1}{2}}=\sqrt{2^0\times 2^1}=\sqrt{2}$；$2^{\frac{3}{2}}=\sqrt{2^1\times \_\_\_}=\sqrt{2^3}$；
$2^{\frac{7}{2}}=\sqrt{\_\_\_\times\_\_\_}=\sqrt{2^{\_\_}}$；$2^{\frac{1+3+4}{3}}=\sqrt[3]{\_\_\_}=\sqrt[3]{2^7}$；
$3^{\frac{2+3+5+7}{4}}=\sqrt[\_\_]{\_\_\_}$
$a^{\frac{m}{n}}=_____(a>0, m、n\in \mathbf{N}^*, n>1)$ | 对【问题设计1】中的练习，第7组发言代表王××能完整做好前3个，并在师生引导下，分别归类为(1)是求负数的奇次方后的积次方根，(2)是求负数的偶次方后的偶次方根，第(3)个和第(2)个，其解题核心关键是观察被开方数(式)的正负和整体的正负。本来解决较为困难的第(4)个，因前面的问题展示分析和启发，使得大家不约而同地想到了分类讨论，顺利得到解决。
对【问题设计2】中的完成表格并思考，第4组发言代表张××能完整完成表格，并能指出随着指数x的增大，幂值2^x也在不断增大；(此处表述还不够精准，经引导以后形成幂值扩 | 5. 在解决根式问题和与分数指数幂互化问题中，利用口诀的归纳，强化抽象概括和归纳能力；
6. 指数幂从整数扩充到有理数，需要引入分数，而分数要逐步引导，由正分数到负分数，还有0，进行负分数指数幂是否存在的分析，体现了用运动变化的观点看问题，更体现了数学学科严谨、周密的科学精神。 | |

续表

课题	"指数与指数幂的运算"教学设计	本节总课时	6
		第1课时	

| 环节二：问题探究（含精讲点拨与检测）(16 min) | (4)完成以下问题,并思考,通过前面的研究,我们已经实现了指数幂从整数到正分数的扩充,那么要实现到有理数的扩充,我们还需要扩充研究哪些范围？$2^{\frac{1}{2}}=$____；$2^{\frac{3}{2}}=$____；$0^{\frac{m}{n}}=$____；$0^{-\frac{m}{n}}=$____；$2^{\frac{1}{2}}=\sqrt{2}$ $a^{\frac{m}{n}}=$____$(a>0,m、n\in\mathbf{N}^*,n>1)$
3.练习2
求值：
$8^{\frac{2}{3}}$；$25^{-\frac{1}{2}}$；$\left(\frac{1}{2}\right)^{-5}$；$\left(\frac{16}{81}\right)^{-\frac{3}{4}}$
【解决方案】学生分组限时讨论,并以小组为单位给出解答,教师巡视指导,并适时将小组解答拍照上传到希沃白板,让小组学生代表发言,仍采用生生评价、师生评价来解决问题。
【教师导语】
师:对于同学们展示的本组讨论结果,请大家评价一下,你认为有问题吗？如果有,你觉得该如何解决？(学生评价中……教师适时点拨)
师:大家对【问题设计1】中的练习的解决,基本较好,那么解决此类问题的关键是什么呢？(教师停顿10 s,看学生反应,不少学生强调"根号下的正负",但是具体讲不清楚)
师:大家的回答,对于解决此类问题很关键,但不一定是解决此类问题的关键。其实,我们解决问题,往往既要重视细节部分又要重视整体,就如这类问题,关键是观察被开方数(式)的正负和整体数(式)的正负。因此,我们可以归纳出解决此类问题的关键性思想方法,即"根式关键看两点,整体局部都要研,局部服从整体走,不明问题分类讲"。这就是解决今天第一类根式问题的关键思想方法,希望同学们在今后的学习中能逐步体验这类方法的应用。同时,请大家也试试归纳一下：【问题设计2】根式与分数指数幂互化的关键是什么？
生:略 | 充到有理数的共识)对于思考中的第(2)问题,经过师生共同研讨,反复3次,才开始有所发现,特别是第1组的蒙××和第8组的田××,是最先发现规律的,并迅速打通全班同学的思维困惑,实现了对指数幂的理解,为后续"推理"的完成奠定了思维基础；
(二)评价组评价情况学生评价：随机选择学习小组代表,评价展示的两组同学。
(评价前面展示小组对预习内容的描述的要求：强调优缺点,并做适当补充)
第6组代表吴××：我们觉得前面同学对"推理"中的第(3)问题描述不到位,强调在对"当中间的指数是左右的指数的平均值时,它所对应的幂是左右指数所对应幂的乘积的算术平方根" | |

续表

课题	"指数与指数幂的运算"教学设计		本节总课时	6
			第1课时	
环节二： 问题 探究 (含精讲 点拨与 检测) (16 min)	师：曾经有学生归纳为"分数指数有母子，母外子内分清楚"。这是有一定道理的。至此我们解决了今天最重要也是最难的知识点。 (继续板书：2.分数指数幂(1)(2)(3)) 【问题设计3】(3 min)回归本课"提问反馈" 再次展示图片2：生物体内碳14含量P与死亡年数t的关系 $P=\left(\dfrac{1}{2}\right)^{\frac{t}{5\,730}}$ 怎样理解它的意义？ 【解决方案】小组学生代表或自由限时发言，仍采用生生评价、师生评价来解决问题。 生：略（已经不再讲是相同因式乘积） 【教师导语】 师：科学研究表明，宇宙射线在大气中能够产生放射性碳14，而它的衰变极有规律，其精准性被称为自然界"标准时钟"。动植物在活着的时候，衰变的碳14可通过与大气的相互作用得到补充，从而保证每克组织中的碳14含量不变。当动植物死亡后，其停止与外界相互作用即补充停止，而原有的碳14按确定规律衰减，半衰期为5 730年。并不表示相同因式的乘积，而是根式的一种新的写法，即 $$P=\left(\dfrac{1}{2}\right)^{\frac{t}{5\,730}}=\sqrt[5\,730]{\left(\dfrac{1}{2}\right)^{t}}$$	理解中，不一定是平均值的左右相邻两项，应该是与平均值等距离的两项皆可。 第2组代表林××、第1组代表磨××对"推理"中的第(4)问题阐述的观点为：因为有理数包含整数、分数，分数中正分数、负分数，所以当然需要研究负分数指数幂；又因为负分数指数幂在运算中会有分母情况，故对于零的负分数指数幂需要单独强调。		

续表

课题	"指数与指数幂的运算"教学设计	本节总课时	6
		第1课时	

环节三：总结提炼（8 min）	要求：各组梳理本组对本节课的知识点的归纳，通过"教师导语"，思考本组的"小组总结"，由师生共同来完善和补充。 【教师导语】（1 min）师：刚才的"提问反馈"，充分体现了数学的应用价值，为考古学提供了数据证明。这个证明容易吗？数学的每一步发展都是不容易的，需要我们不断地思考和努力，有时甚至为了真理付出生命的代价。如同今天我们对根式的认识、对指数幂从整数指数幂向有理数指数幂的逐步推进一样，数学符号$\sqrt{\ }$的推广与使用，凝聚着几代数学家的努力和智慧，古希腊毕达哥拉斯学派的希伯斯因坚持无理数的存在，而被毕达哥拉斯学派无情地投进了茫茫大海。我们每一个中学生在人生的发展中，不仅要有仰望星空的远见，锁定正确的前进目标，更要有脚踏实地的干劲，细致周密地完成过程中的每一步，今天大家在学习中认真地思维、归纳、倾听、反思、展示、跟进，就是重视过程的最好诠释。下面，请各组讨论1 min，发表你们小组的总结和收获。 【小组总结】谈谈本节课你有哪些收获？（6 min）	要求：学生讨论展示后，还有疑惑之处，再由本组同学答疑解惑再补充；其他同学做好记录；表现情况得分仍由各组打分，分值在5—10分。 检测方式：学生代表小组举手回答。第6组学生代表吴××：（1）本节课我们学到根式和分数指数幂；（2）学会了研究根式要既看局部又看整体，指数幂可以从整数扩展到分数；（3）学会了类比、分类、推广思想方法；学习了数据分析和处理，联系和全面看问题；更明白作为高中生要仰望星空、脚踏实地。	通过小组讨论，依照教师导语的指引，实现对学生的正确价值观、科学精神、合作探究等意识形态、核心素养的培养和养成，继续体现"教思考""教表达""教体验"；学生的自我总结，让我轻松很多，没有想到学生既归纳了知识，又归纳了思想方法，还能有意识形态的感悟。
环节四：课后巩固（1 min）	（含课后练习、背诵、课外拓展等作业）作业安排：采取分层布置作业方式： （1）教材：习题略； （2）写一篇学习后的感悟（得失与困惑）。	学生独立完成后，拍照发到"师生交流QQ群"，错误不超过4个小题为过关。	完成情况：第1题第1个完成较好；第2个的个别题分类考虑要差一些，还需要进一步强化这类思想方法；第2题具有开放性，能充分让学生展开思考，有助于答疑解惑、找准症结，为后面讲解做准备

续表

课题	"指数与指数幂的运算"教学设计	本节总课时	6
		第1课时	
板书设计	知识重构 1.方根 (1)定义:一般地,如果$x^n = a$,那么x叫作a的n次方根。($n > 1$,且$n \in \mathbf{N}^*$) (2)性质:(强调学生归纳所得结论) 正数的奇次方根是正数;负数的奇次方根是负数;零的奇次方根是零; 正数的偶次方根有两个且是相反数;负数没有偶次方根;零的偶次方根是零。 (3)根式概念: 根指数 $\longrightarrow \sqrt[n]{a} \longleftarrow$ 被开方数 $\uparrow$ 根式 2.分数指数幂 (1)正数的正分数指数幂为:$(a > 0, m、n \in \mathbf{N}^*, n > 1) a^{\frac{m}{n}} = \sqrt[n]{a^m}$; (2)正数的负分数指数幂为:$a^{-\frac{m}{n}} = \dfrac{1}{\sqrt[n]{a^m}} (a > 0, m、n \in \mathbf{N}^*, n > 1)$; (3)0的正分数指数幂等于0,0的负分数指数幂没意义。		
教学反思	本节课属于高中必修内容,起点不高,难度适中。学生对根式内容已有一定的基础,较适合开展自主探究。在教师引导下,经过精心设计,这是适合学生探究展示交流的好材料。本节课蕴含较多的数学思想方法,是适合深化意识形态教育、培养学生核心素养和关键能力的好素材。 本节课,总体而言有以下优点和不足。 优点:1.注意基础。能充分挖掘学生初中基本的概念和水平、规范学生表达,急学生所急,想学生所想,能把学生的易错点和不足充分暴露和利用。2.注意细节。对于前面学生展示中暴露出的问题,展开适时引导。强调了"如何展示? 讲什么? 怎么讲?"导向比较到位。3.关注学生。特别是关注学生的学,无论学生对知识把握好与坏,都能细心倾听、精准辅导,使学生自然而然暴露问题,并能及时解决这些问题,既能照顾学生感受,又能有效加以辅导。4.注重规范。针对学生的展示、讨论,教师在课堂指导中,能着重关注根式和分数指数幂书写中的细节,足以发现其规范意识,是长期养成的结果。5.侧重体验。符合本节课的教学内容和特点;体现了学生的激烈思辨,设计凸显以学生为本。6.引导教育。本节课最大的亮点是在理科教学中,凸显了对学生意识形态的正能量引导,核心素养和关键能力的培养。 不足:感觉前松后紧,时间把握还需更紧凑;在前面学生的展示和评价中,可以将后面的练习直接加入,马上开展学以致用,效果会更好,学生理解将更深刻,更有利于课时时间的合理把握。另外,在教学环节设置上,原来的第二、三、四环节,即问题探究、精讲点拨和达标检测,由于单独设立,不利于对学生展示内容进行综合引导,同时形式大于内容,感觉有重复费时的问题。因此,将这三个环节融为一个综合的"问题探究(含精讲点拨和达标检测)",利用学案实施综合性开展,效果可能将更好一些。		

4.3.2 "三角形内角和定理(1)"教学设计

基于目标导向的课堂设计——三角形内角和定理(1)

（贵阳市第十八中学　蒲茜）

课标要求与建议	目标分解与组合	导学活动	目标检测
课标要求:证明三角形内角和定理,并会简单应用。课标建议:证明三角形内角和定理,并能运用这些定理解决简单的问题。经历探索和证明的过程,进一步发展推理能力。在一题多解、一题多变中,积累解决几何问题的经验,提升解决问题的能力。	①阅读材料;	活动一	
	②让学生思考验证三角形内角和的几种方法;通过纸片模型拼凑三角形的3个内角,得到3个内角的和类似平角,用直尺验证是一个平角,引导学生从实物模型中得到定理雏形,并初步验证;	活动二	
	③把实物模型转化为平面图形进行研究,尝试给出严格的证明,强调辅助线的作法和说明※;（注:※为重要目标）	活动三	定理的证明
	④在拼凑的时候,有几种不同的拼法,鼓励学生寻求不同的拼法,给出不同的证明;	活动三	"想一想"
	⑤从几种不同的拼凑结构和证明过程中归纳活动和证明的共性,包括拼凑的思路、实物模型转化为平面图形的要点、辅助线的作法、证明的理论依据等;	活动三	
	⑥通过定理的应用,进一步深化学生对定理的理解,在一题多变中,提升解决问题的能力;	活动四 活动五	例1 随堂练习
	⑦回扣导图,梳理内化知识。		

教学环节	导学活动及目标达成监控	
1.我阅读、我感悟	活动一:阅读材料,感受价值 这是一个古老的定理,它被人类发现已有两千五百多年的历史,同学们接触它也三年有余。它究竟是谁呢? 它就是三角形的内角和定理。2 500年前,古希腊数学家、哲学家毕达哥拉斯和他的学派首先发现了三角形三个内角的和刚好等于两个直角的和。跨越千年,它的立足之本到底是什么? 今天就让我们像古圣先贤那样追根溯源,追随他们的脚步,研究三角形内角和定理。	预设目标:通过阅读材料,对科学历史有一颗敬畏之心,感受研究三角形内角和定理的重要意义。 监控措施:学生阅读,教师让学生谈阅读后的体会。 历史导入⇒三角形内角和定理。

续表

教学环节	导学活动及目标达成监控	
2.我体验、我思考	活动二:体验模型,建构框架 问题1:三角形三个内角的和刚好是180°,你能验证吗?你能想到哪些验证方法? 度量法、折叠法、拼接法。 用课前准备好的三角形纸片研究三角形三个内角的和。 问题2:你能到黑板上来展示你的验证方法吗?(教师为学生提供事先准备好的3套一模一样的实物模型,每套模型包括一个三角形纸板、3个和三角形的角匹配的纸板角。白色的三角形纸板的三个角分别涂上不同的颜色,单个的纸板角也涂上相应的颜色) 问题3:三角形3个内角拼在一起是一个什么图形?怎么验证? 用直尺初步验证平角。	预设目标:思考验证三角形内角和定理的方法;通过实物模型的拼凑,感受三角形内角和定理的客观存在,感受一型多建的探索乐趣;在验证平角的过程中培养学生严谨的逻辑思维。 监控措施:教师设问,学生操作、展示,教师鼓励一型多建、积极思考。
3.我探究、我习得	活动三:搭桥转化,理论夯实 问题4:你能把黑板上的实物模型转化为平面图形进行研究吗? 问题5:你能利用黑板上的平面图形对三角形的内角和定理给出严格的证明吗? 1.确定命题 已知:如图△ABC,求证∠A+∠B+∠C=180°。 2.严格证明 (思路1) 证明:作BC的延长线CD,过点C作射线CE//AB,记∠ACE=∠1,∠ECD=∠2,∠ACB=∠3,则∠1=∠A(两直线平行,内错角相等),	

续表

教学环节	导学活动及目标达成监控	
3.我探究、我习得	∠2=∠B(两直线平行,同位角相等), 又∵∠1+∠2+∠3=180°(平角的定义), ∴∠A+∠B+∠ACB=180°(等量代换)。 (思路2) 证明:过点A作PQ//BC,标记∠1、∠2、∠3,则 ∠1=∠B(两直线平行,内错角相等), ∠2=∠C(两直线平行,内错角相等)。 又∵∠1+∠2+∠3=180°(平角的定义), ∴∠BAC+∠B+∠C=180°(等量代换)。 (强调辅助线用虚线表示,新添加的角或线要作文字说明)	预设目标: 1.通过用线勾勒模型获得平面几何图形,让学生体会实物模型向平面几何图形的转化过程。虚实线分清楚,帮助学生更好地理解问题。 2.证明:横向分两步,先确定命题,再严格证明;纵向多思路,从活动二的一型多建中萃取一题多解的证明思路。 监控措施:教师作图示范,学生补充完整,选择两位同学上台板演,展示不同的思路历程,最后板演的学生自评、师生共评。
4.我观察、我归纳	活动四:研究比较,揭示本质 问题6:你还能想到其他的验证方案吗? (学生思考1 min后,教师利用多媒体展示其他类型) 问题7:这些验证方案有什么共性?	预设目标:运用特殊到一般的思想,引导学生发现验证三角形内角和定理的方案就是把三角形的三个内角聚在一起,实现"和";用平行线构造等角来保证角的成功迁移。 监控措施:小组讨论、学生总结归纳。

续表

教学环节	导学活动及目标达成监控	
5.我巩固、我强化	活动五:巩固练习,强化认知 1.(例1)在△ABC中,∠B=38°,∠C=62°,AD是△ABC的角平分线,求∠ADB。 2.(变式)在△ABC中,∠B=38°,∠C=62°,AD是△ABC的角平分线,求∠ADB。 这道题能作怎样的变式? 3.练习 (1)直角三角形的两锐角之和是多少度?说明理由。 (2)正三角形的一个内角是多少度?说明理由。 (3)若一个三角形三个内角度数的比为2:3:4,那么这个三角形是(　　) A.直角三角形　　B.锐角三角形 C.钝角三角形　　D.等边三角形 当三角形的三个内角的比有怎样的关系时,这个三角形是直角三角形?为什么?	预设目标:进一步巩固对三角形内角和定理的认识和应用。 监控措施:学生把例1写在草稿纸上,实物投影展示;练习1、2口答,练习3学生练习后口答,教师巡视学生的答题情况。
6.我小结、我回顾	活动六:回扣导图,梳理内化 根据课堂思维导图,尝试用自己的一段话概述本节课的学习内容。	预设目标:引导学生能梳理、建构本节课内容,形成对三角形内角和定理的进一步内化;培养学生的数学表达能力和逻辑思维能力。 监控措施:请两位同学进行总结,教师实时进行补充。

续表

教学环节	导学活动及目标达成监控
板书设计	三角形内角和定理 —— 实物验证（度量、拼接、折叠）／严格证明（作平行线、构造等角）／简单应用
巩固作业	课本习题
课后反思	一、优 1.PPT是自己精心设计的，每一个文本框、字体、色彩、图片、背景、相容性，都是用心斟酌的。PPT、三角形教具的制作都修改过好几次，每一次思考都会有新的收获。 2.历史的导入，源于数学史。让学生对科学历史有一颗敬畏之心，古圣先贤追根溯源的研究风范对学生的情感态度价值观有引领作用。 3.利用实物模型生成辅助线，比较自然。 4.两个学生同时到黑板上板演两种思路的证明过程，节约时间，便于对照分析异同点。第一个证明采用他生评价，第二个证明采用师生齐评，引导学生明白评价要具体，哪些地方是值得学习的，哪些地方是需要改进的。 5.把三角形内角度数比的练习题拓展到了利用内角度数比来判断三角形类型（按角分类）。 6.在总结的过程以思维导图的形式呈现课堂小结，便于学生理清知识脉络。 二、劣 1.时间分配不够合理。 2.对学生的评价不够全面。 3.问题的有效性需要斟酌。 4.学生自由发挥的空间有点少。 5.因为是首次引入辅助线，所以强调不到位。 三、惑 1.怎样精简内容，优化环节？ 2.不使用特殊三角形模型，是因为之前上这节课时，不刻意限制三角形的类型，大多数同学为了简便，都用了直角三角形等特殊三角形，老师花了不少时间来分析，从而影响整节课进程。"在特殊三角形中成立的理论，对于普通三角形不一定成立；在普通三角形中成立的理论一般可以推广到所有的三角形。"作这样的解读后避开特殊三角形，还是不太恰当。 3.关于问题的有效性方面，学生可以不思考而直接回答的问题就不要问了吗？如果内容跟我们的教学环节关系紧密，老师是直述还是不述呢？

4.3.3 "指数函数(1)——根式"教学设计

(贵阳市南明甲秀高级中学 蒲茜)

课标要求与建议	目标分解与组合	导学活动	目标检测
课标要求:理解根式及其性质。 **课标建议**:了解函数的价值和应用,理解根式及其性质。	1.(课前)通过课前自主阅读,了解碳14的相关知识,分解函数案例3的理解步骤;	活动一	
	2.通过对函数的学科地位、本章要点、函数案例的解读,了解函数的价值和应用;	活动二	
	3.通过对根式的定义、符号表示、性质的探究,体会和理解根式及其性质※; (注:※为重要目标)	活动三	探究生成
	4.通过习题的演练与分享,强化对根式及其性质的理解※; (注:※为重要目标)	活动四	习题演练
	5.立足全局,梳理内化知识。	活动五	
数学思想:特殊与一般、分类与整合。			
核心素养:数学抽象、逻辑推理、数学运算。			

教学环节	导学活动及目标达成调控	
1.我阅读、我了解(课前)	**活动一:文化漫步之自然时钟** 科学研究表明,宇宙射线在大气中能够产生放射性碳14,碳14的衰变极有规律,其精确性可以称为自然界的"标准时钟"。动植物在生长过程中衰变的碳14,可以通过与大气的相互作用得到补充,所以活着的动植物每克组织中的碳14含量不变。死亡后的动植物,停止了与外界环境的相互作用,机体中原有的碳14按确定的规律衰减,半衰期为5 730年。按照惯例,人们将生物体死亡时,每克组织的碳14含量作为1个单位。 生物体内碳14含量P与死亡年数t之间的关系为 $$P = \left(\frac{1}{2}\right)^{\frac{t}{5730}}$$ **活动二:函数模型之有章可循** 一、介绍函数的学科地位和这一章的主要内容 函数是中学数学最核心的内容之一,正如德国数学家F·克莱因所说,函数概念是中学数学的基石。函数是现实世界中描述事物运动变化规律的重要数学模型,我们可以通过研究函数进而了解相应事物的变化规律,从而促进世界的美好发展。这一章,我们将要研究三种新的函数:指数函数、对数函数和幂函数。	**预设目标**:促进对学生自主阅读、自主获取信息、自主思考问题习惯的培养。学生通过对碳14的相关信息的阅读,了解碳14的作用和特性,有效地分解函数案例(碳14)的理解难度。

续表

教学环节	导学活动及目标达成调控	
2.我链接、我博闻	二、认识、了解三个简单的函数案例 (1)2020年,面对突如其来的新冠肺炎疫情,我们众志成城,成功抗疫。而如果当时不严控,那么一传十、十传百、百传千千万,结果是不敢想象的。这种传播模型其实可以对应到本章将要学习的指数函数模型。 (2)关于成功励志学的案例。如果每天在前一天的基础上进步1%,那么x天以后,能量储备为原来的$(1+1\%)^x$倍;如果每天不是进步1%,而是在前一天的基础上退步1%,那么x天以后,能量储备为原来的$(1-1\%)^x$倍。 有人做过这样的计算,一年以365天来计算,如果每天在前一天的基础上进步1%,那么一年以后能量储备能达到原来的37.78倍,如果是每天退步1%的话,那么一年以后能量储备只有原来的2.5%左右。所以"不积跬步无以至千里,不积小流无以成江海""不以善小而不为,不以恶小而为之"。	预设目标:通过对函数学科地位的介绍,促使学生对函数有一种宏观的认识和把握。这节课是本章的章首课,介绍本章的主要内容,培养学生对整章学习的整体感。
3.我研习、我获得	(3)死亡的生物体体内碳14的含量大约每经过5 730年衰减为原来的一半,生物体死亡的年数t和体内碳14的含量P存在这样的数量关系$P=(\frac{1}{2})^{\frac{t}{5730}}$。 问题一: 1.这个关系式能算出现在你体内碳14的含量吗? 2.死亡了1 000年的生物体体内碳14的含量怎么表达? 3.死亡了1 001年的生物体体内碳14的含量又怎么表达? 活动三:探索悦纳之新知呈析 (1)$2^2=4$,2是4的一个平方根,是4的正的平方根,也即是算术平方根; (2)$2^3=8$,2是8的立方根。	三个案例都是关于指数函数模型的。第一个案例是关于新冠肺炎的,与时政接轨,渗透家国情怀;第二个案例是关于成功励志学的,渗透习惯的养成教育和个人价值观的培养;第三个案例是关于碳14的,让学生了解科学的发展离不开数学。问题一的第一个问题既让学生熟悉这个关系式,又能从中渗透生命教育,同时激发学生的学习热情;后两个问题在于引发认知冲突,指出学习新知的必要性,由此引出本节课要研究的新知主题—根式。 (要解决分数指数幂的问题,得先学习根式的知识)

续表

教学环节	导学活动及目标达成调控	
3.我研习、我获得	问题二： $3^4=81$，你能类比上面的表述方式描述3和81的关系吗？你能从特殊到一般，由$x^n=a$仿照上述说法描述x与a的关系吗？ 问题三：数学的符号语言具有简洁美，你能用符号语言来表示a的n次方根x吗？(自主思考，交流分享) $$x=\begin{cases}\sqrt[n]{a},n\text{为奇数};\\ \pm\sqrt[n]{a},n\text{为偶数}(a\geqslant 0)\end{cases}$$ (强调"根式""被开方数""根指数"等名词) 问题四： 你能从特殊到一般探究$(\sqrt[n]{a})^n$的值，并用n次方根的定义给予解释吗？ 问题五： $(\sqrt[n]{a})^n$与它的孪生兄弟$\sqrt[n]{a^n}$形式很相似，它们的结果一样吗为什么？ (小组讨论、交流分享) $$\sqrt[n]{a^n}=\begin{cases}a,n\text{为奇数};\\ |a|,n\text{为偶数}\end{cases}$$ 问题六： 立足思维导图，两个知识点的格局很相似，它们的共性是什么？你怎么理解其中的缘由？ $x=\begin{cases}\sqrt[n]{a},n\text{为奇数};\\ \pm\sqrt[n]{a},n\text{为偶数}(a\geqslant 0)\end{cases}$ $\sqrt[n]{a^n}=\begin{cases}a,n\text{为奇数};\\ |a|,n\text{为偶数}\end{cases}$	调控措施：教师引导，学生积极思考。 预设目标： 回顾二次方、三次方，提出四次方、n次方，让学生自己去类比、探索、归纳、生成概念，用数学符号来表述，突破难点。对$(\sqrt[n]{a})^n$和$\sqrt[n]{a^n}$的探讨，不以结论式的终结答案为追求目标，而是要让学生不仅能通过特殊到一般去合情推理，而且要能回归定义和概念严格地说理，这样才能知其然并知其所以然，养成严谨的思维习惯。 调控措施：学生探讨、展示、自评，师生共评。
7.我巩固、我强化	活动四：学以致用之落地生根 例1.求下列各式的值： (1) $\sqrt[3]{(-8)^3}$ (2) $\sqrt{(-10)^2}$ (3) $\sqrt[4]{(3-\pi)^4}$ (4) $\sqrt{(a-b)^2}\ (a>b)$ 练习： 1.判断下列说法是否正确： (1)-2是16的四次方根；(　　) (2)正数的n次方根有两个；(　　) (3)a的n次方根是$\sqrt[n]{a}$。(　　)	

续表

教学环节	导学活动及目标达成调控	
7.我巩固、我强化	2.$(a,b \in \mathbf{R})$下列各式恒成立的是 A.$(\sqrt[6]{a} - \sqrt[6]{b})^6 = a - b$　　B.$\sqrt[8]{(a^2+b^2)^8} = a^2 + b^2$ C.$\sqrt[4]{a^4} - \sqrt[4]{b^4} = a - b$　　D.$\sqrt[10]{(a+b)^{10}} = a + b$ 3.求下列各式的值 (1) $\sqrt[3]{(-8)^3} + \sqrt[4]{(\sqrt{3}-2)^4} - \sqrt[3]{(2-\sqrt{3})^3}$; (2) $\sqrt[6]{(a-b)^6}$; (3) $\sqrt[4]{x^2 - 2a^3x + a^6}$（其中$x = a^3 + b^2$）; (4) $\sqrt{8 + 2\sqrt{15}}$; (5) $\sqrt{-a^2 + 4a - 4}$; (6) $\sqrt[(\_)]{(\underline{\quad})^{(\_)}}$。	预设目标:利用构建的知识体系来解决根式的有关问题,进一步强化对知识点的理解。在时间允许的情况下,学生可以自主命题,然后与同学分享。 调控措施:同学自主完成,交流分享,教师适时点拨。
8.我沉潜、我凝练	活动五:我心悠然之回眸升华 学生结合板书的思维导图,用一段话来概述今天所学的内容和用到的思想方法; 教师也分享自己的体会与收获,点明数学思想方法和核心素养。	预设目标:学生用一段话概述这节课的知识内容和思想方法,并作分享,教师也作分享,在小结中凝练所学所获。 调控措施:请两位同学进行总结,教师适时进行补充。
巩固作业	课本习题	
板书设计	2.1　指数函数(1) 根式 x叫作a的n次方根　——　$x^n = a$ $x = \begin{cases} \sqrt[n]{a}, & n\text{为奇数} \\ \pm\sqrt[n]{a}, & n\text{为偶数}(a \geq 0) \end{cases}$　$n > 1$，且$n \in \mathbf{N}^*$ 负数没有偶次方根 $\sqrt[n]{0} = 0$ $\sqrt[n]{a^n} = \begin{cases} a, & n\text{为奇数} \\ |a|, & n\text{为偶数} \end{cases}$	

4.3.4 "3.1.1 函数的概念"教学设计

（贵阳市白云区第一高级中学　曾桃红）

一、教学内容解析

1. 教材地位及内容

本节课选自2019年人教A版《普通高中教科书·数学（必修）》第一册第三章"函数的概念与性质"，这是第一课时。

函数的基本知识是高中数学的核心内容之一，函数的思想贯穿于整个初中和高中数学。

对于高一学生来说，函数不是一个陌生的概念。但是，局限于初中阶段的认知水平，学生又未学习集合的概念，只是用运动变化的观点来定义函数，通过对正比例函数、反比例函数、一次和二次函数的学习来理解函数的意义，对于函数的概念理解并不深刻。

学生在高一学习集合的概念之后，进一步运用集合与对应的观点来刻画函数，突出了函数是两个集合之间的对应关系，领会集合思想、对应思想和模型思想。所以，第一课时的重点放在函数的概念理解，通过生活中的实际事例，引出函数的定义，懂得数学与人类生活的密切联系。通过对函数三要素的剖析，进一步理解函数的内涵。所以在教学过程中，分别设计了不同问题来理解函数的定义域、对应法则、函数图象的特征、两个相同函数的条件等内容。

学生在初中阶段，已经知道函数的定义域是使函数解析式有意义、符合实际的自变量的范围，在教学中进一步强调定义域的集合表示。

2. 学生学情

通过初中对函数的学习，学生在知识上，已经具备了一定的经验和基础；在能力上，已经初步具备了运用数形结合思想解决问题的能力，但数形结合的意识和思维的深刻性还有待进一步加强；在情感方面，多数学生对本节新内容，有相当的学习兴趣和积极性，但在探究问题以及合作交流等方面的能力发展不均衡。总之，尽管本阶段的学生已经具备了一定的分析能力以及逻辑推理能力，但用两个集合间的对应来描述函数概念，是一个抽象过程，对学生的抽象、分析、概括能力的要求比较高，学生学起来有一定的难度。

3.教学重难点

重点:函数的概念及符号$y=f(x)$的理解。

难点:函数的概念及符号$y=f(x)$的理解。

二、教学目标

1.课标要求

体会函数是描述变量之间的关系,学习数学建模,正确理解函数的概念及符号的意义。

2.教学目标

(1)知识技能目标:

A.通过丰富的实例进一步体会函数是描述变量之间关系的重要数学模型;

B.用集合与对应的思想理解函数的概念,理解函数的三要素及函数符号的深刻含义;

C.会求一些常见函数的定义域、值域;

D.意识形态方面:培养科学精神、科学方法、科学态度,提高科学探究能力和逻辑思维能力,树立勇于创新、求真求实的思想品质。

(2)学科素养目标:

A.数学抽象:函数符号$y=f(x)$的含义;

B.逻辑推理:函数的概念;

C.数学运算:求函数的定义域;

D.直观想象:由具体例子概括函数的概念。

三、教学过程设计

1.创设情景,提出问题

(1)初中学习的函数的定义是什么?

【答案】设在一个变化过程中有两个变量x和y,如果对于x的每一个值,y都有唯一的值与它对应,那么就说y是x的函数。其中x叫自变量,y叫因变量。

(2)回顾初中学过哪些函数?

【答案】一次函数;正比例函数;反比例函数;二次函数。

探索新知:探究函数的概念

问题1:某复兴号高速列车行驶到350 km/h后,保持匀速运行半小时。这段时间内,列车行进的路程s(单位:km)与运行时间t(单位:h)的关系可以表示为$s=350t$。

思考:根据对应关系 s=350t,这趟列车加速到 350 km/h 后,运行 1 h 就前进了 350 km,这个说法正确吗?

【答案】不正确。对应关系应为 s=350t,其中
$t \in A_1 = \{t | 0 \leq t \leq 0.5\}, s \in B_1 = \{s | 0 \leq s \leq 175\}$。

问题1设计意图:

(1)知识方面:理解两个变量之间的对应关系;

(2)意识形态方面:复兴号高速列车的运行,让我们对我国科技实力的自豪油然而生,也更加深了对祖国的热爱。

问题2:某电气维修公司要求工人每周工作至少1天,至多不超过6天。如果公司确定的工资标准是每人每天350元,而且每周付一次工资,那么你认为该怎样确定一个工人每周的工资?一个工人的工资 w(单位:元)是他工作天数 d 的函数吗?

【答案】是函数,对应关系为 w=350d,其中 $d \in A_2 = \{1,2,3,4,5,6\}$,
$w \in B_2 = \{350, 700, 1\ 050, 1\ 400, 1\ 750, 2\ 100\}$。

思考:问题1和问题2中的函数有相同的对应关系,你认为它们是同一个函数吗?为什么?

【答案】不是。自变量的取值范围不一样。

问题3:如图,这是北京市2016年11月23日的空气质量指数变化图。如何根据该图确定这一天内任一时刻 t 的空气质量指数 I 的值?你认为这里的 I 是 t 的函数吗?

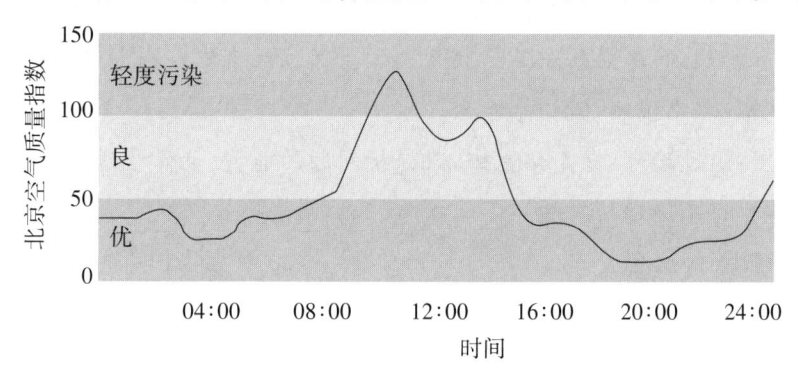

【答案】是,t 的变化范围是 $A_3 = \{t | 0 \leq t \leq 24\}$,I 的范围是
$B_3 = \{I | 0 < I < 150\}$。

问题4:国际上常用恩格尔系数反映一个地区人民生活质量的高低,恩格尔系数越低,生活质量越高。下表是我国某省城镇居民恩格尔系数变化情况。从表中可以看出,该省城镇居民的生活质量越来越高。你认为该表给出的对应关系,恩格尔系数 r 是年份 y 的函数吗?

年份y	2006	2007	2008	2009	2010	2011	2012	2013	2014	2015
恩格尔系数r(%)	36.69	36.81	38.17	35.69	35.15	33.53	33.87	29.89	29.35	28.57

【答案】y的取值范围是$A_4=\{2006,2007,2008,2009,2010,2011,2012,2013,2014,2015\}$,$r$的取值范围是$B_4=\{r|0<r\leqslant 1\}$,恩格尔系数$r$是年份$y$的函数。

问题2、3、4设计意图:

(1)知识方面:理解两个变量之间的对应关系;

(2)意识形态方面:通过这些现实问题,引导学生牢牢把握富强、民主、文明、和谐等国家层面的价值目标,深刻理解自由、平等、公正、法治等社会层面的价值取向,自觉遵守爱国、敬业、诚信、友善等公民层面的价值准则,将社会主义核心价值观内化于心、外化于行。

思考:上述问题1—4中的函数有哪些共同特征?由此你能概括出函数概念的本质特征吗?

【答案】共同特征有:

(1)都包含两个非空数集,用A,B来表示;

(2)都有一个对应关系;

(3)尽管对应关系的表示方法不同,但它们都有如下特性:对于数集A中的任意一个数x,按照对应关系,在数集B中都有唯一确定的数y和它对应。

教师引导学生复习初中所学函数的定义及基本初等函数相关知识,为进一步学习函数的概念打基础,建立知识间的联系。学生通过对实例或问题的思考,体验知识方法,提高观察、类比推理、概括等能力。

设计意图:通过思考,提高学生概括、分析问题的能力,让学生进一步理解函数的概念,激发学生探求问题的兴趣。

2.问题解决,知识生成

设A、B是非空的数集,如果按照某个确定的对应关系f,使对于集合A中的任意一个数x,在集合B中都有唯一确定的数y和它对应,那么就称$f:A\rightarrow B$为从集合A到集合B的一个函数(function),记作

$$y=f(x), x\in A$$

其中,x叫作自变量,x的取值范围A叫作函数的定义域;与x的值相对应的y值叫作函数值,函数值的集合$\{f(x)|,x\in A\}$叫作函数的值域。

对函数符号y=f(x)的理解：

(1)y=f(x)为"y是x的函数"的数学表示,仅是一个函数符号,f(x)不是f与x相乘。

例如：y=3x+1可以写成f(x)=3x+1。

当x=2时,y=7可以写成f(2)=7。

想一想：f(a)表示什么意思？f(a)与f(x)有什么区别？

一般地,f(a)表示当x=a时的函数值,是一个常量。f(x)表示自变量x的函数,一般情况下是变量。

(2)"y=f(x)"是函数符号,可以用任意的字母表示。

如：y=g(x),y=h(x)。

思考：函数的值域与集合B什么关系？请你说出上述四个问题的值域？

【答案】函数的值域是集合B的子集。问题1和问题2中,值域就是集合B_1和B_2；问题3和问题4中,值域是B_3和B_4的真子集。

设计意图：

(1)知识方面：深刻理解函数的抽象表示方法,重新定义函数,函数就是两个非空数集之间的对应关系；

(2)意识形态方面：培养科学精神、科学方法、科学态度和严谨的治学态度,克服畏难情绪,积极面对挑战,形成坚强的意志、积极心态。

3.应用知识,培养能力

函数的解析式是舍弃问题的实际背景而抽象出来的,它所反映的两个量之间的对应关系,可以广泛地用于刻画同一类事物中的变量关系和规律。

例1：正比例函数$y=kx(k\neq 0)$可以用来刻画匀速运动中路程与时间的关系、一定密度的物体的质量与体积的关系、圆的周长与半径的关系等。试构建一个问题情境,使其中的变量关系可以用解析式y=x(10-x)来描述。

解：长方形的周长为20,设一边长为x,面积为y,那么y=x(10-x)。其中,x的取值范围是$A=\{x|0<x<10\}$,y的取值范围是$B=\{y|0<y\leq 25\}$,对应关系f把每一个长方形的边长x,对应到唯一确定的面积x(10-x)。

【解析】解析步骤见教材

例2：已知函数$f(x)=\sqrt{x+3}+\dfrac{1}{x+2}$,(1)求函数的定义域,(2)求$f(-3),f(\dfrac{2}{3})$的值；

(3)当 $a>0$ 时,求 $f(a),f(a-1)$ 的值。

分析:函数的定义域通常由问题的实际背景确定,如前面所述的三个实例。如果只给出解析式 $y=f(x)$,而没有指明它的定义域,那么函数的定义域就是指能使这个式子有意义的实数的集合。

解:(1)$\sqrt{x+3}$ 有意义的实数 x 的集合是 $\{x|x\geq-3\}$,$\dfrac{1}{x+2}$ 有意义的实数 x 的集合是 $\{x|x\neq-2\}$,所以,这个函数的定义域就是 $\{x|x\geq-3,$ 且 $x\neq-2\}$;

(2) $f(-3)=\sqrt{-3+3}+\dfrac{1}{-3+2}=-1$,$f(\dfrac{2}{3})=\sqrt{\dfrac{2}{3}+3}+\dfrac{1}{\dfrac{2}{3}+2}=\sqrt{\dfrac{11}{3}}+\dfrac{3}{8}=\dfrac{\sqrt{33}}{3}+\dfrac{3}{8}$;

(3)因为 $a>0$,所以 $f(a),f(a-1)$ 有意义,则

$$f(a)=\sqrt{a+3}+\dfrac{1}{a+2}$$

$$f(a-1)=\sqrt{a-1+3}+\dfrac{1}{a-1+2}=\sqrt{a+2}+\dfrac{1}{a+1}$$

设计意图:

(1)知识方面:通过例题,巩固函数的概念,提高分析问题、解决问题的能力,培养应用意识;

(2)意识形态方面:提高科学探究能力和逻辑思维能力,培养勇于创新、求真求实的思想品质,培养锲而不舍的学习态度。

四、巩固检测

1.下列图象中表示函数图象的是(　　　)

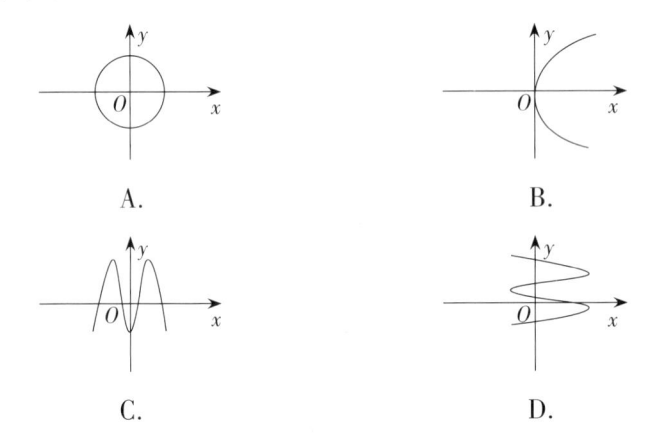

A.　　　　　　　　　　　　B.

C.　　　　　　　　　　　　D.

【解析】根据函数的定义,对任意的一个 x 都存在唯一的 y 与之对应,而 A、B、D 都是一对多,只有 C 是多对一。故选 C。

【答案】C。

2.已知函数 $f(x)=x+\dfrac{1}{x}$,

(1)求 $f(x)$ 的定义域;

(2)求 $f(-1)$,$f(2)$ 的值;

(3)当 $a\neq -1$ 时,求 $f(a+1)$ 的值。

解:(1)要使函数 $f(x)$ 有意义,必须使 $x\neq 0$,

∴ $f(x)$ 的定义域是 $(-\infty,0)\cup(0,+\infty)$;

(2) $f(-1)=-1+\dfrac{1}{-1}=-2$,$f(2)=2+\dfrac{1}{2}=\dfrac{5}{2}$;

(3)当 $a\neq -1$ 时,$a+1\neq 0$,∴ $f(a+1)=a+1+\dfrac{1}{a+1}$。

设计意图:

(1)知识方面:通过巩固练习,加深理解函数的概念,提高分析问题、解决问题的能力,培养应用意识;

(2)意识形态方面:培养科学和严谨的治学态度,克服畏难情绪,积极面对挑战,形成坚强的意志,培养勇于创新、求真求实的思想品质,培养锲而不舍的学习态度。

五、课后反思

函数是高中数学中非常重要的内容之一,贯穿整个高中数学学习过程。然而函数这部分知识在教学中又是一大难点,这主要是因为概念的抽象性,学生理解起来不容易。由于函数这部分体现于一个"变"字,学生接受起来就更难。函数研究的主要是"变量"与"变量"之间的关系,要求用变量的眼光来学习。所以函数成了高一新生进入高中数学学习的一道重要关卡,突破了它,后面的学习就容易了。

函数的概念表现出来的都是抽象的数学形式,在教学中,要强调对数学本质的认识。所以函数概念的教学更忌照本宣科,要注意对知识进行重组,努力去提示函数概念的本质。

在教学过程中,应注重意识形态教育的引导,培养学生科学和严谨的治学态度,塑造他们勇于创新、求真求实的思想品质。同时,帮助学生克服畏难情绪,鼓励他们积极面对挑战,磨炼坚强的意志,培养锲而不舍的学习态度。

4.3.5 "正弦函数、余弦函数图象"教学设计

(清镇市博雅实验学校 贺海英)

一、教材分析

(1)本节内容选自《普通高中课程标准实验教科书·数学(A版)》,其主要内容是正弦函数、余弦函数的图象。

(2)本节课是在学生已经学习了任意三角函数的定义、三角函数线、三角函数的诱导公式等知识基础上进行学习的,主要是对正弦函数和余弦函数的图象进行系统的研究。它既是前面所学内容的延续和深化,又为后面学习三角函数的性质奠定了知识与方法的基础,起着承上启下的作用。三角函数是数学中主要的数学模型之一,是研究度量几何的基础,又是研究自然界周期变化规律最强有力的数学工具。

二、学情分析

在初中,学生学习了作图"三步法",在高中,学习了正弦线、诱导公式等三角函数知识。具有初步的数学抽象和逻辑推理能力,从数、形两个方面理解了三角函数的概念。学习一种函数,必然要研究函数的图象和性质,图象是认识函数性质的一条有效途径。因此,安排正弦、余弦函数图象教学,符合学生的认知规律,但对学生而言,第一次接触这样一种具有周而复始现象的曲线,并成功作出正弦函数图象,挑战是非常大的。

三、教学目标

依据新课程标准对"三角函数"学段的目标要求和学生实际情况,特确定如下目标:

(1)理解用单位圆中的正弦线画出正弦函数的图象;

(2)掌握正弦、余弦函数图象的五点作图法。

按照创设情景→提出问题→剖析归纳证明→动态展示→小组合作作图的过程呈现。启动观察、分析、归纳、总结、抽象概括等思维活动,培养学生的思维能力,体会数学概念的学习方法。通过运用几何画板这种多媒体教学手段,引导学生从动态上关注图象的特点。

通过问题情境的设置,使学生认识到数学来源于生活。通过问题的逐步解决过程,培养学生直观想象和数学运算能力。

四、教学重点与难点

(1)重点:"五点作图法"画长度为一个周期的闭区间上的正、余弦函数图象;

(2)难点:利用单位圆中的正弦线,形成正弦曲线的过程。

五、教学策略分析

在本节课中,我将采用讲授法、演示法、引导启发法等教学方法,重点用几何画板进行直观演示,引导同学们理解正弦曲线的形成过程。

(1)计算机辅助教学。

借助多媒体教学手段,引导学生理解利用单位圆中的正弦线画出正弦函数的图象,使问题变得直观,易于突破难点;利用多媒体向学生展示优美的函数图象,给人以美的享受。

(2)探究式教学。

让学生分组(四人一组)讨论、交流、总结,由小组成员代表小组发表意见(不同层次的组员回答,教师给予评价不同),通过观察"正弦函数的几何作图法"课件的演示,说出函数图象中起着关键作用的点。

六、教学过程

(一)创设情境

开门见山,出示生活中常见的五星红旗迎风飘动、水波动图片,师生共同观察图片。学生根据水波动、红旗飘动,对图象有直观的感知。遇到一个新的函数,画出它的图象,通过观察图象获得对它性质的直观认识,是研究函数的基本方法。

设计意图:从生活中见过的图片导入,体会"数学来源于生活且运用于生活"。

(二)复习旧知,提出问题

(1)在初中,你学的作图"三步法"是什么?

(2)正弦函数$y=\sin x$和余弦函数$y=\cos x$的自变量x代表什么?

(3)通过计算特殊角的正弦值,你能尝试描出一些点,猜想图象吗?

设计意图:通过问题驱动,引发思考。引导学生找特殊角,才能方便计算出$\sin x$的值。发现正弦函数的图象与以往的函数图象的不同之处。

(三)新课讲授

1.学生活动

其实$\pi \approx 3.14$,你能试着找出一些特殊角,通过计算$\sin x$,找到一些特殊点,在导学案上作出大致图象吗?

学生动笔试过以后,教师询问同学们的作图思路,是否在作图过程中有困惑,了解同学们觉得困难的地方。

设计意图:让同学们感受知识的发生与发展过程,通过参与课堂,发现自己不懂的问题,并且尝试提出问题。这样的方式能够激起学生的兴趣,激发求知欲,培养直观想象能力。

2.思考

描点法作图中,点$\left(\dfrac{\pi}{3}, \sin\dfrac{\pi}{3}\right)$不能精确描绘,只能近似描绘出$\left(\dfrac{\pi}{3}, 0.8860\right)$,那么用什么方法可以精确地作出点$\left(\dfrac{\pi}{3}, \sin\dfrac{\pi}{3}\right)$?

引出单位圆,理解函数中自变量x和因变量y的具体含义,因此复习以下知识。

角的弧度值定义:

(1)把长度等于半径长的弧所对的圆心角叫作1弧度的角。

(2)如果半径为r的圆的圆心角所对弧的长为_____,那么,角的弧度数的绝对值是_____。

问题1:如何作出正弦函数的精确图象?我们可以用单位圆中的三角函数线来刻画三角函数,是否可以用它来帮助作三角函数的图象呢?

由此,教师引导学生,单位圆中的点可以通过平移,在直角坐标系中找到准确位置。

设计意图:通过回顾旧知,帮助学生理解正弦函数的本质,为后续探索图象的形成过程作铺垫。通过逐步解决问题,培养逻辑推理能力。

(微课讲解,动态展示)

师生活动:教师引导学生回顾描点作图法,并指出描点法的不足,然后教师讲解并用几何画板演示用单位圆中的正弦线作正弦函数图象的方法。

教师使用微课,给同学们讲解作图的步骤及原理,演示点的平移,并且让学生观察点在圆周上移动一圈所形成的图象,移动第二圈、第三圈……图象有什么特点?并观察横坐标x的值与弧长的关系,验证我们的推理结果是否正确。

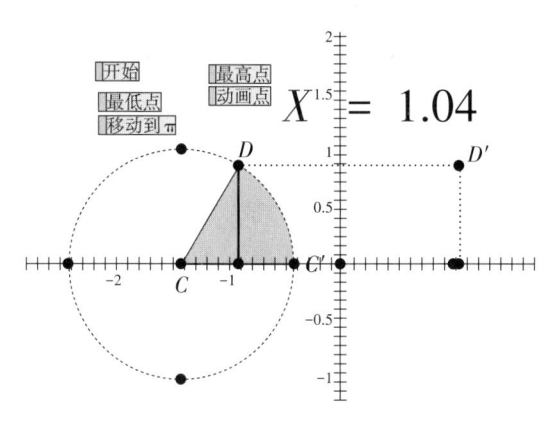

设计意图：精确展示图象，为后面探究在整个实数轴上的图象铺垫。有承上启下的作用，从而突破难点。

问题2：如何作正弦函数$y=\sin x, x\in \mathbf{R}$的图象？

设计意图：理解正弦线"周而复始"的变化规律，从整体上认识正弦曲线。

师生活动：教师提示学生从正弦曲线"周而复始"的变化规律进行思考、探究，利用其变化规律作图。由$\sin(x+2k\pi)=\sin x, k\in \mathbf{Z}$可知，只须先作$y=\sin x, x\in[0,2\pi]$的图象，然后将此图象左右平行移动每次$2\pi$个单位长度，就可以得到$y=\sin x, x\in \mathbf{R}$的图象，即正弦曲线。教师用几何画板演示并提醒学生注意观察。

问题3：几何作图法虽然比较精确，但是不太实用，如何快捷地画出正弦函数的图象呢？

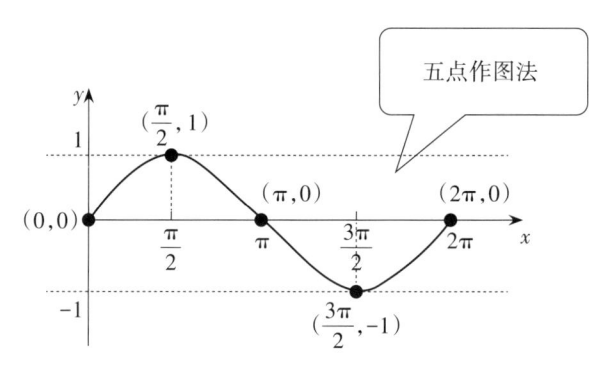

师生活动：让学生观察，找出图象上的五个关键点后，教师说明：事实上，只要指出这五个点，图象形状就基本定位了；因此在精确度要求不高时，我们就常常先找出这五个关键点，然后用光滑的曲线将它们连接起来，就可以得到函数的简图，这种作图的方法称为"五点法"作图。

设计意图：通过观察图象，学生能从最高点、最低点、与x轴交点方面找到关键的五个点;并观察图象的走势,渗透凹凸性及变化率概念。规范学生的作图,为后面化简图习作做准备。

问题4:有了正弦函数的关键的五个点,类比正弦函数,横坐标不变,你能通过计算确定余弦函数图象的五个关键点吗? 然后作出简图。

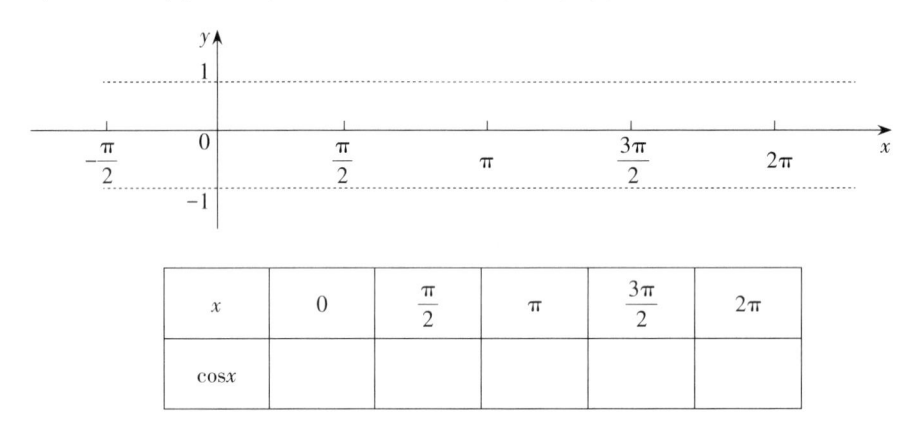

x	0	$\dfrac{\pi}{2}$	π	$\dfrac{3\pi}{2}$	2π
$\cos x$					

设计意图:学生通过计算描点、形成图象的过程,巩固五点作图法,提高数学运算能力。

学生只是通过描五点作出了简图,因此,教师再用几何画板让学生观察其在整个实数轴上的图象,得出余弦曲线。

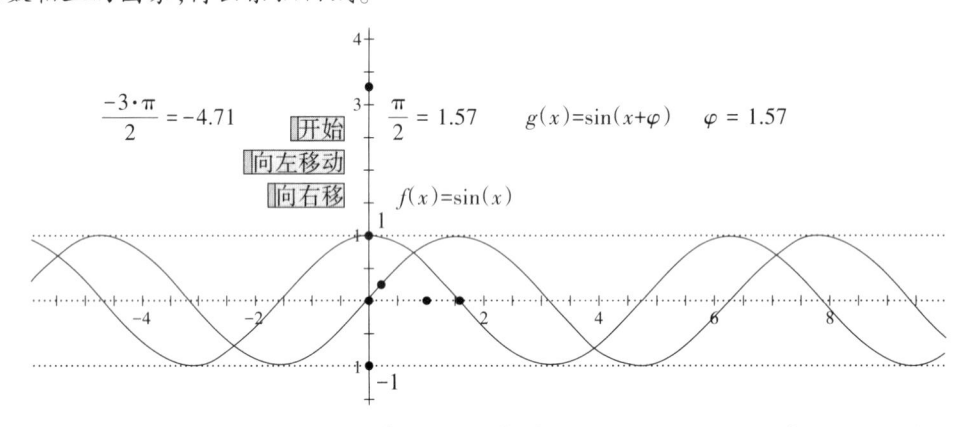

通过几何画板的动态演示,学生可以看到,当 φ 为正数时,图象向哪边移动了? 为负数时,又是怎样的情况呢? 接着,再根据诱导公式,能自然地得出余弦曲线。

设计意图:学生通过观察图象,发现两者的联系:形状是一样的,只是位置不同,通过图象左右平移变换可以得到。培养观察总结能力。

(四)讲解范例

例:用五点法画出 $y=-\cos x, x\in[0,2\pi]$ 函数的简图。

设计意图:通过对典型例题的板演,让学生明确五点法作图的步骤,突出本节课的重点,培养学生规范表达的能力。

师生活动:"问答式"——教师板演,师生共同完成后让学生总结用五点法作图的步骤。

(五)课堂练习

以小组为单位,在老师发放的卡纸上作出如下函数的图象。小组完成绘图以后,教师让每个小组派学生代表展示图象,并且邀请同学评价,教师及时给予鼓励性评价及补充。

$y=1+\cos x, x\in[0,2\pi]$
$y=2\sin x, x\in[0,2\pi]$

在这两道习题的选择上,除了巩固本节课的重点五点作图法外,还可以让学生观察图象的上下平移变换和纵坐标的伸缩变换,为后续的图象变换学习作铺垫。

师生活动:教师指导学生思考、讨论、探究得出结论后,进行总结;最后教师用动态演示提醒学生注意观察。

(六)课堂小结

最后以一首诗歌总结本课,希望学生平等看待学习中、人生中的低谷与峰巅,形成正确的学习观和人生观。此外,我还邀请同学们一起续写诗歌,课后分享,使得学生更好地理解正余弦函数图象的特点。

> 有时候,总羡慕平坦;
> 殊不知,起伏是常见,
>   正如正余弦。
> 有时候,待在低谷中;
> 殊不知,下步是峰巅,
>   也如正余弦。
> 有时候,历经起伏,
> 再回首,华丽篇章现,
>   亦如正余弦……
>   家国与人生,
> 无不在跌宕起伏中勇往直前!

设计意图：细微的动作，较少的时间，就能对本堂课起到画龙点睛的作用，既复习了本课知识，又能让学生形成了正确的学习观、人生观和正确的意识形态。

(七)板书设计

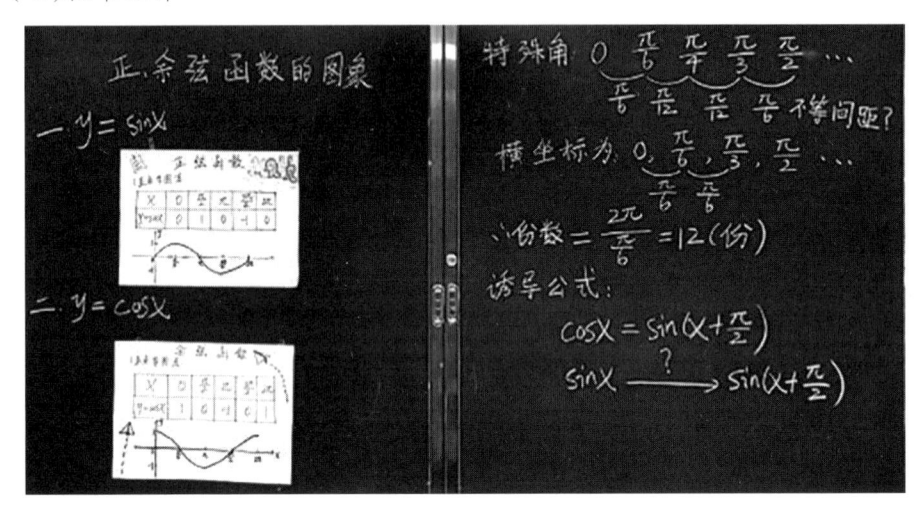

设计意图：主板书用提前准备好的卡纸展示图象，使得课堂高效直观，更能反映图象特点，突出重点。

(八)作业布置

1.必做题

课本练习题(题号略)。

2.选做题

你能画出下列函数的图象吗？

(1) $y = |\sin x|, x \in [0, 2\pi]$；

(2) $y = \sin 2x, x \in [0, \pi]$。

设计意图：必做题巩固本节课所学知识，选做题为后面的图象变换作铺垫，具有承前启后的作用。

4.3.6 "数列的概念与简单表示法"教学设计

(贵阳市乌当区第四中学　周廷军)

教学目标：

(1)通过本节学习，让学生理解数列的概念，理解数列是一种特殊函数，把数列融于函数之中；

(2)了解数列的通项公式,并会用通项公式写出数列的任意一项,对于比较简单的数列,会根据前几项写出它的通项公式;

(3)理解递推公式的意思,能类比函数画出数列通项公式的图象;

(4)理解通项公式与递推公式的异同;

(5)通过探究、思考、交流、实验、观察、分析等教学方式,充分发挥学生的主体作用,并通过日常生活中的大量实例,鼓励学生动手试验,大胆猜想,培养学生对科学的探究精神和严肃认真的科学态度;

(6)通过本节章头图的学习,体会数学来源于生活,理解大自然的丰富多彩,感受"大自然是懂数学的",从而提高学生学习数学的兴趣。

教学重点:

(1)理解数列及其有关概念;

(2)了解数列的通项公式和递推公式的意义,并能根据通项公式或递推公式写出数列的前几项;

(3)了解数列和函数之间的关系。

教学难点:

(1)根据数列的前几项,归纳出数列的通项公式;

(2)理解递推公式和通项公式的关系;

(3)数列的递推公式及其应用的处理技巧。

渗透法治教育:

(1)《中华人民共和国环境保护法》;

(2)课堂结合例题讲解《中华人民共和国森林法》。

教学过程:

一、引入新课

创设情景:

引导学生阅读章头图的文字说明,"有人说,大自然是懂数学的""树木的分叉、花瓣的数量、植物的种子或树木的排列……都遵循了某种数学规律",那么大自然是怎么懂数学的?都遵循了什么样的规律?插图右侧是四种不同类型的花瓣,其花瓣数目分别是3,5,8,13,你看出这几个数字的特点了吗?前两个之和恰好等于后一个,你说奇妙不奇妙?是啊!世间多奇妙啊,这么好的景色是靠一个人维护出来的吗?

不能吧！保护环境靠的是你、我、他，大家一起行动起来的，在此，让我们一起学习《中华人民共和国环境保护法》，让我们懂得相关法律，懂得如何去合法保护我们的大自然。同学们了解之后，请回到我们刚刚讲的规律，这种规律就是我们将要学习的数列。

引例：

(1)在国际象棋中的格子中按次序放入这样的麦粒数，排成一列数
$$1,2,2^2,2^3,2^4,\cdots,2^{63}$$

(2)某班学生的学号由小到大排成一列数
$$1,2,3,4,\cdots,45$$

(3)1984年至2008年，我国奥运健儿在历次奥运会上获得的金牌数排成一列数
$$15,5,16,16,28,32,51$$

在上面这些例子中，按一定次序排成的一列数，它们有什么共同特点？

共同特点：

(1)每一项都是一个数；

(2)这些数在排列上按一定顺序，自然界也需要我们去遵循它的规律，让我们一起来了解《中华人民共和国森林法》的相关内容，请与我一起做一个爱护大自然、保护森林的能手。

二、讲解新课

1.数列的概念

按一定顺序排列的一列数叫作数列，数列中的每一个数叫作数列的项。数列中的每一项都和它的序号有关，排在第一位的数称为这个数列的第1项，通常也叫作首项，排在第二位的数称为这个数列的第2项，$\cdots$，排在第n位的数称为这个数列的第n项。

注：从数列定义可以看出，数列的数是按一定次序排列的，如果组成数列的数相同而排列次序不同，那么他们就不是同一数列，显然数列和数集有本质的区别。

2.数列的记法

数列的一般形式可以写成：$a_1,a_2,\cdots,a_n,\cdots$，可简记为$\{a_n\}$，其中$a_n$是数列的第$n$项。

3.数列的通项公式

如果数列$\{a_n\}$的第n项a_n与序号n之间的关系可以用一个公式$a_n=f(n)$来表示,那么这个公式叫作这个数列的通项公式。

注:(1)一个数列的通项公式有时不唯一。

如$1,0,1,0,1,0,1,0,\cdots$,

它的通项公式可以是$a_n=\dfrac{1+(-1)^{n+1}}{2}$,也可以是$a_n=\left|\cos\dfrac{n+1}{2}\pi\right|$。

(2)通项公式的作用:①求数列中的任意一项;

②检验某数是不是该数列中的项,并确定是第几项。

4.数列的本质

从函数的观点看,数列可以看作一个定义域是正整数集$\mathbf{N}^*$(或它的子集$\{1,2,3,\cdots,n\}$)的函数。当自变量从小到大依次取值时,对应的一列函数值。而数列的项是函数值,序号就是自变量,数列的通项公式就是相应函数的解析式,其图象是一群孤立点。由于函数有三种表示法,所以数列也有三种表示法:列表法、图象法和通项公式法,通常用通项公式法表示数列。

5.数列的分类

(1)按数列的项数是否有限,分为有穷数列和无穷数列。

项数有限的数列叫作有穷数列;

项数无限的数列叫作无穷数列。

(2)按数列的每一项随序号的变化趋势,分为递增数列、递减数列、常数列和摆动数列。

一个数列从第2项起,每一项都大于它的前一项的数列叫作递增数列;

一个数列从第2项起,每一项都小于它的前一项的数列叫作递减数列;

各项相等的数列叫作常数列;

一个数列从第2项起,有些项大于它的前一项,有些项小于它的前一项的数列叫作摆动数列。

6.递推公式

已知数列的第一项(或前几项),且任一项a_n与它前一项a_{n-1}(或前几项)间的关系可以用一个公式来表示,这个公式叫作数列的递推公式。

注:已知数列的递推公式时,采用逐次代值法,可以求出数列的其他项值。

三、讲解范例：

例1：写出下面数列的一个通项公式，使它的前4项分别是下列各数：

(1) $1, -\frac{1}{2}, \frac{1}{3}, -\frac{1}{4}$；

(2) $2, 0, 2, 0$；

(3) $1, 3, 5, 7$；

(4) $\frac{2^2-1}{2}, \frac{3^2-1}{3}, \frac{4^2-1}{4}, \frac{5^2-1}{5}$

解：(1) $a_n = \frac{(-1)^{n+1}}{n}$；

(2) $a_n = 2|\cos\frac{n+1}{2}\pi|$；

(3) $a_n = 2n-1$

(4) $a_n = \frac{(n+1)^2-1}{n+1}$；

点评：这种由"数"给出数列的"式"的题目，解决的关键是找出这个数列呈现的规律性的东西，然后再通过归纳给出这个数列的通项公式。但是学生应该注意到，数列的通项公式并不是唯一的。常用下列手段来解决这类问题：

①用 $(-1)^n$ 和 $(-1)^{n+1}$ 来调整符号；

②各项均化为分数，平方数，指数，对数及同类式子再找规律；

③借助一些特殊的数列：$\{\frac{1}{n}\}$，$\{n^2\}$，$\{2n-1\}$，$\{a^n\}$，$\{\frac{1+(-1)^{n+1}}{2}\}$，$\{\frac{n(n+1)}{2}\}$；

④有些数列的通项公式可以用分段的形式来表示。

例2：根据下面数列 $\{a_n\}$ 的通项公式，写出前5项。

(1) $a_n = \frac{n}{n+1}$； (2) $a_n = (-1)^n$； (3) $a_n = 2$

解：略。

例3：在数列 $\{a_n\}$ 中，$a_1=3$，$a_{10}=21$，通项公式是项数的一次函数。

(1) 求数列 $\{a_n\}$ 的通项公式，并求 a_{2008}；

(2) 若 $b_n = a_{2n}$，求数列 $\{b_n\}$ 的通项公式。

解：略

例4：已知数列 $\{a_n\}$ 的首项 $a_1=1$，且 $a_n = 1 + \frac{1}{a_{n-1}}$ $(n>1)$，写出这个数列的前5项。

解：略。

例5：如图中的三角形成为谢尔宾斯基(Sierpinski)三角形。在下图四个三角形中，着色三角形的个数依次构成一个数列的前4项，请写出这个数列的一个通项公式，并在直角坐标系中画出它的图象。

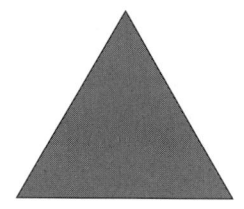

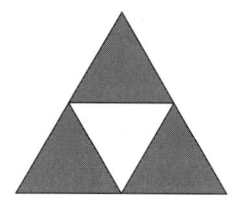

解:略。

四、练习

1.已知数列 $1, 2, \dfrac{7}{3}, \dfrac{5}{2}, \dfrac{13}{5}, \cdots$

(1)写出这个数列的一个通项公式 a_n;

(2)根据 a_n 判断数列 $\{a_n\}$ 的增减性和有界性。

解:(1) $a_n = \dfrac{3n-2}{n}$;

(2)因为 $a_{n+1} - a_n = (3 - \dfrac{2}{n+1}) - (3 - \dfrac{2}{n}) = \dfrac{2}{n} - \dfrac{2}{n+1} > 0$;

所以数列 $\{a_n\}$ 是递增数列;

又因为 $0 < a_n = 3 - \dfrac{2}{n} < 3$;

所以数列 $\{a_n\}$ 是有界数列。

2.已知数列 $\{a_n\}$ 的递推公式是 $a_{n+2} = 3a_{n+1} - 2a_n$,且 $a_1 = 1, a_2 = 3$。求:

(1) a_5;(2)127是这个数列中的第几项?

解:略。

五、小结

(1)理解数列及其有关概念;

(2)了解数列的通项公式和递推公式的意义,并能根据通项公式或递推公式写出数列的前几项。

六、作业

习题略。

4.4 "德育活动"促进学生行为改进研究

名班主任工作室的建设和德育活动设计是相辅相成的,可以有效提高班主任的德育工作水平和效果。首先，名班主任工作室的建设为班主任提供了专门的工作空间和资源，使其能够更加专注于班级管理和德育工作。在工作室中，可以设立班级档案、学生档案，收集和整理班级管理及德育活动的资料和教育资源，提供辅导学生的书籍等资料，为班主任打造一个高效的工作平台。其次，德育活动的设计根据班级特点和学生需求，计划和组织了一系列德育活动，以促进学生的道德品质和行为习惯的培养。这些活动包括学习班会、主题教育讲座、访问学习、社会实践等形式，旨在引导学生树立正确的价值观和人生观，培养他们的社会责任感、团队意识和公民意识。

在名班主任工作室建设中，可以设置德育活动策划团队，由班主任和其他教师共同参与活动的策划和组织工作。团队成员可以通过讨论分享经验和资源，共同制订德育活动计划，确保活动的设计合理、实施有效。此外，名班主任工作室也可以利用现代科技手段，如建立班级管理和德育工作的在线平台或社交媒体群组，方便班主任与学生、家长进行沟通和信息交流，及时反馈和解决问题。

总之，名班主任工作室的建设和德育活动的设计相互支持，在提升班主任的德育能力和水平方面起到积极的促进作用。通过工作室的资源与德育活动的设计结合，可以提供更多有效的德育教育手段，培养学生的全面素质和社会责任感。以下是本工作室开展的部分德育活动展示。

4.4.1 主题班会PPT设计

新时代，明天会更美好——社会主义核心价值观之"爱国"

（贵阳市第二中学　杨先松）

【使用说明】本次班会课适用于高一下学期（6月份）。

【班会背景】高一学生的生理、心理较初中阶段有了一定的发展，开始走向独立生活的时期。但是刚刚进入成熟期，他们的心理发展并不完全成熟。高一结束，学生面临一次高中阶段重大的选择——文理分科，这是学生在职业生涯规划中的一次重要选择，直接关乎学生今后的职业发展和人生规划。在经历了疫情期间的所见、所闻和所感后，对于自己今后的职业生涯有了新的认识、新的感悟。

【班会目标】

认知目标：了解各种职业的特征，明白职业生涯规划对个人发展的重要性，懂得个人的发展与社会、国家的发展密不可分的道理，理解家国情怀的实际意义。

情感目标:培养学生树立职业生涯规划意识,增强中学生对自我的认识,陶冶学生情操,激发学生的爱国主义情感。

行为目标:结合自身的实际情况,做好职业生涯规划,以国家民族发展大计为重,刻苦学习,努力拼搏,报效祖国,争做时代好青年。

【班会准备】

物质:多功能教室、多媒体一体机、国旗、教学PPT、学生绘画作品、贴墙彩色纸板、彩笔、便利贴、翻页笔等。

主体:班主任和学生。

【实施过程】

学生调查问卷的统计结果

学生理想职业的比例图　　　　　学生文理选科条形图

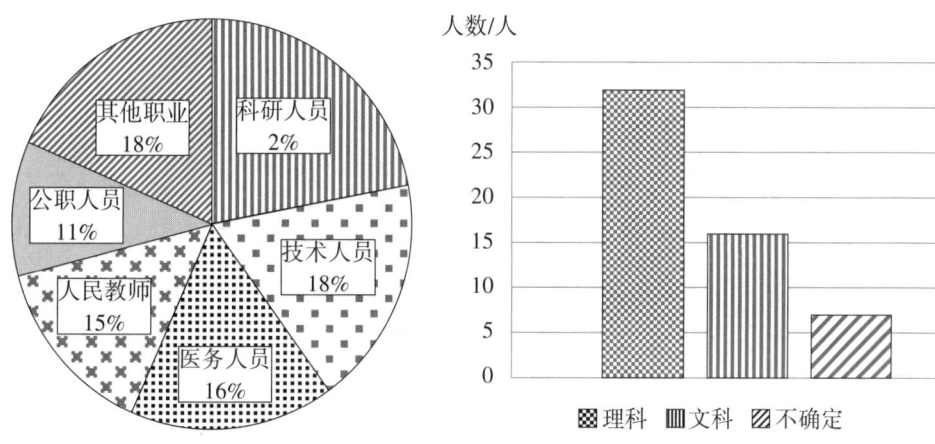

第一部分:导入主题　学生展示

活动1:班会开始

班主任发言:同学们好!今天的班会主题是"新时代,明天会更美好——我和我的祖国"。

活动2:学生展示

导入语:疫情让我们看到了各行各业为疫情防控作的努力和贡献,更让我们感动的是那些"逆行者"。下面由各小组展示。

预设:

序号	绘画或图片(准备)	关键词	主题
1	医务工作者	奉献、责任、担当	救死扶伤
2	社区工作者	服务、尽责、无私	无微不至
3	人民警察	命令、敬业、忠诚	守护平安
4	人民教师	爱岗、爱校、爱生	心系学生
5	科研工作者	钻研、攻克、创新	科研攻关
6	外交部发言人	政策、立场、原则	维护尊严
7	物流调配者	统筹、协调、付出	团队合作
8	公交护航者	坚守、负责、耐心	城市搬运

设计意图:通过疫情期间所传递出来的正能量、感人的故事,让同学们表达对各行业英雄们由衷地敬佩和赞赏,同时对各种职业有了一定的了解。

第二部分:主题探讨　引领学生

活动:分享交流

导入语:这次抗击疫情中,身边的这些人给你留下了深刻印象。在各行各业中还有许多人与他们一样,在自己的工作岗位中作出贡献。虽然这些人有着不同的职业,但是我们能从他们的身上看到、发现、领会到什么共同特点呢?

预设:

序号	小组讨论分享
1	医务人员勇于担当,在疫情期间不畏惧,履行医生的职责——救死扶伤。
2	疫情就是命令,防控就是责任,全国人民团结一心、众志成城。
3	国家的利益高于一切,个人必须服从国家的安排。
4	医务人员、民警、社区工作者等个人的职业与国家的命运相结合。
5	国家的强大离不开每一个人的责任与担当。
6	个人发展同国家命运相结合,与时代共进步,与国家共命运。

设计意图:引导学生围绕班会主题讨论和思考,根据以上分享,学生的感受和体验上升到一定层面。

第三部分:情景表演　体验活动

活动1:情景表演

情景导入:许多年以后,某航空研究所正在进行相关的试验,咣的一声,刚参加工作的小李突然蹲在地上,不停地叫喊着:"疼,疼,我的手。"同事们赶快打电话给120A、所长B、技术部D,他们接到电话……。

预设:

A	"请说明伤患现在的情况,发生的地点,工作单位。" 打电话给省人民医院,说明情况。 查看交通状况,以便选择最佳的路径。
B	"人怎么样,伤得重不重,打120没有,保护好现场,做好拍照和摄影。控制好局面,没有调查清楚之前,不要轻易下结论。马上通知家属,我马上到!"
D	"人怎样,我们的新型号产品试验怎么样,一定要注意保护好我们的产品,我马上就到!"

救护车立即将小李送到医院……

医生C	"先对伤口进行消毒处理,并做相关的指标检查,根据情况进行手术。"
法医E	"对本次事故做了调查,并对小李的伤情作了鉴定:通过调查,小李手臂有3级的伤残,属于中度,这是鉴定结果报告。"
律师F	"经调查小李是因为前一晚工作时间过长,白天上班严重疲劳,工作中无意的疏忽导致试验操作失误。单位应该加强安全生产的教育与宣传。"

活动2:报效国家

导入语:通过刚才工作中的情景故事,我们发现:一个事件的圆满处理,需要来自不同岗位的高素质人员的专业协作和共同努力。这既需要自然学科理智,也需要人文学科协调。而这些都离不开对专业人才的培育,未来的各位也将成为专业的人才。那么,现在我们面临高中阶段的一次重要选择——文理分科。通过以上分析,你现在会怎么考虑?我们请刚才表演的同学分享一下。

预设:

学生	选科	个人发展同国家的命运结合
A	文科	从事城市建设中服务性的工作。这次疫情让我看到我们国家在物资调配、城市统筹管理方面等工作做得特别好。结合自身实际和兴趣、志向还有班会主题讲的个人发展与国家命运相结合,我觉得我会坚定信念,朝着目标走下去。
B	文科	从事管理方面的工作,在这次疫情中感受到各单位的管理需要精细,并且和当今社会同步,才能让中国的企业发展得更好!

续表

学生	选科	个人发展同国家的命运结合
C	理科	当一名医生,因为这个职业是我最喜欢和敬佩的职业之一,也是我从小的一个理想,我会好好学习,考上医科大学,将来也做一名救死扶伤的好医生,如果国家需要,我也想像这次疫情中的英雄一样冲在前面。
D	理科	从事航空方面的研究,从小就喜欢航空飞行器,理科成绩相对较好。了解到国际形势,尤其是以美国为首的西方国家对中国的打压和遏制,我们必须自主研发新型产品,增强综合国力,尤其是国防装备。现在我努力学习,掌握科学文化知识,刻苦钻研,争取将来在航空领域有所成就,为中华民族伟大复兴而不懈努力。

设计意图:引导学生把自己的发展同国家民族的命运结合在一起,让学生坚定信心,明确目标,并努力实现理想,产生职业的幸福感。他们的分享会让全班产生共鸣:选择好文理科,有了明确的职业定位后,就要坚定信念——个人的发展同国家的发展结合在一起。

第四部分:谈感受 班会总结

活动1:谈感受

通过今天这堂班会你有什么收获、体会和感想?

活动2:写下誓言

写上自己理想的职业和对祖国母亲的誓言。

活动3:班会总结

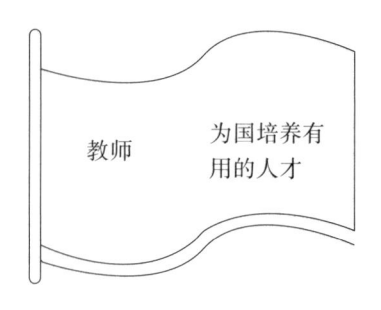

同学们,我们今天进行了一堂爱国主义教育班会课。无论今天我们选择文科还是理科,或是今后从事什么样的职业,我们都要将个人的发展与国家、社会的发展结合起来,把个人的发展与国家的命运结合起来,只有这样,我们才能对学习和工作充满信心,坚定信念,明确目标,为了理想勤奋学习,刻苦钻研,实现自我价值。

活动4:唱出情怀

歌唱《我和我的祖国》,在歌唱中观看相关视频画面,体会个人与祖国不可分离、相互促进的情感。同学挥动国旗,用情感唱出对祖国的热爱,发自内心的感情流露。在嘹亮的歌声中,将写下的理想职业和誓言贴在墙上的彩板上。

设计意图:班会进行到这里,学生应该对今天班会主题有了深刻的认识,并且将应用到实际问题中,思考和分析现在面临的问题。让这次班会主题深入每一位同学的心灵深处,达到对学生家国情怀的触动。用一首爱国歌再现班会课的爱国主义教育。

【班会反思】在学生对绘画进行展示的过程中,要注意引导到个人职业选择上来。安排设计的体验活动也要进行相应的分工和说明,控制好表演的节奏。由于班会的环节比较多,活动也丰富,所以要考虑可能出现的情况进行预设和临场处理,以保证班会课的完整性和流畅性。本班会设计的主体只有班主任和学生,如果想达到更好的效果,可以邀请一些具有职业特征的家长参加。通过他们亲身的体验,给我们讲解如何将个人的职业发展同国家命运相结合。如果其他老师想开展类似的主题班会,可以结合学校、班级和学生的具体情况,对教学的素材和教学活动作进一步的改进,更好地达到教学目标。

禁毒班会课教学设计——感恩的心

(贵阳市第二中学　熊春华)

感恩,来自心理的满足,来自于对人对事的宽容和理解,来自于一种回报他人和社会的良好心态。感恩是一种以善良、宽容、宽恕的心态看待人生和社会的态度。它能够促进相互信任、相互理解、相互尊重,有利于良好人际关系的建立。高考是高三学子人生的重要转折点,面对高考备考压力,他们容易忽视对身边人的感恩。开展高三感恩教育主题班会活动,有利于引导学生正确认识感恩的重要性,培养学生的感恩意识,帮助学生树立人文素养和社会责任感。

活动目的:

(1)通过班会,让学生多角度了解父母,感受亲情的伟大,感恩朋友,养成合作共赢意识;

(2)借助班会课,让学生对教师重燃敬畏之心,感受师恩似海,体会教师的职业担当;

(3)感恩社会,树立主人翁意识,形成自己的价值观和世界观,为未来的成长和发展打下坚实的基础。

设计意图:

(1)让学生了解感受父母之爱、老师之爱、朋友之爱以及博大的社会之爱,体验爱的圣洁、无私和伟大。

(2)让学生学会理解和关心父母、老师,以实际的行动报答父母、老师,努力学习,回报社会。

活动过程：

(一)播放歌曲《感恩的心》，导入班会主题

生：没有阳光，就没有温暖；没有水源，就没有生命；没有父母，就没有我们；没有亲情、师情和友情，世界将会是一片孤独和黑暗。在我们的生活中，我们无时无刻不体验着家人的关爱、朋友的关心、老师的关注、社会的关怀。亲情、师情、友情，使我们能够在一个和谐、温馨的环境中健康地成长；能够让生活更精彩，更生动。(歌曲播放完毕，请两位同学朗诵开场白，《感恩的心》伴奏)

师：感恩的心，感谢有你。本节课我们就要上一堂关于感恩的主题班会。你知道有哪些感恩的谚语和名言呢？

(二)感恩父母，养育之恩

师：羊有跪乳之恩，鸦有反哺之义。为人子女，我们应感恩父母的养育之恩。首先我们最要感谢的就是我们的父母。

师：唐代诗人孟郊的《游子吟》是一首母爱的颂歌，它把人类伟大的母爱置于特定的艺术氛围中，加以弘扬和歌颂，因此广泛流传，脍炙人口。同学们一定回想起了父母对我们从小的关爱。的确，父母的恩情比天高比海阔，汶川地震获救女孩的母亲、东欧洒血救女的母亲，让我们深深地感受到危难中浓浓的母爱。谁能来说说，父母为你们做的哪件事让你们记忆最为深刻？你是否了解关心过你的父母呢？

活动1：学生代表通过"谈一谈，我的爸爸、妈妈"自由分享的形式，感恩父母的养育陪伴之恩。

师：对于我们的成长，父母付出了很多，今天也想通过"我的成长账"来记录并感谢他们为我们所做的一切。

活动2：学生通过自己计算"我的成长账"感受父母的不易以及父母对子女无私的爱。

师：世上没有无缘无故的爱，正是因为父母对于我们有养育之恩，我们必须学会感恩父母。让我们把父母为你做的事和你为父母做的事列举出来，作为砝码放在天平的两端，看看你的天平是否倾斜得太厉害？如果是，请你加重砝码。感恩父母可以是一声问候、发自内心的尊敬或是感激之情的真诚流露。对单词"Family"的含义进行解读，那可以是"爸爸和妈妈，我爱你们"。

(三)感恩老师,传道解惑之恩

师:俗话说:"一日为师终身为父",我们除了要感恩我们的父母,还要感谢我们的老师。老师虽然没有给你肉体和生命,却给了你思想和灵魂,老师的心如同父母之心一般深挚。你心目中的老师是什么样子的呢?教师是人类灵魂的工程师,你知道哪些关于老师的感人事迹?

生1:2012年5月8日20时38分,在佳木斯市胜利路北侧第四中学门前,一辆客车在等待师生上车时,因驾驶员误碰操纵杆致使车辆失控撞向学生。危急之下,张丽莉老师将学生推向一旁,自己却被碾到车下,造成双腿高位截肢,骨盆粉碎性骨折。

卢永根祖籍广东花都,1930年生于香港,1949年加入中国共产党,并受派遣回到广州。他说:"为什么要放弃安逸生活回内地? 主要是侵华战争的现实教育了我。我要为祖国复兴效力。"从此,他在农业领域开始了一辈子的坚守。2017年3月,卢永根教授夫妇将毕生积蓄8 809 446元转入华南农业大学账户,学校设立了教育基金,用于奖励贫困学生和优秀青年教师。教授的秘书说:"钱都是老两口一点一点省下来的",对扶贫和教育,两位老人却格外慷慨,每年都要捐钱。(学生提前查阅资料,课上叙述。)

生2:朱敏才曾是一名外交官,妻子孙丽娜曾是一名高级教师,退休后两人没有选择安逸的日子,而是奔赴贵州偏远山区支教。他们的足迹9年遍布贵州的望谟县、兴义市尖山苗寨、贵阳市孟关等地。2010年,两夫妇扎根遵义龙坪镇,继续他们的支教生涯。

有一尊铜像位于湖南大学校园内,他叫谭千秋,这是他生命最后的姿势。2008年5月13日,当搜救人员从东汽中学教学楼坍塌的废墟中搬走压在一名教师身上的最后一块水泥板时,所有抢险人员都被震撼、落泪。他像雄鹰一样张开双臂,紧紧地趴在课桌上,在他身下,蜷伏着4名幸存的学生。他用51岁的生命,为学生们撑起了生的闸门。(学生提前查阅资料,课上叙述。)

师:谭千秋老师为学生撑起了生的闸门,这种舍己为人的精神令我们钦佩。当然,这样的好老师还有很多,比如:张米亚、向倩、袁文婷,他们,都是在汶川大地震中,为了保护学生而牺牲的年轻老师。大难不是时常有,大爱也不一定常在,但老师的爱每天都围绕着我们。同学们知道老师每天的工作时间是多少吗?除了上课,老师们还要做些什么?

(学生自由交流,通过角色转换,体会教师日常工作之不易)

师:老师是同学们人生中的引路人,扮演着重要的角色。下面我想请同学们说说你心底关于老师的小故事。请大家想一想,对你影响最深的老师是哪一位?老师做得最让你感动的一件事是什么?

(学生自由分享我心中的好老师,发现好老师的共同特征)

师:一日为师,终身为父。面对高考备考,我们所有老师都在努力,只为帮助大家能够抵达理想的彼岸。为什么老师有时候会大动肝火地批评你们?要对你们的某些行为说教一次又一次?要对你们的成绩"步步紧逼"?因为,老师关心你们,从心底为你们的前途着想,为你们的未来操心。我们应该怎么做来感谢老师呢?要学会尊重老师,尊重老师的劳动,勤学好问,虚心求教,宽容过失,委婉提出、承认错误,及时改正。真心地和老师说一声"老师,谢谢你"。

(四)感恩朋友,陪伴扶持之恩

师:除了感恩父母,感恩老师,我们还要感恩朋友。友情是在两个人心声和灵魂的投缘中,在相互倾心交往的过程中,在相互认可的对撞中诞生的。友情是一种纯洁、高尚、朴素、平凡、浪漫的感情,它需要真诚和忠实来播种,需要真、善、美来浇灌,需要良知与原则来栽培,需要坦诚理解来维持,需要善意谅解来呵护。

活动3:你是一个合格的朋友吗?心理测试结果不作为最终判断是否为合格朋友的依据,结果个人知晓。

师:接着再来看看关于朋友的两个小故事。拥有的每一份友情,或许你现在觉得它们平淡无味,但有一天你会发现,那才是人间最值得珍惜的东西,某时某刻,会带给你温暖的关怀和前进的勇气。

活动4:课下作业,通过本节课的学习,学会感恩,巩固同学之间的友谊。

(五)感恩社会

师:我们生活在社会这个大家庭中,繁荣稳定的社会是我们衣食住行的保障,我们要珍惜这来之不易的和谐社会。然而,总有一些浮躁的言语左右着我们的情绪。"课太无聊了""车太挤了""学习真太枯燥无味了"!我们的生活学习真的如此令人不满吗?我们真的应该没完没了地抱怨吗?

师:只有当你经历过真正的磨难以后,才知道幸福的可贵。这是他们每天上学必经的路,你还觉得学习太累吗?你还觉得学习让你苦恼吗?你还在抱怨自己的衣着不够时髦吗?(配合PPT展示)

师(总结):看了刚才的这些图片,你有什么样的想法?你还会一直抱怨生活,抱怨父母,抱怨社会吗?

我们是幸运的一代,所拥有的远远超出了我们所需要的。留心一下你周围的人和事,就会明白,我们应该少一点抱怨,多一点感恩和付出。处于求学时候的我们一定要遵法守纪,好好学习,乐于助人,怀有一颗感恩的心,像雷锋叔叔一样去回报社会。

(六)班会小结

师:今天的主题班会临近尾声,我希望通过这次班会课同学们能感悟到:父母养育了我们,我们应心怀感激;老师传授给我们知识,我们也应该感恩在心;安定的社会让我们得以健康无虑地成长,不仅要感恩社会,更要感恩朋友!最后以一首诗《感恩情怀》送给大家,请大家一起有感情地朗诵。

感恩社会

感激生育你的人,因为他们使你体验生命;
感激抚养你的人,因为他们使你不断成长;
感激帮助你的人,因为他们使你度过难关;
感激关怀你的人,因为他们给你温暖;
感激鼓励你的人,因为他们给你力量;
感激教育你的人,因为他们开化你的蒙昧;
感激伤害你的人,因为他们唐惊你的心志;
感激绊倒你的人,因为他们强化你的双腿;
感激欺骗你的人,因为他们增进你的智慧;
感激藐视你的人,因为他们觉醒你的自尊;
感激遗弃你的人,因为他们教会你的独立。

感恩情怀

师生(齐朗诵):……

师:今天的班会课到此结束,感谢同学们的参与。希望大家以班会课为契机,在今后的人际交往中多存感恩之心,形成人文素养和社会责任感。尽管本节课已经结束,但同学们课下还需要将感恩朋友的活动进行下去哈!

附:感恩活动结束后,学生亲手制作的感恩卡片

我的未来我做主——职业规划主题班会

（贵阳市白云区第二高级中学　曾桃红）

一、活动主题:人生规划、职业规划,励志教育

二、活动目的

(1)新高考模式背景下,培养高一新生树立职业规划的思想,为选科做准备。

(2)通过班会活动,使高一新生增强自我认识,在教师的引导下,初步建立人生规划、职业规划的思想,帮助学生树立远大理想,促进励志教育。

三、活动准备

(1)PPT课件、视频、轻音乐;

(2)人生规划卡片;

(3)生涯幻游彩印卡片;

(4)学生座位分组。

四、活动方案设计

(一)引入(人生规划的重要性)

这是哈佛大学一个非常著名的关于"目标对人生影响"的跟踪调查。该项调查的对象是一群智力、学历、环境等条件都差不多的年轻人,调查结果发现:

27%的人,没有目标;60%的人,目标模糊;10%的人,有比较清晰的短期目标;3%的人,有十分清晰的长期目标。

25年的跟踪调查发现,他们的生活状况十分有意思。

3%——几乎不曾更改过自己的人生目标。25年后,他们几乎都成了社会各界顶尖成功人士,他们中不乏白手创业者、行业领袖、社会精英。

10%——大都生活在社会的中上层。其共同特点是那些短期目标不断地被达到,生活质量稳步上升。他们成为各行各业不可缺少的专业人士,如医生、律师、工程师、高级主管等。

60%——几乎都生活在社会的中下层面。他们可以安稳地生活与工作,但普遍认为生活平淡缺乏意义,而且都没有什么特别的成绩。

27%——几乎都生活在社会的最底层,生活都过得很不如意,常常失业,靠社会救济,常常在抱怨他人,抱怨社会。

成功起于选择。你选择什么样的目标,就会有什么样的成就,就会有什么样的人生。

(二)人生规划、职业规划

活动1:生涯幻游。

师:大家一起来"做梦"吧!体验10年后,自己是一个怎样的人!

轻音乐响起……

自己将要穿越时空,来到10年后的某一天早晨,感觉一下那是自己的生活。注意,请大家保持安静,不要干扰到其他人。

现在,请同学们尽可能放松。在位置上找一种自己觉得最舒服的姿势,趴着、靠着、躺着。尽可能放松,调整下呼吸:呼气—吸气—呼气—吸气。我们保持好这样平稳的呼吸,放松身体每一个部分的肌肉,我觉得放松,放松,很放松,非常放松。

现在,我们已经穿越时空,来到了10年后的世界,这是一个明媚的早晨。

新的一天开始了,和往常一样,我从睡梦中醒来,正躺在家里卧室的床上。首先看到的是卧室里的天花板。看到了吗?它是什么颜色?

梳洗之后,来到衣柜前面,准备换衣服上班。要穿什么样的衣服去上班?

然后我走到饭厅,一起用餐的有谁?吃了什么早餐?

现在7点半了,我关上家里的大门,准备前往工作的地点。回头看一下我的家,它是一栋什么样的房子?这个地方给我的感觉怎么样?

我搭乘什么样的交通工具上班?有人和我在一起吗?

我快到达工作的地方,这个地方看起来如何?

好,我进入工作的地方,我跟同事打了招呼,他们怎么称呼我?

早上的工作内容是什么？这是怎样的一份工作？不知不觉事情做完了，我准备回家了。

现在，我回到家了。家里有哪些人？

该是睡觉的时间了。我躺在早上起来的那张床铺上。

我回忆一下今天的工作和生活，今天过得愉快吗？这就是我10年后的生活吗？渐渐地，我很满足地进入梦乡。

……

现在，你回到教室里了。请注意，不要睁开眼睛。请你慢慢感觉回到教室里，摸摸前面有什么，动动脚，是否真的感受到回到教室了？

现在，请睁开眼睛，看看周围的一切，欢迎旅游归来。

师：请同学们将这一趟旅游的过程用你的方式描绘在一张纸上。

活动2：每组一位同学来分享10年后的自己是什么样的。

思考：

(1)你对旅程中十年后的自己还满意吗？

(2)如果我按照现有的人生轨迹发展下去，10年后，我能够变成旅程中的自己吗？

(3)我应该如何做，才能让10年后的自己变成所期望的那样？

师：或许现在的你正处于这种迷茫、困惑、失意、无奈的情绪当中，或许你还对自己的未来一无所知，无比迷茫。你不知道你活着的意义，存在又是为了什么，一切只是因为你没有目标。这堂班会课的目的是让大家看清自我，看清未来，规划自己的人生！

活动3：填写人生规划卡片

我的人生规划
十八岁我要考上_____(具体的学校和专业)
三十岁我要达到_____(具体的蓝图)
四十岁我要成为_____(具体人生构想)
步入老年我会_____(过什么样的生活)
人生百年我们才可以说：_____

人生规划注意事项:

(1)认识自己;(2)认识社会需求;(3)认识职业;(4)倾听家长意见。

师:为了实现人生目标,未来专业如何选择?

(三)专业与职业的联系

师:新高考背景下,高一学生如何选择专业?

(1)视频资料:专家解读职业生涯决策。

总结专家解读职业规划:兴趣原则;能力原则;趋势原则;竞争原则。

(2)网络资料:选科与职业的关系。

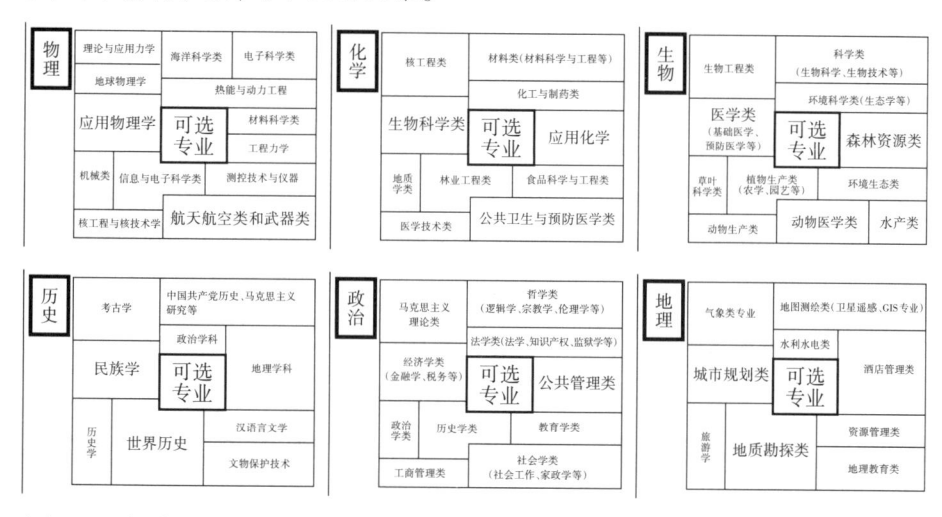

物理	理论与应用力学	海洋科学类	电子科学类
	地球物理学	热能与动力工程	
	应用物理学	可选专业	材料科学类 工程力学
	机械类	信息与电子科学类	测控技术与仪器
	核工程与核技术	航天航空类和武器类	

化学	核工程类	材料类(材料科学与工程等)
		化工与制药类
	生物科学类	可选专业 应用化学
	地质学类	林业工程类 食品科学与工程类
	医学技术类	公共卫生与预防医学类

生物	生物工程类	科学类(生物科学、生物技术等)
	医学类(基础医学、预防医学等)	环境科学类(生态学等)
		可选专业 森林资源类
	草叶科学类	植物生产类(农学、园艺等) 环境生态类
		动物生产类 动物医学类 水产类

历史	考古学	中国共产党历史、马克思主义研究等
	政治学科	
	民族学	可选专业 地理学科
	历史学	世界历史 汉语言文学 文物保护技术

政治	马克思主义理论类	哲学类(逻辑学、宗教学、伦理学等)
		法学类(法学、知识产权、监狱学等)
	经济学类(金融学、税务等)	可选专业 公共管理类
	政治学类	历史学类 教育学类
	工商管理类	社会学类(社会工作、家政学等)

地理	气象类专业	地图测绘类(卫星遥感、GIS专业)
		水利水电类
	城市规划类	可选专业 酒店管理类
	旅游类	地质勘探类 资源管理类 地理教育类

(3)网络资料:专业选择与就业(薪酬)情况。(仅供参考)

名次	专业名称	北上广深就业比例	该专业水平靠前的大学推荐
1	国际事务与国际关系	67.40%	湖北大学、北京语言大学
2	西班牙语	63.55%	北京大学、北京外国语大学
3	航空航天工程	57.14%	北京大学、上海交通大学
4	建筑学	50.07%	清华大学、同济大学
5	外交学	70.09%	北京大学、外交学院
6	工程物理	61.69%	清华大学
7	阿拉伯语	72.86%	上海外国语大学、北京大学
8	交通管理工程	49.78%	中国人民公安大学、云南警官学院
9	海洋资源与环境	43.59%	中国海洋大学、山东大学
10	交通设备与控制工程	50.27%	中南大学、北方工业大学
11	越南语	44.03%	广西外国语学院、广西大学

12	地球化学	50.20%	南京大学、中国科技大学
13	资产评估	67.41%	上海对外经贸大学、浙江财经大学
14	商务经济学	56.88%	北京大学、复旦大学
15	法语	61.10%	厦门大学、对外经贸大学
16	电磁场与无线技术	49.96%	电子科技大学、北京航空航天大学
17	听力与言语康复学	47.56%	浙江中医药大学、滨州医学院
18	国际政治	62.99%	北京大学、华中师范大学
19	房地产开发与管理	51.99%	重庆大学、华中师范大学
20	家政学	43.99%	吉林农业大学、天津师范大学

小结：

热门专业：法学、计算机、经济学类；

曾经火热的专业表现并不突出；

传统的外国语言文学类、建筑类、土木类等专业依然是高薪职业的重要组成部分。

百强中7个外国语言文学类专业，位居前15位的就有4个，但英语没有上榜，说明英语能力已经成为一种大众能力。

(四)职业心理测试

我适合从事什么职业？

活动4：我喜欢什么样的岛屿？每组放置一张彩印图片，代表不同的岛屿，选择最想去的岛屿。这是霍兰德职业兴趣岛测试。

师：如果有机会让你到以下6个岛屿旅游，不用考虑费用等问题，你最想去的是哪个？现在选择最想去的岛屿吧！

A岛：美丽浪漫的岛屿。岛上有众多美术馆、音乐厅，弥漫着浓厚的艺术文化气息。同时，当地的居民还保留了传统的舞蹈、音乐与绘画，许多文艺界的朋友都喜欢来这里找寻灵感。

I岛：深思冥想的岛屿。岛上人迹较少，建筑物多僻处一隅，平畴绿野，适合夜观星象。岛上有多处天文馆、科博馆以及科学图书馆等。岛上居民喜好沉思、追求真知，喜欢和来自各地的哲学家、科学家、心理学家等交换心得。

C岛：现代、井然的岛屿。岛上建筑十分现代化，是进步的都市形态，以完善的户政管理、地政管理、金融管理见长。岛民个性冷静保守，处事有条不紊，善于组织规划。

R岛:自然原始的岛屿。岛上保留有热带的原始植物,自然生态保持得很好,也有相当规模的动物园、植物园、水族馆。岛上居民以手工见长,自己种植花果蔬菜、修缮房屋、打造器物、制作工具。

S岛:温暖友善的岛屿。岛上居民个性温和、十分友善、乐于助人,社区均自成一个密切互动的服务网络,人们多互助合作,重视教育,弦歌不辍,充满人文气息。

E岛:显赫富庶的岛屿。岛上的居民热情豪爽,善于企业经营和贸易。岛上的经济高度发展,处处是高级饭店、俱乐部、高尔夫球场。来往者多是企业家、经理人、政治家、律师等,衣香鬓影,夜夜笙歌。

测试分析:

1.选择A岛

类型:艺术型

喜欢的活动:创造,喜欢自我表达,喜欢写作、音乐、艺术和戏剧。

喜欢的职业:作家、艺术家、音乐家、诗人、漫画家、演员、戏剧导演、作曲家、乐队指挥和室内装潢人员。

2.选择I岛

类型:研究型

喜欢的活动:处理信息(观点、理论),喜欢探索和理解、研究那些需要分析、思考的抽象问题。喜欢独立工作。

喜欢的职业:实验室工作人员、生物学家、化学家、社会学家、工程设计师、物理学家和程序设计员。

3.选择C岛

类型:事务型

喜欢的活动:组织和处理数据,喜欢固定的、有秩序的工作或活动,希望确切地知道工作的要求和标准。愿意在一个大的机构中处于从属地位。

喜欢的职业:会计师、银行出纳、簿记、行政助理、秘书、档案文书、税务专家和计算机操作员。

4.选择R岛

类型:实用型

喜欢的活动:愿意从事事务性的工作,喜欢户外活动或操作机器,而不喜欢在办公室工作。

喜欢的职业：制造业、渔业、野外生活管理业、技术贸易业、机械业、农业、技术、林业、特种工程师和军事工作。

5.选择S岛

类型：社会型

喜欢的活动：帮助别人，喜欢与人合作，热情关心他人的幸福，愿意帮助别人解决困难。

喜欢的职业：教师、社会工作者、牧师、心理咨询员、服务性行业人员。

6.选择E岛

类型：企业型

喜欢的活动：喜欢领导和影响别人，或为了达到个人或组织的目的而善于说服别人。希望成就一番事业。

喜欢的职业：商业管理、律师、政治运动领袖、营销人员、市场或销售经理、公关人员、采购员、投资商、电视制片人和保险代理。

测试小结：

这6个岛事实上分别代表了6种职业类型，它们的描述对应关系如下。

A岛：艺术型；I岛：研究型；C岛：常规型；R岛：实用型；E岛：企业型；S岛：社会型。

问：我能从事什么职业？该职业需要具备哪些能力？需要怎样的选科组合？我已经具备哪些能力，欠缺哪些能力？

(五)结束语

知己知彼，百战不殆。凡事预则立，不预则废。成功属于那些有准备的人。

同学们，我们要正确认识自己，从人生的角度考虑，结合自己的兴趣、能力、社会需求等因素，选择"适合的""想做的""应该的""能够的"，就是"最理想的"，希望每一位同学做好正确的抉择，10年后都能成长为你所希望的样子！

五、活动总结

新高考模式背景下，本次班会活动旨在帮助高一新生增强自我认识，在教师的引导下初步建立人生规划、职业规划的思想，为选科做准备。同时，活动还致力于帮助学生树立远大理想，促进励志教育。

本节课中，我们通过生涯幻游活动，让学生幻想10年以后自己的生活和工作的场景，并勇敢地分享出来。学生们的积极性和热情出乎我的意料，他们对自己的未来充满了憧憬和期待,并初步树立了人生规划和职业规划意识。

通过视频资料、专家解读、职业生涯决策,学生了解了职业规划要遵循兴趣原则、能力原则、趋势原则、竞争原则。通过网络资料,学生们了解选科与职业的关系,从而更好地帮助他们选择正确的专业方向。

霍兰德职业兴趣岛测试活动,将本节课的活动推向高潮,同学们表现出了极其高涨的热情和积极性,慎重地作了人生抉择,选择了属于自己的一个"人生岛"来居住,并满怀期待地揭开谜底,再审视自己的抉择是否正确,有些同学再根据自己的情况调整,选择适合自己的那个岛屿。

通过本节课的活动引导,同学们对自己已经有了初步的认识,已经能负责任地为自己做好职业规划,准确地给自己定位,选择适合自己的专业方向。从这个角度来看,本节活动课的目标已达成。

4.4.2 主题班会教案设计

"以心树人　用心育人"——心理健康教育主题班会

(贵阳市乌当区第四中学　周廷军)

【班会名称】以心树人　用心育人——心理健康教育主题班会。

【使用说明】适用于高二年级(下)心理健康教育班会课。

【班会背景】高中阶段是一个孩子人生的重要阶段,它既是孩子的青春懵懂期,又是人生道路上的一个重要阶段。在高中期间许多孩子或多或少都会面临一些心理健康问题,比如面对考试以及升学的焦虑,失败的抑郁,青春期的叛逆以及如何建立与家人、朋友、老师、同学的良好关系等问题。大数据显示,高中生自杀现象屡见不鲜。从社会学、心理学角度对其进行分析,高中生的社会关系较为简单,主要围绕着家庭以及学校。孩子处于高中这个人生的重要时期,许多家长在孩子成长的过程中也表现得非常焦虑,家庭氛围比较紧张,父母关系不好,甚至婚姻破灭,这对于孩子来说,是巨大的打击。心理学研究表明,当父母关系不好时,孩子总觉得这是自己的错,很多孩子通过自残或者离家出走来表达自己心里的痛苦。高中学生渐渐进入了寄宿生活,他们开始学着怎么与其他人相处。高中时期,学生们还没有形成完善的价值体系,却有自己的自尊以及好胜心。在寝室的生活环境中,如果缺乏包容理解,很容易产生矛盾。在处理师生关系时,高中阶段,需要一位老师对学生们进行严格的管教,但是一定要注意方式方法,不能进行体罚或者言语上的攻击,这样容易使孩子们脆弱的心灵受到伤害,对其一生的发展都可能有影响。针对以上这些问题,本次班会将组织学生以及家长进行座谈,让孩子们把自己内心的苦恼以及问题表达出来,通过大家共同努力去建立一个无论是家庭还是学校,都和谐良好的学习教育环境。

【班会目标】此次班会主要从学生的认识、情感、行为三个方面进行心理辅导,缓解学生的焦虑,并解决困扰,促进高中生的心理健康。

【班会准备】

(1)物质:首先申请一个安静的教室,并进行温馨的布置,让整个环境看起来舒适而和谐。在教室里多放一些绿色植物,在学生的座位上放一些零食、饮料和一些小玩具。可以放一些轻音乐、一些诙谐有趣的动画或者惬意的自然风景视频等。

(2)资源:可以请学校的心理老师作为班会的特邀嘉宾,适时为孩子们讲解一些心理知识。投放仪放映相关视频。

(3)主体:学生、教师、家长。学生,不能带与学习有关的资料进入教室,以防影响班会开展的质量,穿着简单舒适即可。教师,准备好班会的内容,并做好班会的相关流程设计,面带笑容地迎接家长与孩子,与孩子们进行关切式交流。家长,(班会前提醒家长)不能提及孩子学习成绩等相关的话题,自然舒适地参加班会即可。

【实施过程】

(一)导入

活动一:请一位同学对此次班会的意图以及内容进行简单的介绍。

此次班会是一次心理班会,大家可以以最轻松的方式来进行。了解到班级中,许多同学最近或多或少有一些心理压力,那么这次班会,我们可以畅所欲言,把平时遇到的问题说出来,大家一起来解决,这样我们才能更好、更有效地学习。

设计意图:通过简单介绍,可以让学生以及家长了解班会的意图,做好自己心理问题的梳理以便在后面的心理辅导过程中畅所欲言。

活动二:班主任组织大家观看高中生、教学老师以及学生家长会面临的一些心理问题的视频。

播放视频:这里通过搞笑的动画视频,呈现出高中生的考试压力,懵懂期的暗恋,早恋,与同学之间的矛盾,对任课老师的看法以及自己对自己的期望,繁重的学习压力,不足的休息与娱乐时间,放弃自己的一些兴趣;家长陪伴孩子的紧张,面对孩子失落的无助等相关心理问题;老师对学生的期望,高强度的工作,学校对老师下派的升学指标压力,自己对事业的追求等。

设计意图:通过有趣的视频让孩子与家长产生共鸣,更好地参与班会活动。

(二)展开

活动一:进行游戏,你比我猜等搞笑的游戏。

设计意图:播放轻音乐,组织大家玩游戏,缓解气氛,让大家参与到活动中来。

活动二:学生自由发言时刻。学生交流自己在生活中遇到的交往矛盾,在学习中出现的学习压力和考试焦虑等,说出原因。

设计意图:通过自由发言可以减少班会的紧张气氛,并采用圆桌会议的形式,使得大家处于平等交流的状态,更有利于班会的开展。

活动三:家长自由发言时刻。孩子在高中学习阶段,家长也面临许多压力,这样也会反馈到学生身上。

设计意图:鼓励家长说出自己的压力,让孩子与父母建立互相理解、互相包容的关系。

活动四:邀请心理老师指导大家进行放松训练,通过冥想让自己放松下来,配合音乐让大脑处于空白状态。然后心理老师针对学生、家长以及老师面临的一些心理问题进行解读与分析,并分享科学合理地缓解负面心理情绪的技巧以及方式。

设计意图:通过心理老师的指导与解读,帮助学生、家长以及老师在面临一些心理问题时,找到正确缓解负面心理情绪的技巧和方式。

(三)总结

班主任对此次班会的内容进行总结,并引导家长和学生明白在面临心理问题,自己不能解决以及朋友不能帮助的情况下,一定要寻求专业的指导。

设计意图:通过对班会进行总结,使整个活动有始有终,并且总结活动进行的要点,加深学生以及家长的印象,更有利于实现此次班会的目的。

【班会反思】

此次班会总体来说是比较成功的,它既实现了帮助学生以及家长解决心理问题,也有利于帮助同学之间、同学与老师之间、学生与家长之间建立良好的关系,在一定程度上,对于促进学生学习以及心理健康有着深远的影响。但在此次班会中,没有太多创新的设计,整个班会看起来还是比较老旧。在今后的班会设计中,可以投入更多的新型元素,这样能够更好地吸引学生和家长们的注意力。

【拓展资源】

与校外心理咨询机构建立合作关系,定期给学生开展心理健康课程;利用多媒体,广泛收集各种有利于缓解考试压力的资料,在学生休息时进行共享等。在今后的高中生教育中,要更加关注学生们的心理健康,并及时地进行干预,这样才能更好地为祖国培养优秀的继承人以及中华民族伟大事业的开拓者。

立志青春 无悔人生 之我的青春 我的高考

(贵阳市第二中学　杨先松)

班级	高三××班(在班50人)	授课	杨先松
班会主题	立志青春　无悔人生　之我的青春 我的高考		
教学方式	多媒体,音乐,视频,启发,提问,讲解,小结		
学习方式	自主学习与思考,观看视频,讨论,交流,发言,歌唱		
教学目标	知识与技能: 学习五四运动,领会五四运动散发出的爱国主义精神,认识到青年的人生规划与祖国的命运紧密联系的重要性。对于高三毕业生,如何构思自己的人生梦想,正确作出符合国家发展、时代特征的职业选择具有重要意义。把握目前即将到来的高考,做好最后的冲刺,分享同学们出现的问题和处理办法。 过程与方法: 通过回顾历史知识和观看视频,懂得五四运动精神即爱国主义,激发同学们对祖国的热情和积极参加中国特色社会主义建设的欲望。 借五四爱国精神,激励青年学生要有符合时代特征、国家发展的人生梦想;通过同学们的发言,领会梦想对于青年努力学习,报效祖国,成为国家的栋梁之材的意义。 让学生明白:梦想的实现必须付诸行动,高考是实现梦想的重要途径之一,梳理目前出现的问题,做好最后22天的备考工作。 通过共青团员宣誓词朗读,牢记团员使命,提高政治觉悟,发挥榜样作用。 通过齐唱《我和我的祖国》,深刻体会我的青春、我的祖国的含义,使同学们产生共鸣。 情感态度与价值观: 通过这次主题班会,使学生们认识到心系祖国,与国家共命运的重要性,进一步培养了爱国主义道德情操,也培养为中华民族伟大复兴而刻苦学习,努力拼搏,报效祖国的高尚品格。让同学们学会确立高考的学习目标,进而学会如何用行动把梦想变成现实,树立积极进取的人生观。		

续表

班级	高三××班(在班50人)	授课	杨先松
教学重点	使学生深刻领会五四精神,认识立志青春与祖国发展之间的关系,初步懂得并初步体会梦想对于青年学生的指引和激励作用。明确高考前的准备和计划,是实现梦想的重要环节,并坚定高考促进自我的人生发展的必要性。		
教学难点	如何使学生体会爱国主义精神,教学过程层层推进,让学生产生共鸣,将感性认识上升到理性认识,通过内化让同学在距高考还有22天的学习中,明确目标,充满信心。		
教学背景	高三班主任发现:临近高考,很多同学或多或少都会产生紧张感,而且有许多同学因为十分努力却进步不大,产生了失望和焦虑的心理。所以,用正确的方法唤醒学生的斗志和自信,引领学生面对后面紧张而高强度的学习生活,是十分应该和必要的。正值五月,我们希望用五四精神来完成唤醒和引领的任务。		
教学过程	教学环节	活动	设计意图
	第一环节:引入主题(时间5 min左右)五四运动学习,激发学生爱国热情。	活动1:问题引入(3 min) 活动2:观看视频学习(4 min) 1919年5月爆发的五四运动,是中国近代史上一个具有跨时代意义的事件。	教师导入:以"2019年我们国家有哪两个重要周年纪念?"问题导入,引出五四运动100周年。 学生相互交流,讨论五四运动的背景、过程及精神。 学生通过观看视频,思考对五四运动的理解,加深学生对爱国主义的认识。为本节班会的主题作铺垫。
	第二环节:激发梦想,立志青春。(12 min)	活动1:教师提问,如今的我们,梦想是什么?为什么?怎么做?(2 min) 活动2:学生讨论问题,发言并交流。(8 min) 活动3:归纳学生发言,讲解他们的共同点。(2 min)	五四运动的时代精神告诉我们:青年应该要有符合时代特征的梦想。让同学们与大家分享心中的梦想,培养学生的自信。 作为重点环节,也是能够将本节班会推向高潮的活动,点评学生发言,并让学生在同学中分享,引发大家共鸣。 围绕主题进行分解,回到青年学生的立志离不开时代特征、国家的发展。

续表

班级	高三××班(在班50人)	授课	杨先松
教学过程	环节三:目前状况分析及我们怎么做。(15 min)	活动1:教师引导学生在课堂上进行自主讨论、交流,请学生代表发言。(12 min) 活动2:针对同学的讨论发言,教师进行点拨。(3 min)	回到现阶段学习——高考挑战,同学们将遇到困难和处理策略,以及积压在内心深处的苦恼表达出来,与大家一起分享,树立起与同学们一起奋斗学习的信心。
	第五环节:我的青春,我的祖国。	活动1:聆听习近平总书记的讲话。 活动2:全体团员起立,面对团旗庄严宣誓。(2 min) 活动3:歌唱《我和我的祖国》。(4 min)	深刻领会总书记对我们青年的嘱托。 让团员铭记入团的誓词,教育团员们积极上进,严格要求,起到榜样作用。 点明本次班会的意图:爱国主义精神。具体做法:青年的立志与国家的命运紧密相连;立足当下,积极备考,做到无悔人生!
教学反思	(1)本节课的教学基本上达到教学目标,整堂课教学顺畅,过渡自然。 (2)学生积极活跃,小组合作讨论交流,围绕主题开展。 (3)教师某些问题指向不明确,活动的关键点未能捕捉到。		

"做有责任感的人,心中有他人"主题班会教学设计

(贵阳市第二中学 李远凤)

时间	4月16日	地点	南五楼
班级	高二××班	主持人	罗宇翔,刘志维
班会主题	做有责任感的人,心中有他人		
教育目的	1.使学生认识到社会生活中每一个角色都有其责任。 2.认识到作为学生的责任感。 3.唤醒学生的责任意识,做一个有责任感的人。		
重点难点	重点:使学生认识到对自己、对父母、对班集体的责任; 难点:唤醒学生的责任意识,做一个有责任感的人。		

续表

时间	4月16日	地点	南五楼
班级	高二××班	主持人	罗宇翔,刘志维

设计思路	以关于责任感的2 min视频作为开场,引出本节课的主题,引起学生思考。主持人点明班会课的主题,然后播放事先录制好的班级部分学生采访视频,了解班级学生对责任感的认识。
班会流程	1. 视频引入:通过观看关于责任感的视频,引起学生的思考,引入主题; 2. 主持人随机提问学生观看视频以后的感想; 3. 主持人播放事先采访的班级学生对责任感的看法的剪辑视频; 4. 小组讨论:作为学生的责任感是什么; 5. 模仿焦点访谈的形式,采访班级语文老师对于责任感的看法; 6. 班主任谈学生的班级责任感; 7. 主持人总结。
活动准备	组建班会筹划小组,确定小组成员分工,选定主持人。小组成员分工合作,录制视频及做PPT。
班会过程	一、主题引入 上课时班会主持人播放关于责任感的视频,视频中反映的是不同行业的人在自己的岗位上兢兢业业,做好自己的事情,体现出每一个角色高度的责任感。视频观看结束后,主持人引出本节班会课的主题——责任感。在班上随机抽取几名同学,询问刚才看视频的感受和对责任感的看法。 二、学生视频采访 主持人1:刚才我们问了班上几位同学观看视频后的感想,同学们都能说出自己内心的想法,同时对于责任感也能提出自己的见解。在班会课之前,我们也采访了班上几位同学对于责任感的认识,现在让我们一起来看看同学们的回答吧。 (播放采访视频) 主持人2:在视频中,同学们谈到了父母对他们的责任,同时也提到了作为子女对父母同样也有责任,采访中有同学认为作为学生,回家以后应多和父母聊天,在学校里,做好自己的事情,不让父母操心就是对父母负责的表现。 主持人1:看完班级里几位同学的采访视频以后,相信很多同学也有自己对于责任感的看法,接下来就开始小组讨论,畅所欲言。 三、小组讨论发言 主持人2:接下来同学们以前后桌为一组来讨论,讨论主题是作为学生,你们的责任感体现在哪些方面?怎样做才是一个有责任感的高二学生?

续表

时间	4月16日	地点	南五楼
班级	高二××班	主持人	罗宇翔,刘志维
班会过程	学生5 min小组讨论时间。 主持人1:现在请小组代表发言,谈谈你们小组讨论的结果。 小组1:…… 小组2:…… 小组3:…… 主持人2:刚才各个小组都针对我们现在所处的阶段——高二年级谈到了自己身上的责任感,也有小组谈到要做好自身的事情才是有责任感的体现。现在让我们将目光放到我们的语文老师身上,来听听语文老师对责任感的看法。 四、"焦点访谈"——听语文老师对责任感的看法 语文老师和主持人分别坐在讲座两侧,由学生对语文老师进行现场采访。 主持人1:感谢龚老师抽出时间接受我们的采访,我想问一下,龚老师,在你眼里,什么是责任感? 龚老师:…… 主持人1:谢谢龚老师的回答,龚老师认为,我们现在作为高中生的责任感主要体现在哪些地方呢?您对我们的期望是怎样的? 龚老师:…… 主持人1:感谢龚老师的回答。听完你的答案以后,我对自己的责任有了更加清晰明确的认识,相信同学们也对自身的责任感有了更清晰的认识。再次感谢龚老师。 五、班主任谈学生的责任感 焦点访谈后,由班主任进行10 min发言,对班会主题进行概括,班主任站在学生的立场讲到了高二学生的责任感,主要从学习、班级活动参与和班级卫生三个方面讲到了学生的责任感。 六、主持人总结 相信通过今天的主题班会活动,每位同学都有所感触。作为高二年级学生的我们,有着沉甸甸的责任,不管是对父母的责任还是对自己的责任,都需要我们做好自己的事情。同时,作为高二××班的一分子,我们每位同学对集体都有自己的责任,只要大家都能积极维护教室卫生,做好自己的事情,不迟到早退,不缺旷课间操,这就是对集体负责任的表现。

4.4.3 专项活动设计

家校联系——意识形态下"开学家长第一课"家长会教学设计

（贵阳市白云区第二高级中学　曾桃红）

一、家长会目的

（1）生活需要仪式感，给亲子搭建一个交流平台，进行有效交流，解决彼此心中的疑惑、猜忌、不信任，缓和亲子关系，促进和谐发展；

（2）学习现代家庭教育理念，提升家庭教育水平，改变家庭教育中"无助""僵持"等局面；

（3）进行家、校交流，建立家长与学校、科任教师之间的交流平台，搭建家校共育的体系，促进学生德智体美劳全面发展。

二、家长会形式

家长和班主任、科任教师交流、讨论，学生发言表态。

三、家长会参加人员

家长、学生代表、班主任、科任教师。

四、家长会地点

高二××班教室。

五、家长会准备

（1）通知家长本次家长会的相关事宜。

（2）收集家长们在平常家庭教育中遇到的困惑或问题（以下为真实案例）。

案例一：冉××同学，有心理问题，在医院确诊为中度抑郁、中度焦虑，经常晚上失眠、白天睡不醒，有上进心，自尊心强，对学习是心有余而力不足，成绩在班上也是拖后腿的，家长对此表示不理解，认为孩子是懒惰成性、不思进取、前途无望，亲子关系僵持，互相不理解。

案例二：邓×同学，入学考试凭优异成绩进入我校高一年级实验班，因为有早恋倾向耽误了学习，高二文理分班成绩不理想，进入了现在的理科普通班。高一早恋期间被单亲妈妈发现并进行阻止与干涉，邓×同学认为母亲干涉的行为涉及个人隐私，产生了敌对心理，并且拒绝与母亲交流沟通，持续至今一年时间，亲子关系极其紧张。

案例三：赵××同学，父母离异，从小与母亲同住，母女俩相依为命，赵××同学的生活起居都由妈妈一人操心,从小到大都很懂事,是个"乖乖女",但是进入高中以来经常回家发脾气,和妈妈斗气,经常不跟妈妈讲话,家里冷战的局面持续一年多。

案例四:王×××,性格外向,学习目标是考上一本大学(有点难度),住宿生,父母在外打工常年不在家,周末回去家里只有爷爷奶奶陪伴,与父母沟通较少。然而,父母对他的要求较高,认为现在的成绩远远不够,希望他考上一本大学。王×××认为父母对他生活上的关心不够,每次打电话只问学习,自认为学习上已经很勤奋努力了,但是得不到父母的认可。亲子互相不满意。

案例五:朱××,性格外向,学习有目标,但是玩手机游戏成瘾,经常控制不住自己,有时因为玩游戏作业都没完成,因此他妈妈没收了他的手机,并且每天晚上和周末都亲自监督他写作业、学习,但是依然出现借了同学的手机玩、放学很晚不回家、周末溜出去玩等现象,他妈妈表示对他很失望。据朱××描述,他妈妈管得太死、太严格,完全没有私人空间,他对妈妈的管教极其不满。

(3)邀请几位家长在家长会上踊跃发言交流。

(4)收集学生想对父母讲的话(可以是简单几句话),选好学生代表参加家长会交流、发言、记录。

(5)学生每人给家长写一封信,班长统一买好花样信封,发给学生装好,并收集起来,信的内容主要包括两个内容:想对家长说的话、本学期的学习规划。

(6)家长会前由学生在黑板上板书大字:开学家长第一课(平等交流、和谐发展)。

(7)引导家长入场,领取孩子写的信,引导家长找到自己孩子的座位,并查阅孩子写的信。

六、家长会流程及主要内容

(1)班主任开场致辞:对各位家长的到来表示欢迎,介绍参会人员,并展示本次家长会的流程。

(2)班主任介绍本学期的主要教学任务,并告诉家长:本学期主要的考试是语文、数学、英语、技术这四科的学业水平考试,开学一周同学们学习状态很好。

(3)部分科任教师发言(每人2 min),介绍学科特点,提要求。

(4)家长代表发言、交流、讨论,主要内容:孩子在家的表现、学习态度、学习目标、对孩子现状的满意程度、对孩子的要求、阅读孩子的信后的感受等。

(5)学习家庭教育知识。

家庭教育主要是指父母对子女的教育。与学校教育、社会教育相比,尽早开始家庭教育更加重要。这是因为孩子性格的养成与家庭教育紧密相关。那么，家庭教育有哪些特点？又有哪些内容？该从哪些方面入手呢？（详见家庭教育相关知识部分）

七、家长会结束语

家长们，一朝为父母，终身为老师，我们的一言一行，潜移默化中都在深刻地影响着孩子，家庭的和睦、浓郁的亲情氛围等都是一个孩子健康成长的客观条件。我们要让孩子树立独立的人格，要关注孩子的心理健康发展，从以下方面做起吧！

（1）一个好的学习、生活习惯的养成是非常必要的，它应该体现在生活的细节中。要有好的习惯，首先要让孩子在思维上养成好的习惯，要给孩子足够的自由，不能管太死，否则精神上就会有叛逆。我们要从孩子小时候起，从小事做起，仔细观察，及时发现孩子生活中的不良行为，加以纠正和引导；对孩子生活中好的行为给予肯定和鼓励，使之成为习惯，让孩子在好习惯的陪伴下学习、生活。

（2）做好与孩子的沟通。家长与孩子的沟通，要注意讲究科学方法。首先，要善于倾听。只有倾听孩子的心里话，知道孩子想什么，关注什么和需要什么，才能有针对性地给予孩子关心和帮助，也会使以后的沟通变得更加轻易。孩子向您诉说高兴的事，您应该表示高兴；孩子向您诉说不高兴的事，您应该让他尽情地宣泄，并表示同情；当孩子向您诉说您不感兴趣的话题，您应该耐着性子听，表示您关注他的谈话内容。这样，不仅使孩子更乐意向您倾诉，也可以提高他的语言表达能力。其次，家长要学会和孩子做朋友。家长如果总是高高在上，就很难和孩子成为知心朋友，也就谈不上真正的沟通。这就要求家长和孩子谈话时，要以孩子的心态和孩子能理解的语言进行。再者，要有耐心。家长与孩子之间的年龄、心理和思想感情等各方面都存在着巨大差异，理解需要一个过程。如果过于急躁，沟通就会成为泡影。

（3）要培养孩子阅读的习惯。读书是开阔孩子的视野，获得知识的一种学习方法，也是一种给孩子带来无限乐趣的娱乐活动。所以，首先要给孩子营造一个浓厚的阅读氛围，使阅读成为他的一种生活方式，让孩子认为阅读是一件很快乐的事情。在家里，每天晚上设定一个固定的时间去看书，不管是何种书籍，给他带一个头，营造一个学习的氛围。慢慢地，孩子也就喜欢上了阅读，阅读不仅成了一种生活习惯，而且它也成了我们的良师益友。

一朝为父母，终身为老师。从此刻起，从自身做起，从每件小事做起，让孩子有独立的人格，有良好的习惯，与孩子公平地交流，让他快乐、健康地成长，让他成为一个有知识的人，做一个对社会有用的人。

八、学生代表发言

主要内容:(收集的)想对父母讲的话或对父母的希望,本学期的学习规划等。

九、家长会总结

复旦附中校长的一篇关于"怎样教育孩子"的演讲指出,教育应引导孩子转向爱、善、智慧。柏拉图说:"教育非他,乃心灵的转向",那么请问转向哪,往哪转?引导孩子转向分数、转向才能、转向才干、转向本事?都不是。

印度哲学家克里希那穆提,写了一本书《教育就是解放心灵》。解放心灵,按柏拉图的语境来说,心灵究竟应该转向哪里?你学过哲学,在西方哲学里面"爱、智慧"就是哲,那我加一个善,一个人的灵魂深处有爱、善、智慧这三样东西。你说这个人今后差一点技术、差一点才能,又能差到哪里去呢?而爱、善、智慧这些东西,是我们全世界的普适价值,但是现在很多人都忘了。

我从这个例子深刻地体会到教育就是"慢"的艺术。什么是教育?教育就像养花一样,一边养一边看,一边静待花开。我把这句话送给各位父母,子女就要这样养。

上帝让他在这个世界上存在,就一定会给予他存在的价值,请你记得这句话,"存在即价值"。

各位家长:要慢,不要着急!就让我们像养花一样,一边养一边看,一边静待花开吧!

今天的家长会到此结束!谢谢大家!期待下次再见!(部分家长主动留下和班主任、科任教师沟通、交流)

附:家庭教育相关知识

一、家庭教育的特点

1. 启蒙性

家庭教育最突出的特点就是它的启蒙性。有句话说得好,父母是孩子的第一任老师。孩子所养成的性格习惯是与家庭息息相关的,家庭环境的好坏甚至会影响孩子的一生。家庭教育在孩子的身心发展上起到定势作用。

孩子正是从家庭里最先树立了模糊的世界观与价值观,并且在接受新的价值观时,也总是与自己已经形成的观念作比较,然后进行选择性地接收、对照,从而建立新的价值理念,可以形象地称之为思想的"过滤器"。

2. 感染性

乐事与人分享,喜悦双倍,难事找人分担,痛苦减半。家庭教育在情感上体现出了明显的感染性。一个人的喜怒哀乐,也会传递给身边的人,并与其产生共鸣。教育作为一种特殊的文化,也对人产生潜移默化的影响。

父母与子女之间存在着血浓于水的亲情,与子女间的情感体验当然也是无时无刻的。家长的兴趣习惯,常常也决定了子女的行为举止,所以,在教育子女时,父母应是模范和表率。

3. 权威性

家庭环境的教育,对孩子的影响远比学校教育、社会教育更重要。对于孩子而言,父母是毋庸置疑的长辈。因此,孩子对于父母一定是带着尊敬和依赖的。

除了贴心地照顾孩子外,父母还承担着一些社会责任,凭借自身工作被大众承认,这些经历都使得孩子对父母怀有崇拜之情。带着这样的心理,孩子在潜移默化里就会去信任父母,接受父母的建议和劝导,按照家长希望的方向发展。

4. 专一性

相对于社会与学校教育而言,家庭教育更具有专一性。孩子出生,成长,父母可谓无时无刻不相伴左右,孩子同父母接触的机会最多,相处的时间也最长,因此,只有父母能够全方位地"读懂"自己的孩子。将心比心,孩子因为信任父母,在父母面前更能毫无保留地表达个性,这也帮助家长更好地全面了解孩子。

这样,家庭教育才凸显出它自身独有的特色:实事求是,对"症"下"药",有的放矢,因材施教,从而进行专一性的教育。问题体现得相对及时,也能够相对有效地得到控制。家庭教育因此体现出较强的灵活性与多变性。

5.终身性

家庭教育还体现了终身性的特点。从孩子的出生到成家,处处有家庭教育保驾护航。即使在孩子长大后,家庭教育依然发挥着作用。家庭教育的终身性,可以帮助家长持续地观察孩子的优缺点,适时进行教育,长此以往,有助于培养孩子良好的人格魅力。

相对于社会教育与学校教育,家庭教育有其优点及有利条件,但也应当注意到其不可避免的缺憾及局限。这方面则主要表现为零散性、随意性等,不排除一些父母未能履行其应承担的责任与义务,对孩子造成不可磨灭的负面影响。

二、家庭教育的原则方法

1.平等原则

研究心理学发现,子女和父母在平等的环境中互相讨论、争辩,既是一种友爱磨合,也能帮助孩子树立信心,明辨是非,对其想象力和创造力的发展都有绝佳帮助。因此,家庭教育时,父母要把孩子当作平等的独立个体与之沟通。

2.尊重原则

爱人者,人恒爱之;敬人者,人恒敬之,这句话放到家庭教育上非常适合。

3.交流原则

良好的沟通是消除隔阂的最好方法,父母与孩子之间应当保留足够的时间进行交流,这样才能够更好地培养孩子的情感力与认知力。

4.自由原则

过于严格地管教孩子,不是一个明智的方法,反而适得其反。家长需要做的恰恰是相信孩子,给孩子一个任其适度发展的空间,让他感受到具有约束力的自由,更能发挥孩子的创造力。

5.统一原则

家庭教育固然重要,但同时也要做到与社会、学校教育的统一。

6.典范原则

家庭教育的特点在于启蒙性与感染性,这都要求家长在其中起到典范带头作用。

7.诚信原则

谎言是滋生不信任的病原体。言出必行是诚信的主要表现,只有诚信的父母才能培养出守信的孩子。

8.宽容原则

人人都会犯错,大人都避免不了,何况是孩子。所以,作为家长要宽容地对待孩子的过错,帮其分析错误原因,避免再次犯错。知错就改,善莫大焉。以一颗宽容的心对待孩子,引领孩子走向正确的道路。

9.鼓励原则

在孩子的教育中,提倡家长多多给予孩子鼓励,言语或者物质上的都可以。当孩子受到鼓舞后,往往会加倍努力,以更高的要求约束自己,但同时也要注意适度原则。

三、家庭教育的重要性

1.良好的家庭教育造就杰出的人才

联合国教科文组织提出:21世纪青少年应该具备的"四个学会",即学会求知,学会做事,学会共处,学会生存。孩子是祖国的花朵,更是民族生生不息的后备力量。福禄贝尔说过,国家的命运与其说是掌握在当权者的手中,倒不如说是掌握在母亲的手中。这句话形象地说明了家庭教育非常重要。家长们应当树立全局观念,让小朋友能够明白"国家兴亡,匹夫有责"的道理。

2.良好的家庭教育呵护孩子的心灵世界

随着孩子年龄的增长,世界观、价值观也在不断地完善。孩子会从父母为其建造的象牙塔里走出来,接触外面更加纷繁的世界。社会中的真善美与假丑恶也将给孩子带来更加直观的感受。孩子心智不成熟,家庭教育尤为重要。对于不可避免的社会丑陋现象,家长要给予及时的指导,不能一味地逃避;要提高孩子的鉴别能力,同时也要随时注意自己的言行举止,树立榜样。

四、家庭教育的主要内容

在我国比较流行的家庭教育定义是三道教育,即为生之道,为人之道,为学之道。简称为"3M"。即:

(1)"为生之道"——以生命健康为核心,由生理保健(健)、心理健康(乐)、安全适应(安)等三大方面组成;

(2)"为人之道"——以生命价值为核心,由生命角色(本)、人格人生(志)、处世修养(交)等三大方面组成;

(3)"为学之道"——以生命智慧为核心,由三大方面组成,即:学习品质、综合素养、自主专长。

五、家庭教育的常见问题

在我国,家庭教育很容易陷入以下难题。

(1)过度保护:家长如果过于重视满足孩子表面需求,很容易忽视其心理需要。比如:玩耍是每一个孩子与生俱来的天性,跑跑闹闹中难免可能受伤,此时,父母如果因为怕孩子受伤而阻止其跑动、玩耍,反而会适得其反,可能造成孩子体弱多病,同样心智发展也会受影响。所以,家长不能过度保护,干预孩子的正常生活。

(2)过分宠爱:在中国,对子女过分宠爱是很多父母的通病,无论孩子有什么要求,家长都会无条件满足。长此以往,小朋友无法抵抗挫折,容易形成孤僻、自私等性格缺点。心理专家建议,父母在教育小朋友时,一定要尊重他们的个性,既不能爱得"过火",也不能冰冷相待。父母不可以任何事情都顺从孩子,代替其完成任务,而不让孩子自己尝试。其实,孩子的自我尝试反而是一种能力的锻炼。

(3)揠苗助长:孩子心智成熟自有其规律,需要一定时间。而如今,很多家长担心孩子输在起跑线上,拼命强迫孩子提早学走路、学写字……甚至超过了孩子的接受能力。长此以往,这对孩子的身心发展是不利的。什么年龄该做什么事,父母应该有效率地引导孩子,征求孩子意见,而不是超前教育。

(4)过分专制:父母年纪长,阅历深,本身就是长辈,很容易以一种权威、专家的态度教育孩子。父母如果经常用权威性的话语来规范小朋友,甚至对他的人身自由进行限制,那么小朋友便会长久感到恐慌,甚至越来越不自信,这都不利于他们心智的成长。如此以外,在家庭教育中,还容易出现限制孩子说话、挑剔孩子过失、以偏概全等常见问题。

六、家庭教育的禁区

(1)居高临下。父母总认为自己的阅历比孩子丰富,因而有时会轻视孩子,总认为自己是对的,并试图主宰孩子的一切。这种"高高在上"的管教难以让孩子心悦诚服,特别是在纠正孩子错误时,家长这种居高临下的斥责,会让孩子心里感到非常不平等。"口服心不服"的结果往往适得其反。例如,常常告诫孩子:"你这么做就得挨揍""你不听也得听"之类的话,这样的教育方式只会让孩子更加抵触。

(2)冷嘲热讽。儿童心理治疗专家发现,父母的"冷嘲热讽"对孩子的伤害尤其严重,特别是对于年幼的孩子。由于孩子的年龄较小,很难理解父母话语中的隐藏含义,这往往会让他们感到困惑和不安。所以,无论是表扬还是批评,父母们都应避免"冷嘲热讽""一语双关",而是要尝试与孩子沟通,让其明明白白地知道自己的问题。

例如,与其说"你以为自己很能干吗?"不如直接告诉孩子具体的行为表现,并给予建设性的反馈。

(3)绝对否定。凡事都要有度,批评教育也是如此。诚然,孩子犯错,理应批评,但如果家长言辞过于决绝,反而容易激起孩子的逆反心理,使其丧失信心。孩子的自信力很重要,一旦丧失,可能影响其一生。

例如,父母要避免说出"你从来没有好好吃过一顿饭""你总是撒谎"等这类话。

(4)言过其实。随着孩子年纪增长,他们的理解力也会提高,知道父母话语中的真假对错,有其判断力。这个时候,作为父母,更要留心言语中的真实性。"言过其实""表里不一"的话很容易传染给孩子,影响其今后发展。对于赞赏孩子的话,应当根据实际的情况进行。过分地夸大其词会让孩子在以后的社会生活中更容易遭受挫折,不习惯听取批评的话。

例如,禁忌语言"你是全世界最帅的男孩"等。

(5)人身攻击。孩子能分辨好话、坏话。那些带有侮辱性质的恶语,一旦孩子听进心里,可能会造成极大的伤害。心理素质差的孩子甚至很可能因此自暴自弃。

例如,家长应避免说出任何含人身攻击的话,如"你蠢得像头驴"等这样的。

(6)威胁恐吓。此点与"言过其实"同理。威胁恐吓只会让孩子远离父母,使父母与子女原本亲密的关系疏离。例如,"再不乖就让你去喂狼"等话不要说。

(7)冷若冰霜。孩子都是渴望温暖,害怕孤单的。冰冷的语言让孩子感受不到来自父母的关心与爱护,容易自闭、孤独。例如,"你没看到我正忙着吗""我很忙,别烦我"这类话不要对孩子说。

研学旅行方案设计方法指导课

（贵阳市第二中学　黎应吉）

课题	研学旅行方案设计	课型	方法指导课	课时	第2课时
教材分析	\multicolumn{5}{l}{在综合实践活动教材中,方案设计课的意图是让学生在进行综合实践活动的过程中,有明确的方案指导,能提出自己的活动目标、活动内容、行动计划和研究步骤。而本节课的特色是以研学旅行为载体,进行研学旅行方案的设计。近几年来,研学旅行在中小学的热度越来越高,各个学校都组织了各具特色的研学旅行活动。学生们走进大自然、历史文化建筑和红色文化旅游点,切身感受祖国大好河山的壮丽、中华传统美德的底蕴、革命光荣历史的厚重以及改革开放伟大成就的辉煌,从而增强对"四个自信"的理解与认同;同时,在实践中学会动手动脑、学会生存生活、学会做人做事,促进身心健康,锤炼强健体魄,磨砺坚强意志,逐步形成正确的世界观、人生观、价值观,培养他们成为德智体美劳全面发展的社会主义建设者和接班人。研学旅行的整个过程包括"研学旅行行前课—行中探究—行后反思总结—成果展示"。本节课就是立足于学生即将开展的研学旅行活动。而方案设计正是研学旅行行前课中的重要内容,需要学生针对研学旅行目的地提出研究主题并做好本组方案设计。而根据教育部《中小学综合实践活动课程指导纲要》的要求,课程要从生活情境中发现问题,转化为活动主题,通过探究、服务、制作、体验等方式,培养学生综合素质的跨学科实践性。以期望学生通过这节课的方案设计能够更加深入地理解研学旅行的四大目标,即人文底蕴,精神传承,自我成长,性格培养,并且能够在实践中不断修改、优化和完善方案设计,培养科学研究精神。}
学情分析	\multicolumn{5}{l}{在经过初中的研究性学习、高一的通识培训及选题指导等学习后,同学们对研究性学习已经有了初步的认识及了解,但研学旅行课程对于他们来说还比较陌生,同时也是一门很新鲜、有趣的课程。学生普遍对研学旅行课程比较感兴趣。但要他们设计研学旅行的活动方案,可能很多学生都会无从下手,大部分学生甚至不知道方案的设计该从哪些方面下手,因而,自主探究和课中教师的引导和指导是必不可少的。}
教学目标	\multicolumn{5}{l}{(1)知识与技能: 学生在教师引导下,通过对展示小组的设计方案的学习和讨论,掌握研学旅行方案设计的要点,通过小组互评、小组自评、教师点评,优化和完善研学旅行设计方案。 (2)过程与方法: 通过自主学习,体验研学旅行方案设计形成的过程。通过探究学习,理解方案设计不断优化的过程。通过交互学习,掌握方案设计最终完善的过程。}

续表

课题	研学旅行方案设计	课型	方法指导课	课时	第2课时
教学目标	（3）情感态度与价值观： ①培养学生在互动交流中互相学习、合作分享的意识； 在自评中正视自己的不足，接纳别人的合理意见和评价，养成宽容的品德和优良的心理素质，增强学生的责任担当；在互评中培养公正、客观的态度，善于发现别人的优点，培养学生实事求是的科学态度，形成综合性学习的素质和能力、勇于探索的科学精神；在小组合作中体验组员之间互相配合、团结协作的重要性，体会集体合作的力量。 ②学会分析、利用信息，发展智力，激活学生已有的知识，培养学生适应和融入社会的能力，进而培养学生对社会的责任心和使命感，增强学生的价值认同。					
教学重点	指导学生设计并完善研学旅行方案。				
教学难点	（1）研学旅行方案不同于旅行攻略、旅行计划，要有研学目标； （2）教会学生如何制定研学目标。				
教学资源	学案、微视频、PPT展示课件。				
教学流程设计					

情境导入、明确目标
↓
小组展示、倾听记录
↓
小组评价、反馈建议
↓
方案重改、师生点评
↓
总结梳理、凝练提升
↓
课后巩固、拓展思维

教学环节	教师活动	学生活动	设计意图
一、情境导入、明确目标	由视频及我校学生外出进行研究性课题研究的照片引出研学旅行，并给学生强调研学旅行和普通旅行的	学生观看我校研学旅行的相关视频。	通过观看研学旅行的照片及视频，创设生活情境，引出研学旅行，并引导学生讲出研学旅行和普通旅行的区别。与学生一同回顾研学旅行方案设计的基本框架

续表

课题	研学旅行方案设计	课型	方法指导课	课时	第2课时
一、情境导入、明确目标	区别(研学旅行的目标更明确),由"如何更好地开展研学旅行"引入本节课目标——研学旅行的方案设计。	学生观看我校研学旅行的相关视频。			(研学旅行主题、研学旅行目标及研学旅行实施过程等),并明确各个部分设计的基本原则。为下一个环节的研学方案设计展示和评价做好铺垫。
二、小组展示、倾听记录	请小组的同学给大家展示上节课要求完成的研学旅行设计方案,同时提出展示要求,并提醒学生结合研学旅行设计要点进行记录。	小组同学展示、学生观察记录。			为了让小组展示环节更加精彩,我对各小组展示的时间、声音、语言表述、内容完整性、展现的形式等提出要求。与此同时,要求未展示小组认真倾听,并适时做好记录,为活动二小组互评,提出修改建议做好准备。
三、小组评价、反馈建议	让学生就展示的两组设计进行讨论,结合评价表进行小组互评,展示小组也可结合评价表和其他小组的评价,作小组自评。	学生分组讨论、学生自评互评。			1.通过教师介绍研学旅行方案设计评价表,让学生在活动二小组互评和小组自评环节具有评价依据,强化学生对于研学旅行方案设计基本框架的理解,尤其是进一步深化学生对于研学目标合理性、明确性和可执行性的理解。 2.通过小组互评,培养学生公正、客观的态度,给别人提出优化研学旅行方案设计的合理化建议。 3.通过小组自评,让学生反思和修正自己的方案设计。同时能够结合教师的点评,取长补短,为下一步优化完善自己的方案设计做好知识准备。
四、方案重组、师生点评	要求各小组根据反馈建议进行方案修改。	学生修改方案。			1.通过重新优化和完善自己小组的方案设计,让学生再次在实践中运用所学,提升方案设计的能力;并在小组合作中体验组员之间互相配合、团结协作的重要性,体会集体合作的力量。

续表

课题	研学旅行方案设计	课型	方法指导课	课时	第2课时
四、方案重组、师生点评	要求各小组根据反馈建议进行方案修改。	学生修改方案。			2.通过教师巡堂答疑解惑,师生共同探讨解决课堂即时生成的问题;通过小组上台再展示、师生再点评,完善小组方案设计,并培养学生在不断反思和修正中解决问题的能力。
五、总结梳理、凝练提升	(1)教师归纳学生的点评,并就他们没有发现的问题作补充;(2)引导学生总结回顾本节课的内容。	学生回顾梳理知识点。			通过学生谈收获,师生共同总结提炼和回顾研学旅行方案设计的脉络,让学生在"动手做""探究""设计""创作""反思"的过程中进行"体验""体悟""体认",在全身心参与的活动中,发现、分析和解决问题,体验和感受生活,发展实践创新能力。
作业设计	根据本课内容,各小组分工合作,集体完成一份完整而优秀的方案设计。				通过集体完成一份完整而优秀的方案设计,把课堂延伸到课外,提升学生的思维品质。通过整理方案设计资料和打印存档,培养学生创意物化的意识和能力。
板书设计	研学旅行方案设计 { 研学旅行主题(明确性、价值型、可执行性);研学旅行目标(合理、明确、可执行性强);研学旅行实施过程 { 前期准备(知识储备);小组任务分配;内容及目标;研学旅行成果展示 } }				

"研学旅行展示课"教学设计

(贵阳市第二中学 李远凤)

教学内容	研学旅行展示课		
教学对象	高一学生	教学时长	40 min
教学内容分析	本节课的授课内容为研究性学习的选题指导课,一个好的选题是决定学生的研究性学习是否可持续进行的关键因素。所以学生的选题指导课尤为重要。本次课是新冠疫情背景下的选题指导课,高一的学生正是处于备战中考的特殊阶段,对新冠疫情的关注和居家的经历都是印象深刻的,居家上网课期间容易产生各方面的问题。所以,本节课旨在引导学生从自身居家经历出发,去寻找问题并转变为研究课题。		
教学目标	(1)知识与技能: ①引导学生在生活中发现问题,激发学生探究的欲望; ②引导学生在问题情境中,提出自己的观点,并有条理地说出自己的理由; ③引导学生讨论交流,对主题活动的开展做可行性评价; ④指导学生归纳、整理,确定研究课题。 (2)过程与方法: 通过小组展示,让学生讨论并评价,实现同学之间的相互交流,同时结合教师的参与讨论和点评,取长补短,最终在掌握研究性学习选题要点的前提下,进一步优化完善自己的课题名称。 (3)情感态度与价值观: 在选题指导课的引入中,通过展示图片及视频,学生们直观地看到在新冠疫情期间,社会各界人士的不同贡献。正是中国人民的团结一心和无私付出,使得疫情得以迅速控制。在这个过程中,注重培养学生的责任担当意识及爱国情怀。		
学生分析	学生在选题指导课前已经对研究性学习课程有了大致了解,知道了研学课程与学校传统课程之间的区别和联系,也在前面的学习中知道了问题与课题之间的区别,知道研究性学习选题的原则与题目的规范,对研学的选题课有了一定的基础知识。本节课则是在学生的原有基础上进行实践,结合疫情居家学习期间的生活经历和体验来提出研究问题并转变为课题,通过展示及小组互评的过程,最后将课题名称修改完善。		
教学重点	指导学生如何将想要研究的问题转变成课题名称并评价。		
教学难点	学生对课题名称的评价及修改。		
教学环节	教学手段	教师活动	学生活动

续表

导入新课	图片及视频引入	本节课的引入环节是用疫情时期不同人物(如钟南山院士、张定宇院长、普通医护人员、公交车司机、方舱医院的环卫工人等)的图片及视频引入本课的教学内容。通过图片及视频展示引发学生的思考。学生看完图片及视频后,回忆自己的居家经历,从自身的经历出发思考并在小组讨论中得到所要研究的课题。 师:这张图片中的人物,大家认识吗?你是怎么认识的呢? 学生举手回答图片中展示的人物是谁。 师:疫情期间,从咱们的钟南山院士到方舱医院的环卫工人,他们都对新冠疫情的快速控制作出了巨大贡献,疫情期间同学们在做什么呢?	观看图片及视频并思考得出研究问题。
教学过程	1.小组讨论得到研究问题,教师PPT展示选题原则	活动一:讨论小组研究问题 看完图片后,同学们回忆疫情期间居家在做什么?根据自己的经历讨论本组感兴趣的研究问题。 师:以疫情期间线上学习为背景,从自身经历出发,找出两个想要研究的问题。	小组讨论得到本组的两个研究问题。
	2.引导学生将问题转变为课题名称,PPT展示课题名称的规范	活动二:将问题变成课题 4个小组展示完本组感兴趣的两个研究问题后,教师提示学生从两个问题中选一个问题变为研究课题的名称。 在这个过程中,教师提醒学生关注课题名称及注重选题的原则。 师:同学们刚才都已经分小组提出了感兴趣的两个问题,请同学们在感兴趣的问题中选一个问题来研究,将问题变为课题名称,给大家3 min的讨论时间。	小组合作讨论将问题变为课题名称。
	3.小组展示课题名称	活动三:小组展示课题名称 小组讨论拟定课题名称后分组展示课题名称并说明选题原因。	小组成员展示自己小组的课题名称。

续表

教学过程	4.小组讨论、评价	师:同学们,经过刚才的讨论已经得到小组的研究课题名称,下面就请同学们分组展示自己小组的课题名称并简要介绍原因。 活动四:课题评价 小组展示完课题后选一个小组的课题进行组内自评和小组互评,在讨论的过程中记录员负责记录修改意见。(可邀请在场老师参与讨论)	选一个小组的课题名称进行深入点评,提出修改意见或建议。
	5.修改课题名称	活动五:小组修订课题名称 各小组根据在课题名称评价的环节所学到的知识对本小组的课题名称进行修改。	学生以小组为单位对小组课题名称进行修改。
课后作业	根据本课内容,各小组在课后再进一步修改及完善小组课题名称,确定最终的课题方向并思考研究方案,为下一节课的学习做好准备。		
教学反思	本节课的主要教学目标是引导学生学会从自身的生活经历中去寻找问题,并能通过思考及小组讨论学会将一个感兴趣的问题转变为研究课题。鉴于本节课是在新冠疫情的背景下进行的,作为和学生们共同经历了居家学习的老师,深切感受到全民团结一心抗击疫情的感人场景,我有很多的感动和自豪。因此,在课堂上,我希望激发学生的家国情怀和责任担当意识。上课过程中,我通过播放感人视频,唤起学生的共鸣,带领他们回顾那段特殊时期,引发他们的思考,从而确定小组感兴趣的研究问题。在此基础上,通过小组活动,引导学生将问题变成课题。授课过程中以学生为主体,尽量调动他们参与讨论和发言的积极性。		

参考文献

[1]中华人民共和国教育部.普通高中数学课程标准(2017年版2020年修订)[M].北京:人民教育出版社,2020.

[2]吕增锋.数学新教材:打造自主学习的"导航图"——以"函数的概念及其表示"在新旧教材中的对比为例[J].中学教研(数学),2020(5):1-3.

[3]黄学文.数学文化融入教学的探究与实践[J].中学教研(数学),2020(5):38-40.

[4]安英.数学核心素养导向的课程教学与评价——访曹一鸣教授[J].中学数学教学参考,2020(3):76-78.

[5]刘华贵.教育主张的形成路径及凝练要点[J].湖北教育,2023(3):36-37.

[6]向葵花.中小学学生学习行为研究——旨在改进学生生活与发展状态的学习行为分析[D].武汉:华中师范大学,2014.

[7]向葵花.中小学学生学习行为状态的调查与思考——以湖北省为例[J].教育研究与实践,2017(1):85-91.

[8]李莉萍.新教师的课堂教学问题分析及其干预策略[J].兰州学刊,2007(S1):150-152.

[9]张建琼.课堂教学行为优化研究[D].兰州:西北师范大学,2005.

[10]姚纯贞,米建荣,王红成.国内外"学习行为"研究综述[J].教学与管理.2009(30):48-50.

[11]尤新兴.关于改善学生学习行为的思考[J].考试周刊,2009(23):171.

[12]刁颖.高中生高效率数学学习行为特征的研究[D].天津:天津师范大学,2009.

[13]范兆兰.关于学绩和学习行为不良学生的个案研究[J].胜利油田师范专科学校学报,2001,15(4):23-25.

[14]陶楚楚.基于人格特征的网络学习交互行为研究[D].锦州:渤海大学,2018.

[15]冀芳.不同课程形态的课堂教学中学生学习行为现状的个案研究[D].长春:东北师范大学,2007.

[16]李琦,陈霞.初二学生不良数学学习行为改善的个案研究[J].数学之友,2017(20):60-63.

[17]陈霞.语文课堂学生学习行为的研究[D].桂林:广西师范大学,2007.

[18]金阿宁.初中生学习行为研究[D].西安:陕西师范大学,2008.

[19]陈佑清.论有效教学的分析模型[J].课程·教材·教法,2012,32(11):3-9.

[20]向葵花,陈佑清.聚焦学习行为:教学论研究的视域转换[J].课程·教材·教法,2013,33(12):30-35.

[21]蔡万友.小组合作学习中教师进行教学干预的要点[J].中学生数理化(教与学),2019(6):71.

[22]刘卫明.学科型教学游戏在小学数学教学中的应用探析[J].新课程(上),2015(9):123.

后记

随着《立己达人——数学名师名班主任工作室建设的实践与思考》一书的完成，我深感这不仅仅是一个项目的总结，更是一次教育理念的升华和实践经验的分享。在此，我想对参与本书编写的所有人员，特别是两个工作室的学员于学敏、李青、卢锡娟、王忠娅、李明星、崔莹、陈虹、袁阳庚、薛佳、蒲茜、曾桃红、贺海英、周廷军、熊春华、李远凤、黎应吉、杨先松等，表示衷心的感谢。

本书详细记录了贵阳市徐涛名教师（数学）工作室和陈先睿名班主任（数学）工作室的建设历程、活动展现、主题研讨与课题研究以及学员成果。这些内容不仅展示了工作室的成果，也反映了我们在新时代教育背景下对教育思想与教育理念的深入思考和不断探索。

在编写过程中，我深刻体会到名师名班主任工作室对于提升教师专业素养和推动教育改革的重要意义。通过构建这样的工作室，我们可以为教师提供一个共同学习、共同成长的平台，让他们在实践中不断提升自己的教育教学能力，同时也为学校的教育改革提供有力的支持。

此外，本书还分享了工作室主持人的责任与担当以及学员的需求与困惑。作为主持人，我们需要承担起引领团队、推动工作的责任，同时也要关注学员的需求和困惑，为他们提供及时的帮助和指导。只有这样，才能真正实现工作室的价值和意义。

最后，我希望本书能够为广大教育工作者提供一些有益的参考和启示。在未来的教育实践中，我们将继续探索和创新，不断完善名师名班主任工作室的建设模式和运行机制，为推动教育事业的发展贡献更多的力量。